基础教育改革与发展丛书
（第二辑）

丛书总主编　朱林生

淮安基础教育质量保障体系构建研究

HUAIAN JICHU JIAOYU
ZHILIANG BAOZHANG TIXI GOUJIAN YANJIU

葛　军　徐万田　编著

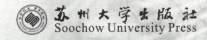

苏州大学出版社
Soochow University Press

图书在版编目(CIP)数据

淮安基础教育质量保障体系构建研究 / 葛军,徐万田编著. —苏州:苏州大学出版社,2019.3
(基础教育改革与发展丛书 / 朱林生总主编. 第二辑)
ISBN 978-7-5672-2723-1

Ⅰ.①淮… Ⅱ.①葛… ②徐… Ⅲ.①基础教育—教育质量—保障体系—研究—淮安 Ⅳ.①G639.21

中国版本图书馆 CIP 数据核字(2018)第 295989 号

书　　名	**淮安基础教育质量保障体系构建研究**
编　　著	葛军　徐万田
责任编辑	张　凝
助理编辑	杨宇笛
出版发行	苏州大学出版社
	(地址:苏州市十梓街1号　邮编:215006)
印　　刷	镇江文苑制版印刷有限责任公司
开　　本	700 mm×1 000 mm　1/16
字　　数	270 千
印　　张	16.5
版　　次	2019 年 3 月第 1 版
	2019 年 3 月第 1 次印刷
书　　号	ISBN 978-7-5672-2723-1
定　　价	60.00 元

苏州大学版图书若有印装错误,本社负责调换
苏州大学出版社营销部　电话:0512-67481020
苏州大学出版社网址　http://www.sudapress.com
苏州大学出版社邮箱　sdcbs@suda.edu.cn

"基础教育改革与发展丛书"第二辑
编委会

主　　任：朱林生

副 主 任：纪丽莲　赵宜江　张元贵

编　　委：（按姓氏笔画排序）

孔凡成　吴克力　张德顺

陈　浩　周友士　侯一波

夏如波　葛　军　薛祝其

魏　惠

总　序

目前,我国正处在从人力资源大国向人力资源强国、从教育大国向教育强国迈进的关键时期,在这特殊的历史阶段,基础教育正面临着一系列重大变革,需要我们用智慧去研究新情况、解决新问题,去创新我们的办学模式、教育模式和教育方法。淮阴师范学院长期坚持服务基础教育的办学理念,形成了鲜明的教师教育办学特色,在办学过程中,与区域中小学以及教育主管部门建立了亲密的战略合作伙伴关系,与基础教育之间建立了一种卓有成效的对话机制,注重在对话中发现问题,并提出解决问题的途径,取得了颇为丰硕的基础教育研究成果,在传承地方优秀教育理念、引领地方基础教育观念更新、推动地方教育与改革发展等方面做出了自身应有的贡献,成为区域基础教育改革与发展的直接参与者与有力推进者。

在这一背景下形成的"基础教育改革与发展丛书"(以下简称"丛书")既是对该校近年来基础教育研究成果的总结,又是对当地基础教育改革发展的基本走向以及高等师范院校如何更好地服务和引领基础教育改革与发展的战略思考。

"丛书"分三辑出版。第一辑为论文汇编,主要涵盖语文、数学、外语、物理、化学、生物、思想政治等学科的课程与教学研究,带有基础性和综合性的课程教学原理研究以及教育管理理论与实践研究。第二辑为专题研究,内容立足当前基础教育和教师教育改革与发展的热点和难点问题,深入、集中地研究其中具有重大理论价值和重要实践指导意义的相关问题。第三辑为专著,主要围绕学科教学和基础教育改革与发展中的具有前瞻性、前沿性的深层次理论和实践问题,探索教育教学基本规律。

"丛书"突出彰显了以下几个方面的特点:

"丛书"是淮阴师范学院致力于更新基础教育理念和教师教育观念、引领地方基础教育发展、传承先进教育文化的产物。近年来,我国基础教育改革风起云涌，基础教育理念持续更新，新理念、新观念层出不穷；与之相对应，基础教育师资培养模式等也在持续变革，教师教育观念不断更新，教师教育体系在探索中持续重构。"丛书"体现了淮阴师范学院在基础教育理念和教师教育观念方面所进行的持续探索与努力，必将在推动基础教育改革与发展方面发挥重要作用。

"丛书"是淮阴师范学院从事教师教育的教师们教学相长的产物。书中的研究成果是他们长期思考与实践的结晶，同时"丛书"的编写对其专业成长必然发挥重要的促进作用。通过参与教育科学研究以及"丛书"的编写，他们的专业研究水平得到了很大的提升，同时也对其他教师的专业发展起到了积极的示范作用。

"丛书"是淮阴师范学院致力于开放办学的产物。首先，"丛书"的作者队伍包括了淮阴师范学院的在职教师，以及与之有长期合作研究关系的部分淮安市中小学的教师，"丛书"在很大程度上是大学从象牙塔走向社会变革的一线并与变革的实施者直接对话的结果。其次，"丛书"所涉及的领域，诸如教师素质提高、教师专业发展、义务教育均衡发展、课程资源开发利用、课堂教学改革创新等问题，皆来源于基础教育实践的教育教学改革和学校管理方面的现实问题。再者，"丛书"的研究成果来源于教育实践，是教育理论与教育实践不断融通的产物，它又必将回归教育实践，通过各种方式对基础教育改革与发展实践产生积极影响。

相信"丛书"的出版将在提升淮阴师范学院基础教育研究品位、提升其社会贡献度与美誉度等方面发挥积极作用，同时也将为全国其他一直致力于和基础教育表里通融、互通共进的师范院校提供参考和增添信心，共同为促进基础教育改革的深化，从而促进整个教育水平的提高做出更大的贡献。

袁振国

2011 年 12 月

于中国教育科学研究院

目 录
Contents

前　言 ··· 1

第一章　基础教育质量保障概论

第一节　基础教育质量 ·· 1
第二节　基础教育质量的基本观点 ·································· 10
第三节　基础教育质量保障 ··· 12

第二章　代表性国家基础教育质量保障比较研究

第一节　美国基础教育质量保障 ···································· 15
第二节　英国基础教育质量保障 ···································· 25
第三节　澳大利亚基础教育质量保障 ······························ 41
第四节　韩国基础教育质量保障 ···································· 47

第三章　基础教育课程质量保障研究

第一节　学校课程质量监控与保障的内涵 ······················· 55
第二节　基础教育课程质量监控机制的类型 ···················· 58
第三节　基础教育课程质量监控机制的功能 ···················· 61
第四节　学校课程质量监控与保障的要素分析 ················· 65
第五节　学校课程质量监控与保障的有效机制 ················· 69

第四章　基础教育教学质量保障研究

第一节　教学理念保障 ··· 78

第二节　学生学习保障 …………………………………………… 83
第三节　组织与管理保障 …………………………………………… 87
第四节　评价保障 …………………………………………………… 95

第五章　基础教育师资质量保障研究

第一节　教师职业内涵及特点 …………………………………… 99
第二节　教师管理的原则与方法 ………………………………… 108
第三节　教师管理的主要内容 …………………………………… 111

第六章　基础教育管理质量保障研究

第一节　管理队伍建设与保障 …………………………………… 120
第二节　管理组织设计与保障 …………………………………… 125
第三节　管理文化建设与保障 …………………………………… 131

第七章　淮安基础教育质量保障实践研究

第一节　淮安市基础教育质量现状分析 ………………………… 144
第二节　淮安市基础教育质量保障规划 ………………………… 149

附录 ……………………………………………………………… 160

参考文献 ………………………………………………………… 250

前 言

教育是立国之本,质量是立教之本。2018年教师节前夕,习近平总书记在北京八一学校慰问师生时强调,教育决定着人类的今天,也决定着人类的未来。基础教育在国民教育体系中处于基础性、先导性地位,必须把握好定位,全面贯彻落实党的教育方针,从多方面采取措施,努力把我国基础教育办得越来越好。基础教育是对国民进行基本的普通科学文化知识的教育,是整个国家的奠基工程。在经济全球化步伐加快、国际竞争日趋激烈的今天,基础教育对于一个国家和民族的重要性是不言而喻的。基础教育对于世界各国的长期发展与繁荣昌盛都具有十分重大的战略意义。在科技高度发展的现代社会里,人才主要以知识、智力为基础,而人才又是分层次的。经济竞争的实力固然在很大程度上取决于高级专门人才的培养,但高级专门人才的培养必须建立在良好的基础教育之上。无论是对提高整个国民素质而言,还是作为高质量的职业教育和高等教育的根基而言,基础教育无疑都具有举足轻重的作用,居于"重中之重"的地位。研究基础教育质量保障问题,不仅具有重要的理论价值,更具有重大的实践意义。

质量保障对提高教育质量的作用不言而喻。一般认为,现代意义上的基础教育质量监控与保障体系是在高等教育质量监控与保障体系下建立起来的。对基础教育进行质量监控,我国虽然自古有之,但真正把质量监控这一重要问题提上议程,时间还不长。因此,构建既合乎我国教育实情又符合教育规律的国家教育质量监控体系,给教育发展和改革以支撑势在必行。《国家中长期教育改革和发展规划纲要(2010—2020年)》中,"评价"成为亮点之一,全文70条中有20条共37次提到"评价",另有10处提到"监测",其受关注程度前所未有。近几年,各级各类教育质量监测机构也应运而生,教育质量评价与监控的研究与实践逐步从边缘走向中心,成为社会各界关注的焦点。实践表明,通过监控能准确把握国家基础教育的质量和水平,厘清基础教育均衡发展的现状与问题,促进教育公平的实现;同时,监控还能有效诊断政策执行、教育教学过程中存在的问题,为相关部门提供信息支持。基础教育监控工作在提高质量和保障公平方面作用显著。

我国基础教育规模庞大,仅仅靠一个部门或机构很难实现对基础教育质量的有效监控,因此,教育部提出要逐步构建国家、省、市、区县四级基础教育质量监测网络,2007年国家基础教育质量监控中心的成立就是一个标志,监控工作机制首先从国家层面进行了完善。目前,国家级的监测中心主要有3个,教育质量监控工作在省一级也受到普遍的重视,江苏、重庆等地区已在全国率先独立开展省级层面的监控工作。其实,市、县教育质量监控工作开始得很早,但由于理论基础、技术手段跟不上,往往做成了统考成绩评比,深受诟病。另一方面,由于我国基础教育线长、面广、量大,地区发展不平衡,完善市、县基础教育质量保障势在必行。

第一章　基础教育质量保障概论

给基础教育质量保障下一个较为精确的定义并不是一件简单的事情。教育理论与实践工作者对教育质量保障进行的大量研究和讨论表明,明晰教育质量保障的精确含义和合理选择改善教育质量的途径,既是一个非常复杂的理论问题,同时也是一个在教育实践中非常需要及时加以解决的问题。

第一节　基础教育质量

一、质量的概念

为了明晰基础教育质量的含义,有必要先对质量概念进行界定,以明晰质量的多种属性。

质量概念在多个学科中得到应用。在物理学研究中,质量是指物体的一种性质,是指该物体所含物质的量,是度量物体惯性大小的物理量。在经济学和管理学中,质量概念是一个涉及生产目的和生产过程两者之间关系的基本概念。

为了给质量下一个清晰的定义,有必要从不同学科角度界定质量概念。从语义学的角度看,质量一词的含义相对而言比较清晰,它主要是指事物的优劣程度。《汉语大辞典》将质量界定为"事物、产品或工作的优劣程度"。《现代汉语大辞典》将质量界定为"产品或工作的优劣程度"。《朗曼现代英语词典》将质量界定为"优秀的等级或程度"。从哲学角度看,质是指一事物在性质上区别于其他事物的内在规定性。量是指事物存在的规模、运动的速度、发展的程度等,它表现为数量的规定性。事物之间的质的差别,造成了世界的无限多样性。一方面,任何质都是具有一定量的质,没有量就没有质;另一方面,质又制约着量,不同质的事物具有不同的量和量的界限。因此,对不同质的判断和对不同量的把握,是认识事物的基本前提。我国著名经济学家汪丁丁认为:"就经济思想史而言,质量这一词语,其实应当是一个单字——质(qualities),且应当以复数形式出现。把它写成质量,又无法区分单数和复数,盖源于我们汉语一贯就有的从而标准化了的'不精确'。"①

系统地研究质量概念可能最早始于工商管理领域,如国际标准化组织认为质量是一组固有特性满足要求的程度,并把它定义为"实体满足明确或隐含需要能力的总和"。②

美国质量管理专家朱兰(Juran)在《质量管理手册》中将质量界定为适用性(fitness of use)。适用性是指产品在其使用过程中成功地满足用户目标的程度,它普遍适用于一切产品和服务。③ 日本质量管理专家石川馨(Ishikawa Kaoru)认为,质量反映顾客的满意度,顾客的需要和要求是不断变化的,因此对质量高低的判断也是不断变化的,高质量就是满足顾客不断变化的期望,实施质量控制的目的在于制造出能满足顾客要求的质量水平的产品。④ 美国质量管理专家克劳斯比(Crosby)认为,人们必须对质量有一个准确的定义,质量就是符合要求标准。⑤ 克劳斯比指出:"一辆奔驰汽车符合了它的各项要求标准,就是一辆有质量的奔驰汽车,同理,一辆福特汽车符合了它的各项要求标准,就是一辆有质量的福特汽车。在企业中,要求标准必须明确地予以表达,以确保其不被曲解,此后,人们须持续地测量,以确保产品符合这些要求标准。凡是有不符合要求标准的地方,就表明质量有欠缺,这样,质量问题就转换成了是否有不符合要求标准的问题,质量概念就清晰了,而且质量是可测量的。人们谈论生活质量,就要客观地制定出生活的要求标准,它可能包括:国民收入水平、国民健康水平、国民识字水平、政治运行状态、环境污染治理效果,以及其他可以评估的事项。"⑥一旦人们清晰地界定了这些要求标准,所谓生活质量才能成为一个有实际意义的概念。美国全面质量管理理论的提出者费根鲍姆(Feigenbaum)指出:"产品或服务质量,是指营销、设计、制造、维修中各种特性的综合体,借助这一综合体,产品和服务在使用过程中能

---

① 王海林,侯岩,侯龙文,等.现代质量管理:质量及其管理的科学发展观[M].北京:经济管理出版社,2005:3.
② 刘广弟.质量管理学[M].北京:清华大学出版社,1996:44.
③ 王海林,侯岩,侯龙文,等.现代质量管理:质量及其管理的科学发展观[M].北京:经济管理出版社,2005:3.
④ 尤建新,杜学美,张建同.质量管理学[M].北京:科学出版社,2008:8.
⑤ 克劳斯比.零缺点的质量管理[M].陈怡芬译.北京:生活·读书·新知三联书店,1991:4.
⑥ 克劳斯比.零缺点的质量管理[M].陈怡芬译.北京:生活·读书·新知三联书店,1991:4.

满足顾客的期望。"①哈佛商学院的戴维·加尔文(David Carwin)具体描述了质量的五个维度:(1)从基于认识的质量的角度看,质量是一种直觉的感知,只可意会不可言传;(2)从基于产品的质量的角度看,质量存在于产品的零部件及特性之中;(3)从基于用户的质量的角度看,顾客满意的产品具有好的质量;(4)从基于制造的质量的角度看,符合设计规格的产品具有好的质量;(5)从基于价值的质量的角度看,物超所值的产品具有好的质量。②

一些国际组织也对质量概念进行界定。国际标准化组织(ISO)在不同标准中对质量进行了不同的界定。在ISO8402:86中,质量是指产品或服务满足规定或潜在需要的特性的总和。在ISO8402:1994中,质量是指反映实体满足明确和隐含需要的能力特性的总和。而按照ISO9000:2000标准,质量是指一组固有特性满足要求的程度。固有的是指事物本来就有的;特性是指可区分的特性;要求包括明确的和隐含的,要求可由不同的相关方提出。③国际标准化组织(ISO)的质量定义包含三层含义:第一,质量所研究的对象是实体。实体可以是产品,也可以是活动或过程,还可以是组织、体系和人以及以上要素的各种组合。第二,需要可分为明确的需要和隐含的需要。在许多情况下,需要随着时间和环境的变化而变化。第三,特性是指实体所特有的性质,它反映实体满足需要的能力。欧洲质量组织认为:质量是产品或服务能够满足既定需求的能力的整体特质和特性。

我国一些学者也对质量进行了概念界定。张根保指出:"所谓狭义质量,是指仅仅从用户的角度去看质量……所谓广义质量,是指不仅从用户的角度去看质量,同时还应从制造者和社会的角度去理解的质量。"④

教育界对质量概念的理解非常丰富,比如安心通过梳理把其归纳成八大类:"不可知论观""产品质量观""替代观""达成度观""内适性质量观""外适性质量观""绩效观""准备观"。⑤有学者从不同主体的"满意度"维度出发把质量分为"内部质量""社会质量""工作质量""服务质量"等。⑥杨德广非

---

① 王海林,侯岩,侯龙文,等.现代质量管理:质量及其管理的科学发展观[M].北京:经济管理出版社,2005:6.
② 福斯特.质量管理:集成的方法[M].何桢译.北京:中国人民大学出版社,2006:5.
③ 龚益鸣.现代质量管理学[M].北京:清华大学出版社,2007:21.
④ 张根保.现代质量工程[M].北京:机械工业出版社,2004:3.
⑤ 安心.高等教育质量保证体系研究[M].兰州:甘肃教育出版社,1999:62—66.
⑥ 马树杉.大众阶段高等教育的质量及其管理[J].中国高等教育,2001(22):18—20.

常关注"社会质量观",他认为"满足了校内外学习者的需求,毕业生满足了社会某一方面的需求就是教育质量"①。莫迪则认为,就教育领域里的质量而言,它从某种意义上来说可作为"卓越"的同义词。我国还有学者总结出了国外学者不同的质量观,如"目的适切性观""符合消费者的愿望和需求观""价值增值观"等。②

上述质量观从不同的角度揭示了质量概念的本质内涵,但从学校课程活动与教学活动展开的逻辑顺序来看,我们更倾向于选择"起点—过程—结果"相整合的视角,即认为质量既与起点的初始状态有关,也与活动的过程密切相关,而结果仅仅是质量活动效果表现的最终状态。

事实上,从"起点—过程—结果"相整合的视角理解质量概念的中外学者还不少。戴维等人认为,质量是一种不断变化的状态,它不仅是指产品和服务,还包括过程、人员和环境等。赵中建认为质量就是"一种与能满足或超过期望的产品、服务、人员、过程和环境等相联系的动态的状态"③。也就是说,质量一方面取决于影响质量的静态要素,如人、财、物等,另一方面也与动态的过程有关,它不是一成不变的,而是随时间和环境的变化而变化的,是一个动态的状态。陈玉坤认为:"质量是教育的利益相关人对学校人才培养活动过程及其结果的期望,它不是一种客观存在的'实体',而是一个与主体需要密切相关的动态概念。"④

基于上述分析,我们认为质量在本质上是一种静态和动态相结合的状态。它既是一种"状态",也是一种"过程"。也就是说,最终结果不仅取决于初始状态,也与过程相关。

二、基础教育质量

1. 基础教育质量的界定

基础教育质量这一概念可以从不同的视角去界定和认识。

一是从教育产品优劣的角度界定基础教育质量。顾明远主编的《教育大辞典》指出:"教育质量是对教育水平高低和效果优劣的评价。影响它的因素

---

① 杨德广.高校必须树立正确的定位观与质量观[J].高等教育研究,2005(2):32—37.
② 赵婷婷.试论从精英到大众高等教育质量观的转变[C].全国高教研究会第六届年会论文集.武汉:全国高教研究会,2001:12—17.
③ 赵中建.高等教育全面质量管理的概念框架[J].全球教育展望,1997(5):36—41.
④ 谢安邦.中国高等教育研究新进展·2002[M].上海:华东师范大学出版社,2003:243.

主要是教育制度、教学计划、教学内容、教学方法、教学组织形式和教学过程的合理程度;教师的素养,学生的基础及师生参与教育活动的积极程度。"①这里虽是对教育质量进行界定,但是由于基础教育是教育系统的一个组成部分,基础教育质量就是一般的教育质量在基础教育领域的推演。

二是从确定高标准和达到高标准的过程的角度界定基础教育质量。美国高质量教育委员会发布的《国家处在危机之中:教育改革势在必行》报告对高质量下了一个定义:"高质量指的是一个学校或学院为全体学生规定了高标准和目标,然后想方设法协助学生达到这些标准和目标。高质量指的是一个已经采用了这些政策的社会,有能力通过教育提升本国人民的能力,以对迅速变化的世界的挑战作出响应。"②这里将高质量的教育的范围限定为中小学和大学。报告指出:"我们的目标必须是充分发挥个人的才能。为达到这一目标,我们希望并且帮助所有的学生最大限度地发挥他们的能力。我们希望学校建立真正的高标准,而不是低标准。同时,我们希望家长支持和鼓励他们的子女去最大限度地发挥他们的天赋和能力。"③

三是从满足需要的角度界定基础教育质量。基础教育质量具有适应学生需要这一内在含义。基础教育质量概念界定需要考虑基础教育如何适应学习者的需要。库姆斯指出:"比起习惯上定义的教育质量以及根据传统的课程标准判断学生学习成绩从而得出的教育质量,这里所说的'质量'还包括教和学的相关性(relevance)问题,即教育如何适应在特定环境与前景下学习者当前和将来的需要,还涉及教育体系本身及教育要素(学生、教师、设备、设施、资金)的重要变化,涉及目标、课程和教育技术以及社会经济、文化和政治环境等。"④因此,衡量教育质量不能只看传统意义上的学习成绩,而且要看教和学是否适应不同社会条件下学习者的需要。衡量基础教育质量高低的关键尺度,是看基础教育对于教育当事人(教师、学生和家长)来说的需要的满足程度。

---

① 顾明远.教育大辞典[Z].上海:上海教育出版社,1990:24.
② 教育发展与政策研究中心编.发达国家教育改革的动向和趋势(第一集)[M].北京:人民教育出版社,1986:8.
③ 教育发展与政策研究中心编.发达国家教育改革的动向和趋势(第一集)[M].北京:人民教育出版社,1986:8.
④ 库姆斯.世界教育危机:八十年代的观点[M].赵宝恒等译.北京:人民教育出版社,1990:114.

四是从过程和结果的角度界定教育质量。杨明指出:"教育质量可见之于教育活动内容、活动过程和活动结果三个方面。从教育活动内容的角度看,学校管理工作、教育工作、教学工作三方面都存在着工作质量的有无和高低问题。从活动过程的角度看,学生的升级率、巩固率、留级率和毕业率的高低直接或间接地反映了教育过程质量的高低。从活动结果的角度看,学生德智体美劳的综合素质、学生能力水平、学生适应能力、学生学习成绩、学生各方面的综合表现,从不同侧面反映了教育产出中最为重要的一个方面的质量。"①这是从教育过程进行和结果取得的角度来审视基础教育质量提高的。

2. 基础教育质量的特性

基础教育质量具有一系列特性。美国学者库姆斯做了很好的阐述。首先,基础教育质量具有可变性。随着时间的推移,基础教育质量自然会发生变化。基础教育学校和教育者应根据教育对象的需求和期望,不断调整对质量的要求。库姆斯认为,基础教育质量既是静态的,也是动态的。② 其次,基础教育质量具有相对性。教育对象对教育产品和服务提出不同的需求,需求不同,其质量要求也就不同。但是,只要满足人的需求,就应该认为该产品和服务的质量是好的。库姆斯认为:"质量和水平是相对的,是根据特定的时间、地点以及特定的学习者和他们的环境相对而言的。"③笼统地谈论基础教育质量是没有意义的。再次,处于不同教育发展阶段和水平的国家和地区,基础教育质量的衡量尺度是不同的。在分别衡量发达国家的教育质量和发展中国家的教育质量时,人们不能用同一把尺子。库姆斯指出:"适合当今工业社会中成长的十多岁青少年的教育就不会同样适合阿富汗、上沃尔特或巴拉圭的同龄人。"④最后,处于精英教育阶段的教育质量和处于大众教育阶段的教育质量有所不同。库姆斯指出:"精英教育条件下的教育质量的衡量尺度和大众教育下的教育质量的衡量尺度是不同的。在同一个国家里,用少数英才的学习成绩去衡量大众的学习成绩是不恰当的。"

---

① 杨明.教育发展的本质新探[J].上海:教育评论,1996:14.
② 库姆斯.世界教育危机:八十年代的观点[M].赵宝恒等译,北京:人民教育出版社,1990:115.
③ 库姆斯.世界教育危机:八十年代的观点[M].赵宝恒等译,北京:人民教育出版社,1990:116.
④ 库姆斯.世界教育危机:八十年代的观点[M].赵宝恒等译,北京:人民教育出版社,1990:117.

3. 基础教育质量的分类

质量有不同的分类,基础教育质量也有不同的分类。

(1) 广义的基础教育质量和狭义的基础教育质量。日本质量管理专家石川馨认为,人们如何解释质量这个术语很重要。一种解释是狭义的解释,质量是指产品质量;另一种解释是广义的解释,质量是指工作质量、服务质量、信息质量、过程质量、部门质量、人员质量、系统质量、目标质量的总和。这一解释其实就是全面质量的解释。张根保认为,所谓狭义质量,是指仅仅从用户的角度去看的质量,即要求产品的需求满足度、可信性、安全性和适应性高。有时人们将质量狭窄地理解为产品的精度。所谓广义质量,是指不仅从用户角度看的质量,同时还包括从制造者和社会角度去理解的质量。到目前为止,广义质量概念已经越来越为人们所接受。[①] 依据狭义和广义质量的范围的不同,狭义的基础教育质量是指基础教育产品质量。从人才培养的角度看,基础教育的根本目的是多出人才、出好人才。从这个意义上讲,基础教育产品主要是指学校培养的学生的数量和质量水平。广义的基础教育质量是指基础教育各个层面的质量,包括基础教育领域的工作质量、服务质量、信息质量、过程质量、部门质量、人员质量、系统质量、目标质量等。

(2) 基础教育产品质量和基础教育服务质量。在经济学和管理学的研究和实践中,人们往往将质量分为产品质量和服务质量两个方面。产品质量具有多个维度。哈佛商学院的戴维·加文提出著名的8个质量维度划分方法,用来描述产品质量。这8个维度是性能、特征、可靠性、一致性、耐久性、可服务性、美感、感知质量。性能(performance)是指产品达到预期目标的效率。特征(features)是指用来增加产品基本性能的产品属性,包括蕴含在产品之中的许多新花样。可靠性(reliabilities)是指产品在设计的使用寿命期内,一致地完成规定功能的能力。一致性(conformance)是一种最传统的质量定义,通常在产品设计时人们会将产品的性能量化,而这些量化的产品维度被称为规格,质量是符合规格的程度。耐久性(durability)是指产品能忍受压力或撞击而不出现故障的程度。可服务性(serviceability)是指产品易于修复。美感(aesthetics)是指一种主观感觉的特征。感知质量(perceived quality)是指以顾

---

① 张根保.现代质量工程[M].北京:机械工业出版社,2004:3.

客感知为衡量标准的产品属性。①

服务质量也具有多个维度。服务质量维度比产品质量维度更难厘定。服务具有更多样的质量特性。三位来自A&M大学的市场营销教授——帕拉苏拉曼、蔡特哈梅尔和贝里，提出了著名的服务质量维度。服务质量维度包括有形性、服务的可靠性、响应性、保证性、移情性、可用性、专业性、适时性、完整性、愉悦性。有形性(tangibles)涉及服务设施、设备、人员和材料的外表。服务的可靠性(service reliability)涉及服务提供者可靠地、准确地履行服务承诺的能力。响应性(responsiveness)是指服务提供者帮助顾客并迅速提供服务的意愿。保证性(assurance)是指员工所具有的知识、礼节以及表达出自信与值得信任的能力。移情性(empathy)是指顾客渴望服务提供者能设身处地为顾客着想，努力满足顾客的要求。②

教育组织像其他组织一样，要使用资源，生产产品，把产品提供给外部的消费者，教育是一个投入、生产和产出的过程，它意味着将学习者培养成为当今世界需要的人。与物质生产相比，我们通常用别的词语来表述教育问题和教育活动，但是，教育系统提供的产品是值得人们为之付出并可依照社会标准来进行判断的。萨利斯指出："什么是教育的产品，这有许多不同的可选择的答案。通常学生会被提及，似乎他们符合产品这个角色。在教育中，我们常常将学习者视为产出(output)，特别是考量机构的外显绩效时。"③基础教育是培养学生的过程。基础教育的产品是使学生发生的变化。

基础教育可被视为一种服务。对学生来说，教育是一种服务，是通过教师、课程、教育教学设施和设备等向学生提供的一系列教育服务。美国著名教育心理学家加涅指出："教育是一项以帮助人们学习为目的的事业。"④萨利斯指出："服务通常是提供者与最终使用者之间的直接接触。服务直接由人对人进行。顾客跟提供服务的人之间有密切的关系。服务跟提供服务的人或者接受服务的人密不可分，每次互动都不一样，而互动的质量有一部分是由顾客决定的。"⑤

---

① 福斯特.质量管理：集成的方法[M].何桢译,北京：中国人民大学出版社,2006：7.
② 福斯特.质量管理：集成的方法[M].何桢译,北京：中国人民大学出版社,2006：8.
③ 萨利斯.全面质量教育[M].何瑞薇译,上海：华东师范大学出版社,2005：25.
④ 加涅.教学设计原理[M].皮连生,庞维国等译,上海：华东师范大学出版社,1999：3.
⑤ 萨利斯.全面质量教育[M].何瑞薇译,上海：华东师范大学出版社,2005：26.

程凤春认为,教育服务质量特性体现在五个方面:① 功能性。功能性是指教育及其结果能够很好地发挥应有的功能和作用。② 文明性。文明性是指学校满足消费者精神需求和追求高尚精神境界的能力。③ 舒适性。舒适性是指让消费者感到舒适、舒服的能力。④ 时间性。时间性是指教育提供者在时间上能够满足消费者要求的能力。⑤ 安全性。安全性是指学校保证消费者的生命和财产不受伤害和不受损失的能力。①

(3) 基础教育投入质量、基础教育过程质量和基础教育产出质量。教育是一个投入、生产和产出的转化过程。台湾教育学家林文达指出:"生产过程因素分类法将教育资源及其分配方式分成投入、历程及产出等三类。投入因素是指原始资源在未经过教育组织与技术调配而进入生产程序之中的一切因素。历程因素是运用投入以获得产出的各种配合技术和组织,不同投入的组合方式便会有不同的产出。产出是指生产的另一端,是教育生产的标的物,也是生产历程控制的结果。"②如果把基础教育理解为一个投入、生产和产出的过程,那么对于培养学生来说,基础教育的投入、生产和产出是同样不可缺少的重要因素。对不同的主体而言,基础教育质量的含义不同。对学生而言,基础教育质量应该被理解为基础教育的投入、生产和产出的特性均能满足学生要求并使学生满意的程度。对于家长来说,基础教育质量可界定为教育投入、生产和产出的特性满足家长需求并使家长满意的程度。家长虽然也关注教育的生产过程,但是他们更关注产出的数量和质量。从家长追求好的教育结果看,他们关心自己孩子的学习成绩,希望子女学业有成,前途远大。政府更关心的是学校教育提供的产出特别是毕业生的数量和质量。政府部门的管理者希望学生成为有文化、有道德的合格的公民和建设者。但是,由于政府也肩负着为公民提供教育机会的责任及确保学生受到公正的对待的责任,所以政府在关注教育产出的同时,也关注教育生产过程的公平性和效能的高低。用人单位和高一级学校更为关注教育产出,即受过教育的学生的能力水平。在他们眼里,基础教育质量主要是教育产出特性满足要求的程度。对于用人单位和更高一级学校来说,基础教育质量主要通过教育产出的变化来体现。

---

① 袁振国.中国教育政策评论·2010[M].北京:教育科学出版社,2011:60.
② 林文达.教育经济学[M].台北:三民书局股份有限公司,1984:33.

第二节 基础教育质量的基本观点

一、认可性质量观

质量认证(Accreditatiorl)是欧美国家学校教育质量保证的重要手段,它是一种达标(或合格)鉴定,一般以相互约定的质量标准为依据,对学校的教育质量进行周期性的检查,以达到持续改善与提高学校教育质量的目的,从而获得社会的信赖与认可。从欧美国家的质量认证标准看,实际上这就是认可性的评价观,体现量化与质性相结合、统一要求与关注学校个性相融合、强调学校资源与关注学生学习效果并举的特点。在国内,有学者提出义务教育均衡发展"底线均衡"的说法。"底线均衡"中的底线,是指水平、程度、价值等的最低合格标准。均衡,是指以这样的标准创造出的平等、公平、平衡样态,体现"合格均衡"的评价取向。这实际上体现的是认可性评价观。以"合格就是优秀"为取向来解释"底线均衡",也就是指发展程度的基本要求,这符合义务教育的规定,符合基础教育提高民族素质的根本价值。但是,"合格就是优秀"从评价内容来看显然不只是考试成绩合格,而是思想品德、体质、审美、劳动素质的评价都要合格。因此,这个命题要进一步解释为"全面合格才是优秀"。① 我国目前开展的基础教育质量监控,它的评价观应该说也是属于认可性的评价观。

二、发展性质量观

质量观是一个历史的范畴,不同时期的基础教育有不同的质量观。在尚未普及义务教育的时候,人人都应该享有受教育的机会;在已经实现了教育普及时,人人都应该享受到较高质量的教育。所以,在普及义务教育的今天,应该树立与这一阶段相适应的基础教育质量观。国家提出要在2012年实现义务教育初步均衡,2020年实现区域内基本均衡。从程度上来看,初步均衡就是在教育投入、教育设施、教师资源等基本办学条件方面首先实现均衡;基本均衡就是义务教育发展水平和教育质量实现一定程度的均衡。需要强调的是,所有的目标都只能是一个阶段性的目标,均衡永远是相对的,随着经济社会和教育的不断发展,更高的均衡发展目标会被不断提出,这就是发展性

---

① 李凌艳,李勉. 从西方教育评价理论发展的视角看我国学校评估研究[J]. 教育理论与实践,2010(2):25—29.

质量观。我们分析"教育机会均等"的内在结构,就可以看出它有两层含义:其一,"人人有权接受教育",这是对教育机会均等性在"量"上的规定;其二,"人人接受高质量的教育",这是对教育机会均等性在"质"上的规定。前者是后者的先决条件,后者在前者的基础上,更加真实地体现了公民受教育机会的均等,是教育机会均等在"质"和"量"上的统一和实现。

三、整体性质量观

对整体性的基础教育质量观的理解主要包括两个方面,一是人才培养的整体质量,二是对基础教育所有的教育功能、学校职能的整体质量观。所谓人才培养的整体质量观就是素质教育观。曾任国务院总理的温家宝说过:"从大的方面讲,我们很好定义,德智体全面发展就是素质。但素质还有另一个方面,就是通过启发式教育,通过学思知行的统一,让孩子们的智慧和能力得到自由的释放和全面的发展。这是非常重要的。"关于素质教育,《国家中长期教育改革和发展纲要》提出三个方面:德育为先,能力为重,全面发展。这就是以"全面素质"为特征的"整体质量"要求。所谓基础教育整体质量观,是因为基础教育是由多种因素、多种层次构成的一个相对独立的系统,这个系统,又由若干相对独立的子系统构成一个整体,在评价时,一方面要整体分析子系统在大系统中的地位、作用,一方面又要看子系统和各要素之间关系是否协调,发挥整体效应如何。要在各层次单项评价的基础上,对其进行综合评价,评价的结论具有综合性的特点。因此,评价不能只是评结果,还要评过程,要从评价工作的开始、发展变化、结果等全过程来考察评价整体效能。

四、特色性质量观

特色就是质量,特色就是水平,特色就是生命,特色就是创新。基础教育的特色是其质量和办学水平的标志,是学校生存与发展的重要基石。温家宝在关于《国家中长期教育改革和发展规划纲要》基础教育领域座谈会上指出:教育公平,不是搞平均主义,更不是一个模式办学,千篇一律、千校一面。学校还是要办出自己的特色。① 在对人才需求日益多样化的社会背景下,学校培养的人才应该是全面发展而有特长的,才能满足社会的需要,实现学校的办学目的。特色学校实际上就是认识和优化了个性的学校,是学校在长期的办学实践中形成的独特的、稳定的、优质的、具有社会意义和教育意义的一种

---

① 李奕.引导学生选择适合自己的教育[N].中国教育报,2010-03-20(3).

办学特征。对一所学校而言，无论是在城市还是农村，条件好还是不好，需要一位好校长，需要一批爱岗敬业的好教师，需要形成独特的文化气质，需要凝练学校的文化精神，需要发动全校教职员工的参与，需要提升全校教职员工对学校价值观的认可，这是追求学校教育内涵发展的长久之计。内涵发展才能使学校拥有不竭的生命动力。所以，对学校的办学特色进行评价是把握教育质量的关键所在。

五、多样性质量观

质量是一个集合的概念。从大质量的角度看，它包括产品质量、过程质量、服务质量，甚至包括经济社会发展的质量水平。可以说，有质量的发展，才是可持续的发展。基础教育发展的质量体现在四个寻求上，即寻求人与自然的和谐，寻求人与社会的和谐，寻求人的智力与人格的和谐，寻求教育与经济、社会的和谐发展。多样化的寻求，带来多样化的需求。多样化的评价观源于社会主义市场经济对人才培养的规格、类型、层次需求的多样化。学生学习需求的多样化、办学形式的多样化等，要求我们要有与之相适应、相匹配的多样性的教育质量观，避免用同一个尺度来衡量教育质量。但是多样化评价不是随意化，而是首先保证学校办学在基本达标的基础上，给学校、教师、学生创造有一定选择的教育，这就需要多样化的评价标准。社会价值是多元的，它深刻反映在人的生活中，反映在人对待许多具体问题的态度上。由于地域自然环境、经济文化的差异，加上多元性价值的存在，质量评价还要倡导评价主体的多元化。主持评价活动的主角可以由多人组成，这样评价结果才能被具有其他文化背景和价值观念的人所接受。素质教育评价本来就是一个复杂的系统工程，应该在诸方力量的协调配合下，使评价科学有效地进行并产生良好的效果。

第三节　基础教育质量保障

质量保障是学校教育改革的核心概念，也是基本目标。教育质量保障的提出源于企业管理理论。教育质量保障运动始于20世纪七八十年代，它发轫于西方工业化国家，随即波及世界各国。在基础教育领域方面，20世纪90年代初澳大利亚、瑞典等国开始了学校教育质量报告的制度，以之作为保障教育质量的主要措施。当今教育界对"质量保障""质量控制""全面质量管理"都给予极大的关注，并进行大量的讨论与研究，且因日渐激烈的竞争环境逐渐向企业、产业界进行对标学习,引进成功策略,以提升教育质量。因此,要明确基础教育质量保障的内涵,有必要首先弄清楚质量保障的含义。

质量保障是质量管理的一部分,具体地说,它是指为提供某实体能满足质量要求的适当信赖程度,在质量体系内所实施的,并按需要进行证实的全部有策划的和系统的活动。质量保障的基本思想强调对用户负责,其思路是:为了使用户或其他相关方能够确信组织的产品、过程和体系的质量能够满足规定的要求,就必须提供充分的证据,用以证明组织有足够的能力满足相应的质量要求。其中所提供的证据应包括测定证据和管理证据。为了提供这种"证据",组织必须开展有计划、有系统的活动。质量保障的主要工作是通过进一步完善组织的质量管理,加强产品质量控制,以便准备客观证据表明组织具有满足用户质量要求的实力,并根据用户要求有计划、有步骤地开展提供证据的活动。

英国学者弗雷泽(Malcolm Frazer)认为,质量保障包括四个基本部分:① 组织中的所有成员都对保持产品或服务的质量负责;② 组织中的所有成员都对提高产品或服务的质量负责;③ 组织中的所有成员都能理解、使用并感受到质量得以保持和提高的质量体系的存在;④ 管理部门、消费者或用户定期检查质量系统的合理性和可行性。弗雷泽认为,如果将质量保障引入学校,那么学校就是一个由学生、教师、教辅人员及高级管理者组成的、具有自我批评特质的团体,其中每个人都投身并致力于持续提高质量。弗雷泽虽然没有直接界定什么是教育质量保障,但他强调全员参与、质量责任、自我评价与反思以及质量改进。

质量保障分为内部质量保障和外部质量保障。内部质量保障是为了使组织领导确信本组织提供的产品或服务能够满足质量要求所进行的活动。外部质量保障是为了使用户确信本组织提供的产品或服务等能够满足质量要求所进行的活动。

所谓基础教育质量保障机制,是指参与基础教育质量保障的各个要素及其相互依存、相互联系、相互制约的关系和运行规则。它是在一定管理方法指导下构建的一种以评价为手段,以组织学习为机制,促进基础教育的教育教学质量不断提高进步的活动体系。

基础教育质量保障机制是以符合教育目标的教育质量观为基础,在政府支持与宏观指导下,由教育质量外部保障体系与内部保障体系有机结合的组织与程序系统。从宏观上讲,基础教育质量保障体系可以分为内部质量保障系统和外部质量保障系统。基础教育质量的内部保障系统负责各类学校的质量保障活动,基础教育质量的外部保障系统由全国性或地区性的专门机构承担,隶属于教育行政部门,代表教育行政部门对学校教育质量进行检查、评估、认证、监督、监测等,通过上述保障活动来全面保障基础教育质量的稳步提高。

　　理解基础教育质量保障机制必须把握以下几点:(1)基础教育质量保障机制是参与基础教育质量保障的基本要素在运行过程中所结成的相互制约、相互依存、相互作用的动态关系;(2)基础教育质量保障机制是以基础教育办学方向为指南,以基础教育目标为导向,以高效有序的基础教育质量为表征的良性形态;(3)基础教育质量保障机制是启动、维持、调整和终止基础教育质量保障活动运行的各种条件和工作方式的总和;(4)基础教育质量保障机制是一个多层次、多结构的运行系统;(5)基础教育质量保障以评价为主要手段,以组织学习为途径。

第二章　代表性国家基础教育
质量保障比较研究

随着知识经济和全球化时代的到来,科学技术和人力资源成为社会经济发展和全球竞争的重要资源,越来越多的国家从发展战略的高度来看待基础教育。"公平而卓越"是世纪之交国际教育组织和发达国家在调整教育发展战略过程中提出的新理念,是衡量现代基础教育质量的重要维度。世界各国都把质量管理的标准和模式引入基础教育管理与评价体系,体现了基础教育问责的制度变革与创新,蕴含着提升基础教育质量的重要价值取向。

第一节　美国基础教育质量保障

美国基础教育质量保障涉及课程、教师、学生、学校等多个层面,在课程教育质量、教师教育质量、学生学业质量、学校教育质量等维度均存在相应的标准和评价体系。影响美国基础教育质量标准及评价的因素既包括社会的广泛关注和联邦政府在教育事务中的适度干预,也包括教育系统自身对教育质量改革的积极回应。本节通过回顾美国以"基于标准"为特征的基础教育改革运动,围绕与基础教育质量密切相关的课程、教师、学生、学校教育质量标准展开,并重点介绍课程质量标准和教师质量标准的制定及实施情况。

一、"基于标准"的美国基础教育改革运动

20 世纪 80 年代以来,美国为统一基础教育阶段的质量标准,提高学生的学业成就,发起了一场"基于标准"的教育改革运动。在制定教育质量国家标准时,美国政府不仅注重对标准目标和内容的逐步完善,更注重以结果为驱动来促进标准的发展,通过标准构建与绩效问责双管齐下的方式来提升教育质量。20 世纪 80 年代初,美国优质教育委员会发表了里程碑式的报告——《国家处在危机之中:教育改革势在必行》,对各州的课程标准和学业考试标准提出了明确要求。20 世纪 90 年代,教育质量的参差不齐成为美国基础教育的突出难题。1991 年,布什政府公布了《全美教育目标报告》,以最高纲领

文件的形式规定了美国基础教育的质量标准,吹响了美国基础教育质量标准国家统一化的号角。1994年,克林顿政府通过了《2000年目标:美国教育法案》,以立法形式鼓励各州建立学术标准和监测标准,并于20世纪90年代后期大幅度修订《绩效优异教育标准》,出台国家课程标准。联邦政府开始尝试在教育领域引进质量管理标准和评估模式,发挥了标准的导向性作用。

进入21世纪,全球的知识经济竞争愈演愈烈。联邦政府强化了对基础教育的问责。2002年,小布什政府颁布了《不让一个孩子掉队法》。该法案要求所有接受《中小学教育法》"第一条"资助的州必须承诺参加两年一次的州级评价。至此,美国基础教育质量标准在实施层面由原来各州的自愿参与,变成了政府强制性行为,基础教育质量标准体系进入了真正问责制时代。"9·11"事件后,美国政府对教育战略做了调整,国家利益逐步凸显。联邦教育部发布了《2002—2007年战略规划》,在全面落实《不让一个孩子掉队法》教育目标的基础上提出新时期的教育目标和要求。结合这种改革思路,联邦教育部又发布了《2007—2012年战略规划》。该规划在《2002—2007年战略规划》的基础上进一步完善,内容涉及初等教育、中等教育和高等教育三大教育战略目标。2008年12月,国际大型教育评价项目"国际数学与科学学习趋势"的检测结果显示,美国中小学生的数学成绩仅处于中等偏上水平,学生在科学学科上的成绩远远低于OECD国家平均分。美国社会各界对此深感忧虑。2009年6月,美国纽约卡内基—普林斯顿高等研究中心数学和科学教育委员会发布一份名为《机会平等:为美国公民和全球经济改革数学和科学教育》的调查报告,呼吁美国应尽快建立全国统一的、更高水平的数学及科学学科的课程标准和评估标准。在美国政府《复苏与再投资法》的促使下,奥巴马政府于2009年7月推出了"力争上游"计划,提供43.5亿美元的"刺激性"教育财政拨款,专门用于鼓励各州进行基础教育质量改革。在此背景下,一个致力于非强制性的,比大多数州原来标准质量更高、更严格的课程标准《共同核心州立标准》的制定工作得到了48个州(地区)的州长和教育长官的积极响应和支持,成为美国教育史上具有突破意义的一次改革实践。2010年6月,美国州长协会和州首席教育官员理事会共同颁布了全国首部《共同核心州立标准》,明确提出基于课程标准治理和改善学生学业成就,提高基础教育教学质量的目标。

二、美国基础教育课程质量标准

美国是一个分权制国家,分权所起的作用就是各权力机构彼此间权力的制衡,即所谓权力制衡权力,而不至于在教育决策时出现权力滥用。相对于联邦政府而言,州政府掌管着教育决策和行政的主要权力。州政府教育厅负责制订所有的课程规划和全州的教育发展计划,地方部门遵照州法令行事,并将课程事务方面的自主权赋予学校,由学校和教师决策、编制课程。分权、自治的教育行政管理使得美国很难形成统一的课程体系。20世纪80年代以来,美国开启了"基于标准"的教育改革运动,形成了"国家标准""州立标准""地方标准"的三级架构。各学科的国家课程标准由联邦政府提供资助和领导,由全国具有权威性的学科专业团体或研究机构主持,在社会的广泛参与下制定。各州以国家课程标准为参考制定本州的课程标准和框架,地方学区根据实际需要和具体条件进行评估之后,在具体的课程设置、教材选择、师资培训和教学等方面做出相应的改进。

1. 国家课程标准

国家课程标准是基础教育课程改革系统工程中的重要枢纽。国家课程标准是由联邦提供资助和指导,在全国具有代表性的学科专业团体或研究机构的组织下,制定在全国范围内起到标尺作用的各学科全国课程标准。国家课程标准并非强制性的,各州是否采纳全凭自愿。1994年,国家教育标准和改革委员会(简称NESIC)成立。它是制定、实施中小学全国课程标准和审核州一级课程标准的主要部门。NESIC与有关机构协同决定课程标准的总准则。各种全国性的学科研究会根据这些准则,分别制定供自愿采用的各学科国家课程标准。在各学科全国课程标准中,最先出台的是数学学科的课程标准。全国数学教师协会是美国最大的数学教师团体,它率先制定并颁布了《学校数学课程和评价标准》(1989年),随后是《数学教学专业化标准》(1991年)、《学校数学的评估标准》(1995年)以及《学校数学的原则和标准》(2000年),为制定全国数学课程标准提供了指南。

2. 州立课程标准

(1)州立课程标准的制定

多年来,美国学生在学业进步方面始终处于停滞状态,并且落后于其他国家,根本原因之一就在于各州之间的学术标准存在差异性。这种标准化的缺失成为各州决心研制CCSS的动力之一。在研发过程中,标准被划分为两种类型，首先是《大学和职业预备标准》，该标准明确了学生在高中毕业时应该知道和理解的东西；其次是"K-12标准"，该标准明确了小学到高中阶段对学生的要求。CCSS的制定过程大致经历了四个阶段：第一阶段是2009年夏季《大学和职业预备标准》的建立；第二阶段是在《大学和职业预备标准》的基础上开发"K-12标准"；第三阶段是针对"K-12标准"收集来自各个州的教师、教育研究人员、高等教育领域和公众的反馈；第四阶段是2010年6月CCSS的正式发布。

CCSS参照了美国各个州和不同国家的最高质量和有效的标准，规定了一个学生应该掌握的知识范围和在每个年级结束时能够达成的素质技能，界定了学生通过K-12教育应该掌握的知识和能力，以便其从高中毕业时具备进入职场、接受大学教育和劳动力培训项目的水平。在对新标准进行评价后，州教育委员会成员、州长、立法者或州首席教育官员采取措施，以CCSS替代现存的标准。在社会各界对CCSS表示支持的同时，美国众多州也对它表现出浓厚的兴趣。截至2014年5月20日，全美有44个州和首都哥伦比亚特区宣布采用此标准。此外，关岛、北马里亚纳群岛、美属维尔京群岛和美属萨摩亚群岛四个海外属地也宣布加入。最后，采纳CCSS的还有一个特殊组织，即国防部教育处。目前，已有《英语语言文学学科共同核心州立标准》《数学学科共同核心州立标准》《历史和社会研究素养共同核心州立标准》《科学技术学科共同核心州立标准》发布并实施。以上学科是美国基础教育领域的主干学科，随着实践的深入，以后可能还会为更多的中小学科目建立共同核心州立标准。限于篇幅，这里仅围绕《共同核心州立英语标准》进行介绍和说明。

《共同核心州立英语标准》在制定上具有严格性，参照和借鉴了世界上多个国家的课程标准，具体研制过程由多元主体参与；内容上兼顾了知识和能力，并分别对每个年级的标准做了规定，针对阅读、写作、听说、语言使用四个部分细化标准，达到了平衡性和具体性的要求；结构上具备连贯性和递进性，对K-12阶段学生应该学习什么做了规定，在保证学习内容的连贯性前提下，力求使学生的学习内容呈现循序渐进的特点；表述上具备清晰性和明确性，如简明扼要地指出标准的目标是"为升学和就业做准备"。

表 2-1　共同核心州立英语标准及其内涵

维度	内　涵
阅读	在高中结束前,所有学生都要具备进入大学和职业生涯的阅读水平。通过等级推进,使学生能够获得更多的阅读资源。通过阅读经典和当代文学及在一定范围内具有挑战性的信息文本,可以使学生构建自己的知识体系、增长见识、探索奥秘并且拓宽视野。《标准》要求根据教师、学区和各州的需要来决定适当的课程。他们不提供一个阅读列表,教师只能根据大量的示例文本去做准备。这样做的目的是让家长和学生们在学年开始时有所期待。
写作	写作的逻辑推理能力是建立在实质性要求、健全的推理以及相关证据的基础之上的。短期的研究突出重点项目(如那些通常需要在工作场所的项目),较长期地深入研究强调书面调查的分析和介绍。
口语和听力	《标准》要求通过听力和口语以及通过媒体获得评估目前日益复杂的信息、思想和证据的能力。口语和听力标准的一个重要聚焦点是一对一、小团体和全班设置的学术讨论。正式的演讲是谈话方式的重要途径之一,但更多的非正式讨论可以使学生合作回答问题,增进彼此了解,促进问题解决。
语言使用	《标准》期望学生们通过混合的谈话,直接指导和阅读来增加他们的词汇量。该标准将帮助学生确定词义,理解词语的细微差别,并稳步扩大其单词和短语的数量。
媒体和技术	正如 21 世纪的学校生活把媒体和技术整合在一起一样,通过标准把有关媒体部门的相关技能(媒体批判性分析和产生)整合在一起。

《共同核心州立英语标准》主要由导论、内容标准、附录三部分组成。导论部分主要是对《共同核心州立英语标准》进行整体的概况描述,介绍了标准制定的过程、制定标准所考虑的相关因素以及标准对学生的要求和期望等。《共同核心州立英语标准》总共包含 3 个附录。附录 A 对阅读、写作、听说、语言使用标准等进行解释说明,包括制定标准所进行的相关研究和主要参考文献,并附有一份主要术语表,对相关的术语进行界定。附录 B 列出所选课文样本,以说明符合不同年级阅读水平的文本复杂度、质量和范围,同时附有一些课堂任务的示例。附录 C 包括带有评注的写作样本,以说明符合不同年级阶段写作的最低水平。内容标准是标准的核心,包括"英语语言艺术标准"和"历史、社会、科学、技术学科中的读写标准"两大部分。

(2)州立课程标准的实施

以《共同核心州立英语标准》为例,围绕标准的研制和实施,各利益群体展开了多方博弈,其中联邦政府、州政府和地方学区扮演至关重要的角色。

第一，联邦政府：宏观指导。《2000年目标：美国教育法案》规定，是否采用国家课程标准由各州自定；但如果采用，就可获得联邦财政资助。2009年4月，奥巴马总统上任伊始即宣布实施旨在全面提升美国教育水准的"力争上游"计划，并公布竞赛的草拟纲要及筛选标准，筛选标准总共有6类19项。其中，第二项标准涉及学业标准和评估手段。尽管《共同核心州立标准》具有国家标准的性质，但联邦政府并不强制实施。各州若要申请"力争上游"计划的资助，则必须采用《共同核心州立英语标准》，但在内容上有灵活调整的空间。

在保证包含有《共同核心州立英语标准》的全部内容的前提下，联邦政府允许各州根据实际情况在标准中增加适应本州形势发展所需15%的内容。虽然联邦政府的资金资助政策影响了一些州的选择，但各州是否采用《共同核心州立英语标准》的出发点，比起获取资金援助而言，更多的是基于标准能否提高教育质量来考虑。

第二，州政府：中坚力量。与以往制定的国家标准略有不同，《共同核心州立英语标准》由NGA和CCSSO联合发起，受到各州的普遍支持。大多数州积极调整本州的课程结构、评估体系以及其他相关领域，以便更好地为实施新标准提供方便。为评价各州实施《共同核心州立英语标准》的具体效果，评估系统的制定成为各州的重要任务。与升学和就业一致的评估系统应该做到能有效测评《共同核心州立英语标准》的广度和深度；能有助于促进标准提高教育质量；能评估学生是否达到设定的目标；支持学校和教育者积极地采取措施，提高学生的学业成就，为升学和就业做好准备。教育政策中心（Center on Education Policy, CEP）就"针对标准各州做了哪些改变"而对美国36个州进行过相关调查。调查结果表明，各州均致力于提高《共同核心州立英语标准》所规定的基本知识和技能，改变传统的、单一的考核方法，增加具有挑战性的测试，采取开放性的操作评估和表现测评，促进学生高级思维能力和操作能力的发展，如锻炼其分析推理能力和解决问题的能力，等等。

第三，学区：具体实施。学区主要负责将框架性的标准具体化和操作化，并指导学校校本课程的开发。由于《共同核心州立英语标准》并未对所涉及的方法、策略和资源做出具体解释，各学区将就标准实施进行一系列的配套改革，包括课程设置、教材编订、教师培训以及试题编制等。为了更好地实施标准，学区还成立专门的小组指导学区课程开发和教师专业发展。学区小组充分利用州提供的资源，改善学区现存条件，如积极进行网络技术资源的开发,促进学校基础设施建设等。

三、美国基础教育教师质量标准

在美国,为了确保有一支高质量的教师队伍,很多机构先后制定了一系列教师评价标准。从评价标准的认同度及其在实践中的影响程度来看,全国教师教育认证委员会、国家专业教学标准委员会和美国优质教师证书委员会三个机构制定的教师认证和评价标准较具代表性和权威性。

1. 国家教师质量标准

美国教师教育认证委员会成立于1954年,是一个非营利性民间组织,旨在制定和完善教师教育认证标准,为保证教师教育的质量提供专业判断标准。认证标准的理念框架包括六个方面。

表2-2 美国教师教育认证委员会教师认证标准及其内涵

标　准	内　涵
标准1:申请者的知识、技能和专业品质	申请者必须具备教学内容和知识、教学内容知识和技能以及教学的和专业的知识和技能以及有助于所有学生学习的专业品质。
标准2:评价体系和培养单位评估	培养单位建立评价系统,收集和分析申请者资质、申请者和毕业生表现、培养单位评价和改进申请者绩效的措施、培养单位及其教师培养项目的数据。
标准3:教学实习和教学实践	培养单位和合作伙伴设计、实施和评价教学实习和教学实践,以便申请者和其他的学校专业人员具备有助于所有学生学习所必需的知识、技能和专业品质。
标准4:多样性	培养单位设计、实施和评价课程,并向申请者提供教学实习机会,以便其获取知识、技能和有助于所有学生学习所必需的专业品质。评价表明,申请者能够形成和应用多样性的能力。提供给申请者的实习机会包括:与各种群体一起工作。
标准5:教师资格、表现和发展	教师具有在学术、服务和教学方面最好的专业实践资质,包括与申请者绩效相关的自身教学实效性评价。培养单位系统性地评估教师绩效并促进教师的专业发展。
标准6:培养单位的治理和资源	为了使申请者能够满足专业领域、州政府和院校的标准,培养单位具有必要的领导力、权威性、经费预算、人力资源、仪器设备和资源(包括信息技术资源)。

国家专业教学标准委员会成立于1987年,是一个独立的、非营利性的民间机构。该委员会研制了优秀教师的专业标准,创立了一个教师认证的志愿性组织,并将经由委员会认证的教师融入教育改革运动,以此来提高教学质

量。委员会的绝大多数成员都属于非专职人员,主要由高校学者、研究院专家、学科骨干教师等构成。1989年,委员会发布了研究报告:《教师应该知道什么和能够做什么》,该报告阐释了五项核心教学主张。这五项主张反映了对优秀教师应该知道什么和能够做什么的一般要求,为了NBPTS日后开发优秀教师资格标准奠定了基础。这五项核心主张对优秀教师的界定提出了较为全面的要求,包括教师有关学生的知识、技能、态度和责任心,学科内容和教学法的知识、技能,学生管理和评价知识与技能,反思、批判能力,交流、合作能力五个方面。

美国优质教师证书委员会成立于2001年,是在美国教育部的资助下,由全美教师质量委员会和教育领导委员会联合成立的一个新的教师资格认证组织。美国优质教师证书委员会的认证对象包括两种:一种是新任教师,另一种是有经验的教师。当前,该组织的认证内容包括九个学科领域,分别是:生物、化学、基础教育、英语语言艺术、综合科学、历史、数学、物理和特殊教育。每一个学科领域都制定了详细的标准和要求。以"初等教育"为例,初等教育领域被细分出阅读与英语语言文学、数学、科学和社会科学四个部分。每一部分都列有若干个标准,每一项标准都配有详细的文字解释。美国优质教师证书委员会的认证标准仍采用传统笔试的方法,重视认证教师的学科基础知识和专业教学知识。

2. 州立教师质量标准

州层面的教师资格认证制度主要体现为州一级以及各类专业机构所举办的教师资格认证制度,它又可以被分为两个大的类别:传统型教师资格认证和选择性教师资格认证制度。

选择性教师资格认证则是为州政府、教师教育机构和其他单位,基于协助职业转换、提升教师素质、补充师资不足等目的,以单独委托或联合培养等办理方式,提出师资认证方案。1991年,美国州际初任教师评估与支持联合会在国家专业教学标准委员会确立的认定"优秀教师"的五项"核心原则"的基础上,明确了"初任教师"获得上岗证书的十个"标准原则"草案,规定了新教师从事教育职业所必须达到的基本要求和标准。自2001年开始,美国州际初任教师评估与支持联合会在前述适用于各科、各年级初任教师的十大初任教师标准草案基础上进一步细化,转向制定各门学科初任教师的标准。传统型教师资格认证制度是各州政府以及学区、机构等为保障学生学习权益,强制规定：在该州公立学校任教者，必须参加教师资格考评，以鉴定申请者是否符合规定条件，并具备从事教职的专业技能，一般多以高等教育机构所培训的毕业生为认证对象。各州政府在制定《教师教育项目认定标准》时采取了不同的做法。例如，有的州采用了全国教师教育认证委员会的标准，有的州则自行制定标准。以蒙大拿州为例，其制定的标准包括几个方面：教师教育的目标与任务，教师教育的组织与管理，课程（包括实习）与教学、招生、保留与筛选政策，为学生提供的服务，设施与教学资料，中小学合作关系，理论框架，大学教师资格，机构治理与资源等。

3. 不同学科的教师教育质量标准

除了全国教师教育认证委员会等全国性机构对教育质量认证的标准外，美国还有很多专业组织和机构，如全国数学教师协会、全国科学教师协会、全国社会学科教师协会、幼儿教育协会等就制定并颁布了各自学科领域或阶段的学科标准。例如，全国科学教师协会就颁布有《科学学科教师培养标准》，该标准模式同样注重对结果的评价，得到其他各个组织的仿效。高等院校教师教育专业的办学标准还必须符合这些全国性专业教育或教学委员会订立的学科培养标准，由这些组织对教师教育的课程计划进行评估。但有的州则是由州政府来负责此类评估。学科评估主要是为了检查师范生的学科知识和教学能力。只有通过了学科评估的教师教育课程才算合格。不同学科教学评价的特点实际上是学科教学的具体准则，既指明了不同学科的教学方向，又规范了不同学科的教学目的。

四、美国基础教育学生学业质量标准

20世纪80年代，美国制定了国家课程标准以及与课程标准相应的学业评价标准。1996年，美国全国教育高峰会议曾强调"制定最高水平的学业标准和准确测量学生学业成绩的考试制度"。如今，美国在制定和实施各级课程质量标准方面已非常成熟，能够清晰规定学生"应知"和"能做"的问责内容，主要涉及内容标准和表现标准。内容标准重在说明在核心课程领域内，学生应知能做的内容。表现标准主要是对学生掌握内容标准熟练程度和表现水平的规定，用以区别学生对课程内容的掌握程度。此外，美国建立了基于标准的学业成就监测系统，要求监测与课程标准要达到四个一致性，即内容一致性、深度一致性、广度一致性、知识样本平衡一致性。强调学生对课程内容的理解、概念的掌握及运用知识解决问题的能力的培养，即基于标准的评价必须与课程相匹配,与表现性评价密切联系。

五、美国基础教育学校质量标准

美国的学校既要接受各级政府部门的问责,还要接受由独立的民间机构定期进行的认证。因此,评价标准既有联邦或州政府制定的问责标准,也有各学区自行制定的标准,还有民间组织制定的认证标准。学校标准内容主要包括学校质量、管理、服务是否合格的外部要求,这是由各方面专家、各界人士共同参与制定的,具有相当的客观性和广泛的适用性的标准,也是学校设立所必须达到的最低限度的要求。以美国西部学校和学院协会学校认证标准为例,学校只有拿出丰富的证据证明已经达到以下标准,才可能得到社会的承认。

1. 学生学习的组织

(1)办学目标。这是关于学校设立目的的明确陈述,它反映了学校的办学信念和教育哲学,并且体现在学校预期的学习结果之中,而这个预期的学习结果往往是形成对每个学生教育计划的基础。

(2)治理。治理的职权包括采取与办学目标相一致、支持预期学习结果的政策,委派专职人员执行这些政策,监控结果。

(3)学校领导。学校领导要做出决策,采取行动,增强学校在促进学生取得预期学习结果方面的能力;授权于教职人员;鼓励各方面承担、参与和分担学生学习的责任。

(4)教职人员。学校的领导和教职人员要胜任所担负的工作,忠于学校的办学宗旨,参加旨在改进学生学习的持续性专业发展活动。

(5)学校环境。学校要有反映其办学宗旨的安全、健康和有教育意义的环境,尊重每一个学生的差异,信赖、关心、支持每一个学生,寄予学生高度的期望。

(6)报告学生的进步情况。学校领导和教职工要定期评估学生实现预期学习结果的进展情况,并与学校共同体的其他部门分享这种进展情况。

(7)学校改进过程。学校领导要通过以下方式支持学校改进:提高全体学生的学习质量;要有学校共同体的支持和参与;对学校工作的有效指导;监控学校的行动计划。

2. 课程和教学

(1)学生学什么。学校向每个学生提供具有挑战性的、连贯的和相关的课程,这些课程应符合学校的办学目标,并应圆满完成这些课程来实现预期的学习结果。

(2) 学生怎样学。专业教职人员要使用基于科研的教学知识;设计和实施多样的学习方案,使学生能够积极从事与办学目标和预期学习结果相一致的高水平的学习。

(3) 怎样评估。要经常开展对教师和学生的评估,并将其整合到教学过程中。评估结果可用于:测量每个学生实现学习结果的进程;对课程和教学的常规性评价和改进;资源分配。

3. 对学生自身成长和学业成就的支持

家长或社区的参与:学校领导要采取多方面的策略,确保家长和社区成为学校建立的、指向学生发展的支持体系的一部分。

4. 学习资源

(1) 资源。维持学校发展计划可获得的资源要充分,而且这些资源要有效应用于实现办学目标和学生预期学习结果的活动。

(2) 规划。学校管理机构和学校领导要为学校的未来做出负责任的规划。

第二节 英国基础教育质量保障

一、英国教育督导官方监控

1. 英国教育督导的性质和定位

在国家层面上英国主要是通过教育督导来保证各级各类教育的质量。尽管英国的教育督导具有很强的独立性和专业性,但本质上还是属于国家教育行政的一部分,依照国家的教育政策、法律、相关标准对教育机构及其开展的教育活动进行判断和评价。

战后英国教育督导的发展以1992年为分界线,分为女王督学团和教育标准局两个时代。在女王督学团时代,督学团的职责覆盖大学以外的各类教育,包括学前教育、初等教育、中等教育、中等后教育和师范教育。所涉及的学校既包括公立学校也包括私立学校,一年大约督导5 000个教育机构,其中,全面督导20所,短期督导250所,地方教育局督导2~3所,其余为日常随访。1992年之后,伴随改革的不断深入,原有的女王教育督导团变革为教育标准局,与学校、地方教育局以及民间机构之间的合作关系日益突出。教育督导的权威性除了来自督学个人的魅力外,也来自专业化的工作组织和流程,每名督学都配有统一的《督导大纲》,需在大纲的指导下开展督导工作。此外,改革后英国教育督导的运行机制也有所调整,教育标准局主要负责全国督导工作的宏观管理、协调和监督,以及有关教育督导的政策、规划和标准的制定。换句话说,改革后的教育督导体系职责划分更加明晰,工作机制更加灵活。

2. 英国教育督导的任务与对象

按照《1992年(学校)教育法》关于督学的相关规定,女王总督学需要向国务大臣报告四个方面的信息,即英格兰学校的教育质量,英格兰学校所达到的教育标准,英格兰学校所获得的财政资源是否得到了有效管理,英格兰学校的学生在精神、道德、社会和文化方面的发展状况。《2006年教育与督导法》规定总督学的职责在于向国务大臣报告四个方面的信息,即在督学的职责范围内相关活动的质量以及这些活动的受益方所达到的标准,这些活动的质量以及活动受益方所达到标准的改进情况,这些活动作为以用户为中心活动所实施的程度,以及在实施这些活动与服务时对资源的高效和有效运用情况。另外,关于教育标准局的职能也进行了调整,《2006年教育与督导法》规定教育标准局的职能在于为总督学确定与其职责相关的战略优先选择、确定与此选择相关的战略目的和目标、保证总督学的职责有效行使。可以明显看到,前后两部关于英国教育督导的重要法令所持的态度和立场对比鲜明,前者更多地立足于政府发展教育的作用,而后者则在此基础之上更多地考虑了受教育者,更加关注教育消费者的情况,这点明显反映出英国教育改革中所渗透的消费者主义取向。

英国教育督导的对象包括四类教育与服务提供机构,即学校教育领域机构、继续和技能教育领域机构、儿童和家庭服务领域机构以及学前和保育领域机构。每个领域都包含若干类机构,具体如表2-3所示。

除了对直接提供教育和培训服务的机构进行督导外,地方教育当局也是督导对象之一。换言之,英国教育督导包含两种类型:一是教育培训服务提供方督导;二是地方教育当局督导。后者起步相对较晚,主要是希望通过督导促进地方教育当局发展本地教育。

表 2-3 英国教育督导对象

督导领域	督导对象
学校教育	独立学校、幼儿园、小学、学生推荐单位、中学、儿童教育服务机构、第六学级、特殊学校、地方教育当局、其他学校
继续教育和技能培训	成人与社区学习、舞蹈与喜剧学院、劳动与养老提供部门、用人机构、提供住宿的继续教育学院、普通继续教育及高等教育学院、移民遣返与拘留中心、独立特色学院、职前教师教育、监狱、缓刑期教育、第六学级、工作为基础的学习、其他成人学习和技能培训
儿童和家庭服务	收养支援机构、寄宿学校、儿童及家庭法院咨询服务、儿童之家、独立抚养机构、提供家政服务的继续教育学院、地方当局收养机构、安全训练中心、寄宿家庭中心、寄宿制特殊学校等
学前和保育	住家托幼、非住家托幼、注册托幼员、家庭保育员、儿童中心、其他早教和保育机构

3. 英国中小学督导评价的指标

伴随英国社会和教育改革的不断深入，教育标准局的业务范畴也有所扩大。例如，英国义务教育年限从 16 岁提高到 17 岁乃至 18 岁后，继续教育领域各种类型的教育和培训服务便纳入督导工作的范畴，同时儿童和家庭福利等相关活动和服务也被纳入督导。鉴于督导对象的不断扩大和多样化，教育标准局分门别类地制定了督导框架和指南，力图使同类型教育机构的督导具有一致性。普通中小学的督导是英国教育督导中最为重要的一部分，此处主要围绕英国中小学校的督导评价展开。

督导评价指标是教育督导工作实施的重要工具，是教育督导评估体系的重要组成部分。在 1992 年之前的女王督学团时代，学校教育督导评价指标体系由学校全面督导评价标准和课程评价标准两套标准组成，前者设定了校舍与资源、教学组织、课程、教学大纲与计划、人员、管理及领导水平、学生管理的组织与活动及个性与社会教育、教与学、考试、评定与记录、特殊教育等 10 个一级指标。每个一级指标下都包括若干个二级指标，这些指标多是描述性的，而没有与量化评分联系起来。除了全面督导评价指标外，女王督学团还专门设计了一套课程评价指标，包括课程计划的制订和课程目标，教学内容是否包括了该学科的重要知识点，课堂教学方法的多样性及其是否适合学生的需求，是否注重学生能力的培养，是否注重学科知识与现实生活相联系。

1988 年国家统一课程实施后，女王督学团时代的课程评价指标显然并不适用于新情况。因此，在 1992 年前后的改革中，教育标准局大幅修订了《学校督导大纲》,并提高了它的公开性和透明度。1994年首次制定的《学校督导手册》中的"学校督导框架"和"督导标准指南"对学校督导评价的内容、指标和标准进行了详细说明。督导框架规定了学校教育质量,学校所达到的教育标准,学校对所拨付教育经费资源的管理是否有效,学生在精神、道德、社会和文化方面的发展四个督导评价的内容,围绕这些内容设定了4个一级指标和17个二级指标,其中一级指标分别是水准与质量、学校效能、学生的个人发展和行为、教育质量。在1994年中小学教育督导评价与标准的基础上,2005年教育与技能部发布名为《每个孩子都重要——英格兰学校督导框》的重要文件,对教育督导进行了较大的调整。这一版的中小学教育督导评价指标确立了总体效能、成绩和标准、教育质量、领导和管理四大核心指标,33个二级指标。2010年英国教育标准局再次修订学校督导评价指标,以"追求卓越"、追求"高质量的教育公平"为目标,突出强调中小学的三个类效能,即学生的学习效能、学校的教育效能、学校领导的管理效能,并将此前的四大一级指标调整为"学生的成果""学校的教育效能""学校领导与管理的效能"三大核心指标。2012年教育标准局再次修订了学校督导评价指标,此次修订提高对督导结果的总体期望,格外强调教学的重要性及其对学生学习的影响。因此,新的中小学督导评价指标调整为总体效能、学生成绩、教学质量、学生的行为与安全、领导和管理5个一级指标。具体的指标体系如下表所示。

表2-4 英国中小学教育督导评价指标与标准(2012)

一级指标	内涵	标准
1. 总体效能	指学校教育的质量。评价学校在多大程度上满足了学生的需求,其教学对学生学习的影响以及在改善或维持办学水准方面的领导效能。	①学校是否达到"良好",或超过这一级达到"优秀"。 ②学校被评为"需要改善"是因为其他四个指标中有需要改善的,还是在满足学生精神、道德、社会和文化发展方面存在缺陷。 ③学校被评为"不合格",其重大缺陷何在,需要怎样的特殊措施。
	评价学校在满足学生精神、道德、社会和文化发展方面的努力。	①学校是否促进学生对信仰、价值观和更为深刻的人类问题进行反思,发展学生学习的兴趣,促进其成为善思、有责任感的个体。 ②学生的是非观在多大程度上得到发展,在校内和校外生活中如何运用。

续表

一级指标	内涵	标准
1. 总体效能		③ 学生参加包括志愿者活动在内的需要社交技能的活动的情况。 ④ 学生对多样性的尊重和意识,例如性别、种族、宗教和信仰、文化、性取向和残疾。 ⑤ 学生从学校踏入下一个教育与培训阶段的过程中是否全面了解自己所面临的挑战和选择。 ⑥ 学生是否能够欣赏戏剧、音乐、艺术和文学。 ⑦ 学生是否具备充分地、积极地参与现代民主英国社会生活的技能和态度。 ⑧ 学生是否会对一些文艺、体育和其他文化活动做出积极响应。 ⑨ 学生是否理解并欣赏校内的不同文化,并将其发展为未来生活准备的基本要素。
2. 学生成绩	主要关注学生的学业成绩。在考察过程中督学要考虑学生的起始水平。	① 与学生自身的起点相比有所进步。 ② 学生作业的质量以及入学以来取得的进步。 ③ 学生的技能得到发展并在课程学习中得到应用,包括阅读、写作、交流和数学技能。 ④ 学生已经做好步入下一个教育、培训或工作阶段的准备。 ⑤ 残疾学生和有特殊教育需求的学生在入学以来有所收获。 ⑥ 不同组别学生的成绩差异有所缩小。 ⑦ 学生毕业时学业成绩达到法定标准。 ⑧ 享受学生津贴的学生入学后成绩有所提高。
3. 教学质量	教学最重要的目的是提高学生学业质量。包含整个学校课程在内的学习活动的计划和实施、教师对学生的记分、评价和反馈以及教师的支持与干涉策略,教学在促进学生精神、道德、社会和文化发展过程中的影响等。	① 所有学段和学科的教学是否促进学生的学习和进步。 ② 教师始终对学生抱有较高的期望。 ③ 教师是否通过在课堂上系统而有效地检查学生理解情况,并做出适当干预,从而提高学习质量。 ④ 阅读、写作、交流和数学得到很好的教授。 ⑤ 教师和其他成人创造积极的学习氛围,吸引学生投入其中。 ⑥ 教师的记分和建设性反馈有助于学生的学习。 ⑦ 教学策略,包括设置适当的作业、支持和干预能够适应个性化的需求。

一级指标	内涵	标 准
4. 学生行为与安全	考量在一定时期内学生的行为和安全,帮助督学判断学校在多大程度上促进了学生的精神、道德、社会和文化发展。	① 学生的学习态度。 ② 学生在学校和课堂上的行为表现。 ③ 学生如何对待(尊重及其行为)其他年轻人和成人,是否受到欺辱、骚扰和歧视。 ④ 学生在学校与课堂中的出勤和守时情况。 ⑤ 教师如何管理学生的行为,以确保所有学生能公平地在一个受尊重、有尊严的氛围中成长和学习。 ⑥ 学校在多大范围内确保行为管理的系统性和一致性。 ⑦ 学生是否有安全感,是否能适当地评价和管理危机并保证自己的安全。 ⑧ 学校领导和管理者在学校多大范围内创造积极的风气。
5. 领导和管理	所有学校领导的影响、学校管理的效率和效用是督导的重要内容。督导特别强调在各个层面上的领导和管理如何促进教学的提升,让所有学生克服学习上的困难。	① 设定远大的学校愿景,对所有学生和教师抱有较高期望。 ② 通过高质量的教学、领导能力和较高的职员专业水准,提升学校水平,发展学校不断改善的能力。 ③ 保证所有的教学员工能够从适当的专业发展中获益,并保证业绩得到严格管理。 ④ 准确评估学校的优势和弱势,并利用评估结果促进学校改善。 ⑤ 提供宽广而均衡的课程,满足所有学生需要,能够让所有学生开发其全部教育潜能、在学习上取得进步,并促进学生良好行为和安全以及精神、道德、社会和文化发展。 ⑥ 促进学生在知识领域的学习和进步。 ⑦ 促进家长参与支持学生学业,行为和安全以及精神、道德、社会和文化发展。 ⑧ 采取措施提升学生的安全,保证学生的在校安全。

4. 英国学校督导评价的实施

英国中小学的督导评价是一个遵循 PDCA 过程的系统性工程,以评价指标为基本判断工具,以督导制度为实施的保障。督导评价的实施包括相关信息资料的收集、信息资料的处理和做出评价判断三个主要环节。一般情况下,信息的收集主要是发生在督导前和督导中阶段,信息资料的处理则主要是发生在督导实施中的后期和督导后的报告形成中,评价判断也主要是发生在督导实施中的后期和督导后的报告形成中。

(1) 督学的聘任与管理

目前,英国教育标准局中参与督导工作的职员大致分为两类:一类是通过第三方合作机构提供的签约督学,约 2 700 人;另一类是教育标准办公室直接聘用的职员,共 1 470 人。这两类督学各自的职责和管理方式差异明显。通常,教育标准办公室直接聘用的女王督学不直接参与学校的督导工作,而主要是负责督导工作的总体规划、评估工具研究与开发、监督督导工作的质量;相比之下,到学校或教育机构中巡视、调查等这些具体督导工作主要是由补充督学承担。

教育标准局聘任的督学包括女王总督学、女王督学和补充督学。女王总督学是教育标准局的总负责人,是领导全国教育督导工作的最高长官。女王督学位于总督学之下,直接对总督学负责。要成为女王督学,一般要具备硕士学位且具有较高的学术声望,拥有丰富的领导经验,有很强的分析、写作和沟通能力等,敢于坚持原则、秉公办事。

对于补充督学的任职资格,教育标准局也有明确的规定。补充督学一般是作为女王督学的助手,也可以作为首席督学的代理人开展督导工作,其聘任由首席督学征得财政部同意后任命,拥有与女王督学同样的权力。补充督学的任职基本条件包括具备相关领域的学位或教师资格,特定领域的补充督学则要求具备 5 年以上的教学经验,同时具备相关领域的最新专业知识,能够使用信息技术,没有犯罪记录。通常情况下,有志从事补充督学的人员要首先向与教育标准局合作的三大社会机构——CfBT Education Trust、Serco、Tribal Group 提出申请,或者通过国家教学与领导学院提出申请。社会机构对申请资料进行两轮筛选,确定参加培训的候选人。所有的补充督学候选人必须参加教育标准局所组织的培训,并符合教育标准局制定的培训前后需要具备的素质和能力。成功完成培训的候选人会获得教育标准局的认可,获得从事补充督学的基本资格。通过社会机构的渠道获得补充督学资格的候选人在完成培训后要与该机构签约,成为该机构所属的督学。

(2) 督导评价的实施过程

英国中小学督导的过程分为督导前、督导中和督导后三个阶段。教育标准局根据督导机构的类型分别制定相应的要求和原则等。例如,针对中小学、保育机构、继续教育机构等分别制定相应的督导框架和指南手册等,给督学提供进行督导评价的工具,帮助家长、受督导的机构等了解督导评价。

第一，督导前阶段。

在实施督导前，教育标准局会根据被督导的学校类型及规模决定督导小组的人数、督导时间、督导建议总量、督导期间的主要事项、督导报告的内容构成等。组建起督学小组后就要收集和整理被督导学校的相关信息，制订督导计划，准备督导工作的实施。督导小组计划和准备的过程中，组长要在充分了解学校近期表现及其变化的基础上，填写督导准备结果表；还要组织整个督导小组的准备工作，包括督导前所收集的信息分析以及需要重点跟进的领域、督导第一天的主要活动等。

此外，在进入学校开展具体督导工作前，督导组要收集在籍学生家长对学校的看法和意见。学校也要配合督导小组的工作，鼓励家长贡献智慧，将反映家长意见的教育标准局链接放在学校网站，以便于家长意见的收集。

同时，督导组组长需要提前通知学校督导日期及相关事宜。一般情况下，督导组会在正式督导开始前的一天通知学校。如果督导组长与校方沟通后确定第二天可以接受督导，那么他便会通知督导服务提供者，由 ISP 向学校发送确认函。督导组长通知学校的主要目的在于：通知学校接受督导；让学校明确其将督导事宜通知家长的法定义务，这是督导阶段收集家长意见的主要途径；安排督导的具体事宜；安排与主要职员的讨论；安排同校方管理委员会或负责学校管理代表的会议；要求同地方教育当局或其他相当机构的一名代表进行面对面的会议或电话会议；给校方提供提出疑问的机会；等等。此外，督学在这个阶段也可以要求学校提供自评报告、当前学校改善计划、出勤信息等相关信息。

第二，督导过程中阶段。

在进入到中小学开展督导过程中，督导小组主要完成两项任务：一是收集被督导学校相关一手资料，获取评价指标所要求的信息；二是在收集和分析信息的基础上形成对学校效能和质量等各个方面的整体判断。在收集一手资料的过程中，督学可以运用多种方法，包括实地现场调查、文献分析等。督导小组深入中小学时，首先要与校长及学校高级管理团队进行简单会晤，介绍督导组成员、安排与校长讨论学校自评报告及其他资料的时间，确认观察课堂后的反馈时间，保证让校长清楚地知道教育标准局观察课堂所收集的信息是用于绩效管理，以及其他一些相关事宜。

接下来，督导组将会深入到教室中观察课堂，尤其强调核心科目，即英语、数学和科学,督导组长应当邀请校长或高级职员参加联合课堂观察。观察完课堂后,督学要与高级职员和教师进行后续讨论,以便确保教师及学校领导对教学和学习评价的准确性,便于收集个别学生或特定类别学生学习和进步情况的证据,以及能够充分支持改善教学和学习的建议的证据。在给出课堂观察反馈方面,除了联合观察之外,督学必须要给出反馈,而且根据课堂观察时间的长短,督学的反馈也有所侧重。一般情况下,督学给教师及其他职员的课堂观察反馈应当包括如下几方面内容:观察中所发现的、教学上的优点和缺点,重点讨论学生的学习情况及教师的促进作用。此外,在督学与教师的讨论中还应该包括其他多项相关内容,例如整门课的情境和内容、本节课与整门课之间的关系、教师专业发展对提高教学质量的推动作用、绩效管理的本质与影响等。

除了观察课堂外,督导组在学校里开展督导工作的过程中还要与学校管理层密切接触,收集家长及其他利益相关者的意见。需要注意的是,在与学生、家长及学校职员接触的过程中,要尽量避免校长或高级职员在场,以确保对学校领导和管理进行判断的客观公正性。在收集家长意见方面,除了上文提到的在线收集方式外,督导组还需要考虑通过其他调查或方式收集相关信息,并在做督导判断时加以考虑。

教师专业发展关系到学校教育质量的高低,因此也是督导组重点考察的内容之一。督学一般是从高级管理领导层如何有效使用绩效管理及学校自评去推动专业发展的角度进行考察,主要的关注点包括:专业发展对教学及特定教师的影响,教师绩效管理的相关信息及其与薪级晋升之间的关系,校长绩效管理的相关信息,与校长、管理者、中高级领导及其他职员的讨论,学校课堂观察记录,在一段时期内教学改进以及教学效果的跟踪、监测和分析系统改善的情况,学校对教师专业发展的记录与评价,对新合格教师及职业早期阶段教师的支持与专业发展情况,职员问卷信息的分析等。

在上述一系列督导活动中,督导小组要与学校方面不定时地交流意见。待督导活动结束,收集、分析好各方面的信息后,督导小组需要做出对督导学校的最终判断,并反馈给学校。

第三,督导后阶段。

学校开展的督导活动结束后便进入到督导后阶段,主要任务包括向学校反馈初步督导结果、形成和发布督导报告。由于督导报告集中反映了一所学校的教育教学情况,其公开发布具有广泛的影响。因而,在撰写督导报告的问题上,教育标准局也十分慎重。

督导组离开学校之前,需要将督导结果和意见等反馈给学校,并要确保校方明确了解了几个关键问题,包括:

① 学校在每个督导领域所获得的等级;

② 等级是暂时性的,而且在学校正式收到最终的督导报告之前是保密的;

③ 需要保证督导过程中所发现的主要问题以及口头反馈的主要内容会在督导报告中有所反应;

④ 让学校清楚地知道改善建议;

⑤ 让学校清楚地知道形成督导报告的程序;

⑥ 学校会被邀请参与督导后调查;

⑦ 学校被评为堪忧组别的含义;

⑧ 让学校清楚地知道投诉的程序。

离开学校后督导小组便要开始撰写督导报告及发布工作。督导报告由督导小组组长负责撰写,每位小组成员须将自己负责的某一方面的督导情况和意见汇集成书面材料交给组长。一般情况下,督导报告包括如下几个部分:

① 引言,包括学校数据和指标;

② 督导的主要结果和关键问题;

③ 学校教育标准和质量;

④ 学校效能;

⑤ 学生的个人发展和行为;

⑥ 课程科目的教学情况,包括所有国家课程科目、相关的宗教教育以及其他课程的教学情况;

⑦ 主要结论的成因。

督导组长完成督导报告初稿的撰写后需将其发送给督导服务提供方,由其进行编辑后再转发给被督导学校,核对事实性信息。确认无误后督导报告将公开发布。

根据学校所获得的督导评价等级,督导报告的工作流程和时间也有所差异。按照英国教育标准局 2012 年修订后的《学校督导框架》规定,对于被评定为"优秀""良好""有待改进"的学校,督导组通常要在结束学校现场督导后的 10 个工作日内将督导报告发送给学校,在 15 个工作日内将学校的督导报告发布在教育标准局的主页上。一般情况下,学校在收到督导组发来的督导报告后有一个工作日的时间核对报告中的信息并给出反馈。相比之下,被评定为"不合格"的学校所需要的时间则相对较长。这样的学校在收到督导报告初稿后一般会有 5 个工作日的时间检查核对,在督导结束后的 28 个工作日内收到最终的督导报告。如果督导组提出了特殊措施,那么督导报告在正式公开发布前需要主任督学签字确认。

(3) 督导评价结果的运用

伴随 1992 年英国教育督导大刀阔斧的改革,督导评价结果的运用也发生了较大的变化。1992 年教育督导改革最重要的一个点在于将"通过督导促进学校的改进"作为一个重要目标。2006 年《教育与督导法》明确要求教育服务要不断提升,以使用者为中心,效率与效用兼顾。因此,教育标准局在其新时期的战略规划《提升标准、改善生活:教育标准局战略计划(2011—2015)》也秉承这三个原则,力图通过教育督导推动各级各类教育与培训标准的提升,更加关注儿童和学习者、家长以及用人方的意见,从而不断改善生活质量。在这样的价值观念的引领下,督导评价结果主要用于三个方面:第一,构成全国性教育质量评价及相关问题研究的基础数据和信息,主要是为督学向教育大臣报告全国教育质量提供材料;第二,构成学校不断改进、提升办学水准的重要基础资料和依据;第三,为学生、家长和社会提供了解学校信息和质量的来源。

教育标准局规定学校要将督导报告与学校改进直接挂钩,并明确规定督导之后学校应提出行动计划。对于学校提出的改进计划以及学校改进情况,教育标准局将按照《2005 年教育法》的相关规定,开展监测性督导,以帮助学校落实改进措施。针对问题程度不同的学校,教育标准局后续的监测性督导也有所区别。在督导过程中,督学除了按照四个等级(优秀、良好、有待改进、不合格)归类学校外,还会根据学校存在问题的程度判断学校是否属于堪忧组别学校。实际上,被断定为堪忧组别学校,后续的监测性督导也不完全一样。堪忧组别学校中包括两类:一类是被认为"失败学校",即需要采取特殊措施的学校;另一类是存在重大缺陷的学校。(《2005 年教育法》第 44 条)除了这两类学校外,教育标准局也会对"有待改进"这个类别中的部分学校以及其他学校实施监测性督导。

对于第一类学校来说,督导后学校通常不需要另外提交新的行动计划,通常会在督导后的 4~6 个月接受第一次监测性督导。基本的督导程序与一般的督导大致相同,但监测性督导注重对学校改进情况的跟进。如果在 2 年之内学校不能完全改进则必须要再次接受正式的督导。学校在规定时间内完成改进后,教育标准局还要对其进行风险评价。

对于第二类学校来说,也同样不需要另外提交新的行动计划,只需在原有计划的基础进行修改。这类学校通常会在督导报告发布后的 4~6 周内接受第一次监测性督导。在这个过程中 HMI 通常会与校长、学校董事会以及地方教育当局代表等相关人士会面,讨论学校改进计划是否恰当。在第一次监测性督导之后的 18 个月里,学校可能还会接受 1 次或 2 次的监测性督导。如果 18 个月后,学校依旧存在重大缺陷则必须要重新接受督导。

二、英国基础教育质量的半官方监控

除了通过教育标准局对英国中小学等教育机构所提供的教育质量进行监控外,英国政府也通过资格与考试管理局对学生学业成绩的测定结果来掌控教育质量的情况。资格与考试管理局是挂靠在教育部下的非内阁部委,它依据 2009 年的《学徒、技能、儿童与学习法案》和 2011 年的《教育法》设立,直接对议会负责,从而在很大程度上避免了来自教育部内部等各方面的干扰和影响。

1. 资格与考试管理局的定位与职责

伴随 1988 年国家课程改革的实施,检验学生学习状况的考试与评价机制的管理重心也相应上移。英国政府根据《1988 年教育改革法》的规定设立了国家课程委员会和学校考试与评价委员会,1993 年国家课程改革中这两个机构合二为一,成立了学校课程与评价局,负责合并前两个机构的事务。《1993 年教育法》规定了学校课程与评价局的主要职责,包括:① 对英格兰所有公立中小学的课程设置、考试和评价安排进行全面调查;② 在教育大臣要求或当局认为适当时,就公立学校课程设置、考试和评价安排等事务向国务大臣提出建议;③ 就学校课程设置、考试和评价安排等方面的问题,向教育大臣提出研究和发展计划;④ 出版和公布有关学校课程设置、考试和评价安排等方面的信息;⑤ 与其他相关机构协调安排,确保评定的质量;⑥ 依据《1988 年教育改革法》第 5 条第(1)款的规定,提出建议;⑦ 向教育大臣就公立学校教育设施提出建议;⑧ 在教育大臣的指导下,履行协助义务。

1997年布莱尔执政后便开始践行其竞选纲领中提出的"教育、教育、教育"首要事项。针对学校教育质量的滑坡,布莱尔政府在第三条道路的政治主张影响下,将教育改革置于优先地位,旨在增加教育投入、改革教育体制、提高教育质量、实现教育公平。于是,布莱尔政府在《1997年教育法》的主导下整合了此前的国家职业资格委员会和学校课程与评价局,新成立了资格与课程局,统一管理英格兰所有的外部资格考试。

2007年英国政府再度对考试管理机构进行调整,将资格与课程局的管理职能和课程开发职能分开,设置独立的考试与测评管理机构与考试管理局,同时保留QCA的课程开发等相关职能,作为教育部下属的非部委公共机构,2010年又进一步整合为标准与考试局。按照相关法律的规定,资格与考试管理局的主要任务在于确保资格标准和评价标准,及其公信力、辨识度和效率。具体来说,确保资格标准主要是保证教育标准局所负责管理的资格能够真实反映学生的知识、技能和理解状况,并能够反映达成状况;确保评价标准主要是为了促进所管辖的评价考试的开发和执行;同时,在这两个过程中要保证资格和评价能够得到公众的信任,让公众了解管制资格的范畴、优点,以及对发证机关进行认可的优点等。下表为资格与考试管理局负责的国家考试。

表2-5 资格与考试管理局负责的国家考试

早期基础阶段	
2~3岁	发展状况检查。
预备班5岁	新早期基础阶段档案。
关键学段1	
一年级6岁	语音教学检查。
二年级7岁	在英语、数学和科学方面,参考法定考试由教师进行评价。
关键学段2	
六年级11岁	阅读、数学以及语法、标点、拼写考试(3~6级)。
	英语、数学和科学方面的教师评价。写作评价由外部机构进行。
关键学段3	
九年级14岁	所有科目上的教师评价。

资格与考试管理局2010年开始正式运行。它在管制资格和管制评价两个方面的职能有所区分。在管制资格方面,资格与考试管理局主要是通过对发证机构认可和资格认证两个渠道来保证资格证书管理的有效性。在这个

过程中,资格与管理局要设定机构认可和资格认证的标准,并要负责发证机构的后续监管等相关工作。实际上,在资格证书的管理上,资格与考试管理局主要职能体现在搭建不同资格融通转换的平台。在管制评价方面,资格与考试管理局主要是负责确保评价的有效性、公正性,评价标准设置的合理性,以及确保评价结果得到恰当使用。

2. 资格与考试"标准"的管理

(1)"标准"的内涵

对"标准"进行管理是资格与考试管理局的核心工作,这就要求该局首先要对"标准"进行定义。"标准"的定义有很多种,而且通过专家学者讨论后对"标准"的定义也未能达成共识,于是在综合多种定义的基础上,资格与考试管理局认为应重视三个方面的内容,即内容标准、评价标准、业绩标准(或称等级标准),具体内涵如下:

① 内容标准:指教学大纲、学习课程等所设定的学习内容要求,可以包括与学科相符的知识、技能与理解。内容的难度可以通过增减学习的广度和深度或技能的广度和熟练程度要求来调整。

② 评价标准:资格与评价管理局认为评价是测定学生是否习得获取资格证书或特定资格等级所要求内容的过程。评价标准则是指某个评价的难度如何。

③ 业绩标准:指某件事情的完成情况。在教育领域是指学生的成果。在部分情况下,例如工作所需的实践性许可,只有一个业绩标准,是学生通过资格考试的门槛;在其他情况下,则存在多个业绩标准。

④ 难度:上述三个标准都关系到难度的级别。所谓难度是指一个评价或资格考试在多大程度上挑战考生,通常通过四种方式表现出来,即学科知识水平要求、技能或过程的应用、抽象思维水平要求、应对评价的策略等。

(2)"标准"的调控

影响普通中等教育证书和课程资格证书标准的因素主要有课程内容、评价和评级三个方面,其中内容应当具有一定的难度,评价应当能够适当地检测出学生对内容的掌握情况,在此基础上设定评级标准,以便更直观地反映学生是否达到特定资格的要求。在"标准"管理的整个过程当中,教育标准局主要是核检内容和评价是否合适,并跟踪资格证书的认证过程,以保证考试委员会设定和保持适当的评级标准。教育标准局认为,为了保证不同年份和不同发证机构所发出的资格证书具有可比性,要尽力避免分数膨胀。为此,教育标准局所采用的主要方法是跟踪性比较,即根据相似学生组别此前的成绩预测今后的得分状况。例如考试委员会可以参考关键学段2的成绩情况去预测GCSE的考试结果,参考GCSE的结果去预测AS和A-Level考试的结果。同时,教育标准局还会基于变异量设定偏差限度。每个考试委员会要向教育标准局报告考试结果,如果考试结果都在预先设定的偏差限度之内,则无须对评分过程进行调整;如果在预先设定的偏差限度之外,则需要考试委员会对各自的评分过程进行调整。

可以看到,教育标准局对"标准"的管理实际上重点在于保证学生能够有效完成各类课程学习,并能够通过各类资格证书考试反映出学习的结果,教育标准局主要是发挥了终端监控的作用。资格证书考试的具体实施等交由OCR等第三方专业机构开展。

3. 资格证书考试标准的设定

20世纪90年代后期,以布莱尔为首相的工党上台后开始着手对纷繁多样的资格证书体系进行了梳理和整合,于2000年建立起全国统一的国家资格框架。NQF建立之初分为5级,为了与高等教育资格框架衔接,2004年进一步调整为9级(从入门到8级)。2008年英国政府再次调整资格证书体系,整合了学分的概念,进一步扩大了资格证书的覆盖范围。QCF延续了NQF的级别制度,入门级最低,8级最高,每个级别都用一系列一般性指标进行描述,逐渐与NQF融合为一体。

目前,英国正在实施的资格框架体系包括国家资格框架、资格与学分框架、学分与威尔士资格框架,此外,在高等教育领域还有高等教育资格框架。实际上,资格与学分框架和学分与威尔士资格框架在本质上是同一个框架,只是实施的区域有所区别,前者主要是在英格兰和北爱尔兰地区实行,后者针对的是威尔士地区。所有这些证书构成了一个可以比较的资格证书体系,其目的在于:① 增加教育的灵活性以便提高资格证书的获取率,提高国民素质、增强英国的国际竞争力;② 通过明确资格证书的级别层递,促进终身学习;③ 避免不必要的重复,保证资格证书种类的多样性;④ 增进公众和各行各业对国家证书的相关性和整体性的认识和信心。

表 2-6　资格与学分框架和学分与威尔士资格框架对照表

水平	资格与学分框架举例	学分与威尔士资格框架举例
入门	・入门级证书 ・入门级生活技能	入门级职业资格证书： ・入门级单科证书、证书和文凭 ・基础学习层级 ・入门级功能性技能
1	・取得 D—G 的 GCSEs 证书 ・1 级国家职业资格证书 ・1 级关键技能 ・生活技能 ・准文凭	1 级职业资格证书： ・1 级 BTEC 单科证书、证书和文凭 ・1 级功能性技能 ・OCR 国家证书 ・基础学习层级
2	・取得 A*—C 的 GCSEs 证书 ・2 级国家职业资格证书 ・2 级职业资格证书 ・2 级关键技能 ・生活技能 ・高级文凭	2 级职业资格证书： ・2 级 BTEC 单科证书、证书和文凭 ・2 级功能性技能
3	・AS/A-Levels 证书 ・高级扩展考试证书 ・国际文凭 ・3 级关键技能 ・3 级国家职业资格证书 ・剑桥国际证书 ・高级进阶文凭	3 级职业资格证书： ・3 级 BTEC 单科证书、证书和文凭 ・BTEC 国家证书 ・OCR 国家证书
4	・4 级国家职业资格证书 ・4 级关键技能 ・高等教育证书	4 级职业资格证书： ・BTEC 专业文凭、证书和单科证书
5	・英国国家高等教育文凭 ・其他高等教育文凭 ・4 级国家职业资格证书	5 级职业资格证书： ・HNCs and HNDs ・BTEC 专业文凭、证书和单科证书
6	・专业生产技能国家文凭 ・4 级国家职业资格证书	6 级职业资格证书： ・BTEC 高级专业文凭、证书和单科证书
7	・研究生证书和文凭 ・BTEC 高级职业单科证书、证书和文凭 ・翻译文凭 ・5 级国家职业资格证书	7 级职业资格证书： ・高级专业单科证书、证书和文凭
8	5 级国家职业资格证书	8 级职业资格证书： ・战略方向的单科证书、证书和文凭

在上述体系下,教育标准局根据相关法律要求制定各类资格证书的考试标准,包括资格证书标准和学科标准,主要是用于开发和认证相应的资格证书。资格证书标准主要对资格证书包含的内容、评价和评级结果报告进行规定。例如,GCEAS 和 A-Levels 资格证书标准规定了评分方法,即得分为 A*—E 才能获得 A-Levels 证书,A* 等级最高。学科标准主要是规定了构成各资格证书的科目达标要求。例如,商务金融管理文凭标准具体规定了拿到文凭所需要的学时和内容(见下表),可以看到三个级别的文凭所要求的学时有所差异。此外,该标准还进一步规定了每个级别文凭的学习内容要求。

表 2-7 商务金融管理文凭结构要求 单位:小时

级别	基础(Foundation)	中级(Higher)	高级(Advanced)
总 GLH 学时要求	600	800	1 080
主修学习学时(GLH)	240	420	540
相关学习学时(GLH)	240	200	180
附加/专业学习学时	120	180	360

三、基础教育质量的第三方监控

除了教育标准局对英国基础教育质量的监控外,英国还存在第三方专业机构对教育质量进行监控。第三方专业机构大致分为两类:一类是教育证书考试机构,例如牛津、剑桥考试局等,主要是在基础教育的结束阶段实施各种证书考试,对课程与教学的质量进行中段监控,通常要通过教育标准局的认可。另一类是以服务学校教学为宗旨的机构,他们根据学校的需要在课程的实施过程中进行检测,评估教学质量以及学生的学习情况,及时发现教学中存在的问题,提出改进教学的建议,例如杜伦大学课程评价与管理中心。该中心最主要的业务是利用自主开发的一套标准化学科教学质量评价工具对各学科的教学质量进行跟踪与监控。

第三节 澳大利亚基础教育质量保障

从 20 世纪 90 年代起,澳大利亚将教育质量摆在教育发展的关键位置,并通过制定国家课程标准、推行国家评价项目(National Assessment Program)和发布教育评价报告等举措,努力保障澳大利亚中小学教育的质量。

表 2-8　澳大利亚基础教育质量监测概况

测量指标	对象群体	数据来源	评价频率
1. 读写素养			
（1）达到或超过国家阅读最低标准的学生比例 三年级—2 级 五年级—4 级 七年级—5 级 九年级—6 级	三、五、七和九年级	国家读写和算术素养评价项目	每年
（2）国家读写和算术素养评价项目阅读平均成绩	三、五、七和九年级	国家读写和算术素养评价项目	每年
（3）达到或超过国家写作最低标准的学生比例 三年级—2 级 五年级—4 级 七年级—5 级 九年级—6 级	三、五、七和九年级	国家读写和算术素养评价项目	每年
（4）国家读写和算术素养评价项目阅读平均成绩	三、五、七和九年级	国家读写和算术素养评价项目	每年
（5）达到或超过 OECD 国际学生评价项目（PISA）综合阅读指标熟练标准（3 级）的学生比例	15 岁学生	PISA	三年一次
2. 算术素养			
（1）达到或超过国家算术最低标准的学生比例 三年级—2 级 五年级—4 级 七年级—5 级 九年级—6 级	三、五、七和九年级	国家读写和算术素养评价项目	每年
（2）国家读写和算术素养评价项目算术平均成绩	三、五、七和九年级	国家读写和算术素养评价项目	每年
（3）达到或超过 OECD 国际学生评价项目（PISA）综合算术指标熟练标准（3 级）的学生比例	15 岁学生	PISA	三年一次
（4）达到或超过国际数学和科学学习趋势（TIMSS）数学指标熟练程度（中级）的学生比例	四和八年级	TIMSS	四年一次

续表

测量指标	对象群体	数据来源	评价频率
3. 科学素养			
（1）达到或超过科学素养熟练标准（2和3级）的学生比例	六年级	国家科学素养评价项目	三年一次
（2）达到或越过OECD国际学生评价项目综合科学素养指标中熟练标准（3级）的学生比例	15岁学生	PISA	三年一次
（3）达到或超过TIMSS科学指标熟练程度（中级）的学生比例	四和八年级	TIMSS	四年一次
4. 公民素养			
达到或超过公民素养熟练标准的学生比例	六和十年级	国家公民素养评价项目	三年一次
5. 信息通信技术素养			
达到或超过信息通信技术素养熟练标准的学生比例	六和十年级	国家信息通信技术素养评价项目	三年一次

一、实行国家评价项目的背景

国家评价项目是澳大利亚政府、教育部门、学校和社区，借以判定澳大利亚青年是否达到重要的教育结果的评价工具。

澳大利亚的未来取决于每个公民的素质，这些公民需要拥有必要的知识、技能和价值观，以便在一个有教养、公正和开放的社会中，过上一种颇有建树和收获丰厚的生活。高质量的学校教育是实现这一愿景的根本。

在一个人们的流动性日益加剧的社会中，今天的大部分学生在他们的一生中，会在澳大利亚甚至海外的许多地方生活和工作。因此，建立全国一致和明确的学生成就测量标准，并利用这些评价结果指导未来的政策制定、资源分配、课程规划以及实行必要的干预项目，就显得非常重要。国家评价提供有用的学生成就信息，并可以在全国进行比较。参与这些评价的学校，不仅有利于本校的学生，而且也有利于每个州和领地的学生。

二、实行国家评价项目的目标

1. 推进学校改进

澳大利亚所有的学校都可以从全国考试结果中受益，这些总体结果通过国家和学校层面的综合报告呈现出来，并可以在网上获取。学校可以获得关于自己成就的详细信息,也可以识别自己的优势以及需要进一步关注的劣势。

在系统层面,国家评价为教育部长提供了他们政策的成效和课程资源优先配置的领域的信息,并可以监测旨在提高不同学生群体的政策的成效。

2. 加强教育问责

国家评价也发挥了一种问责的功能。澳大利亚民众期望对教育资源进行有效分配,以确保所有学生在校期间能够取得满意的学习结果。国家评价结果的报告,使澳大利亚公众对全国学生成就形成了一种总体的看法,同时也更加明确地了解他们学校的运作状况。

三、开展国家评价项目的历史

1999年,澳大利亚各州教育部长共同发布了《阿德莱德宣言》(21世纪国家学校教育目标)。在这份宣言中,各州部长同意运用国家关键成就指标作为报告的基础,报告各州和领地达成国家目标的进展情况。为了测评学生达成国家目标的状况,各州部长同意设立一个国家评价项目,以便收集、分析和报告全国学生读写、算术、科学、信息通信技术和公民素养的可比数据。

《阿德莱德宣言》发布之后,国家评价项目的抽样评价也于2003年开始,并首先抽测了学生的科学素养。

2008年《阿德莱德宣言》被《墨尔本宣言》(澳大利亚青年教育目标)所取代。《墨尔本宣言》与《阿德莱德宣言》相比,拥有更大的框架,并确立澳大利亚青年的教育目标。这些目标是:澳大利亚学校要促进公平和卓越;所有澳大利亚青年要成为成功的学习者、自信和创新的个人、积极和明智的公民。

各州教育部长同意了实现这些教育目标的八项行动。其中之一就是"促成世界一流的课程和评价"。《墨尔本宣言》也指出:"要对学生的进步进行严格和全面的评价。此种评价需要反映课程的状况,需要综合利用教师的专业判断和考试(包括国家考试)的信息。"

《墨尔本宣言》也指出,英语和数学的学习领域是各级教育的基础,要重视读写与算术技能,而这是国家读写和算术素养评价项目考试所评价的内容。

第一次国家读写和算术素养评价项目考试于2008年举行,由教育、就业、培训和青年事务部长委员会(MCEETYA,即目前的教育、幼儿发展和青年事务部长委员会 MCEECDYA)实施。这是澳大利亚三、五、七和九年级全体学生首次使用同一年级水平的考试评价读写和算术素养。国家考试取代了此前澳大利亚各州和领地实施的许多考试，提高了学生成绩在各州和领地之间的可比性。

四、国家评价项目的机构

澳大利亚课程、评价和报告管理局（ACARA）是一个独立的机构，负责国家评价项目的管理和开发。澳大利亚课程、评价和报告管理局聘用一批技术娴熟的核心人员，他们与许多合作伙伴一起督导国家评价项目的实施。澳大利亚课程、评价和报告管理局除了管理国家读写与算术素养评价项目以及国家评价项目抽样评价所有方面的团队之外，还拥有一支致力于科研和提供基于事实的国家评价项目改进建议的团队。科研团队与西澳大利亚大学教育学院密切合作，并可以获得他们的专业经验支持。

澳大利亚课程、评价和报告管理局利用外部的专业人员，开发国家评价项目的基本方面。这些外部的承包者负责以下方面：一是研制国家读写和算术素养评价项目考试题目；二是提供目标达成评审和国家读写与算术素养评价项目考试的专门印刷版；三是研制、实施和报告国家评价项目抽样评价；四是对数据的主要分析；五是进行"等值"测验。

澳大利亚课程、评价和报告管理局所聘用的国家评价项目承包者，都是在相关专业领域中声誉卓著的专家，他们在与澳大利亚课程、评价和报告管理局合作时严格遵守有关的要求。

考试管理局是政府的部门或机构，它负责在各州或领地实施和管理国家读写与算术素养评价项目考试。澳大利亚课程、评价和报告管理局员工与每个州或领地的考试管理局进行合作，共同确保国家读写和算术素养评价项目考试管理在全国范围的一致性。

在实施国家读写和算术素养评价项目考试时，澳大利亚课程、评价和报告管理局也与专家顾问小组进行合作。这个小组由五位评价和教育测量领域的专家构成，他们在国家读写和算术素养评价项目考试的开发过程中提供建议。这个小组是澳大利亚课程、评价和报告管理局管理结构中一个正式的顾问小组，与其他顾问小组平级。澳大利亚课程、评价和报告管理局的年度报告上都有这个小组成员的名字。

五、开展国家评价项目的程序

1. 考试开发

国家读写和算术素养评价项目以及国家评价项目抽样评价考试的开发，

由澳大利亚课程、评价和报告管理局咨询有关专家并与其进行合作,这些人员包括读写、算术、信息通信技术、科学和公民素养领域的专家,以及澳大利亚各州和领地、国立和非国立学校部门的教师和教育部门的评价专家。

国家评价项目考试的开发依据的是《国家英语和数学学习明细表》。国家评价项目抽样评价考试的开发依据的是《国家科学、信息通信技术和公民教育学习明细表》。

这些考试的设计旨在评价某个年级学生相应的知识、技能和理解;它们对于整个澳大利亚的学生都有一定的意义和吸引力;并对所有能力水平的学生都提出了挑战。

在未来,澳大利亚课程一旦在所有州和领地实施,国家读写和算术素养评价项目以及国家评价项目抽样评价的考试要求将做出必要的调整,以反映和测评新课程的基本内容。

国家评价项目中考试的开发和评审过程需要 18 个月的时间才能完成。这一过程涉及一系列具体的步骤,所有这些旨在确保考试达到最高的标准。

2. 发布考试开发指南

考试开发指南,包括确定问题(题目)的形式和适当的阅读材料话题,这些都要作为常规质量保障过程的一部分提前进行评审。这要确保作者在开发考试问题时,有一套可以遵循的明晰指南。

3. 题目开发

考试开发者从事问题(题目)开发的工作,这些问题要满足管理局认可的考试要求。澳大利亚课程、评价和报告管理局将这项任务外包给某些专业组织,这些组织成功地展示了自己在考试开发领域出色的专业经验和能力。

4. 考试题目评审

每个州和领地的考试管理者以及非国立部门的评审代表,会对考试题目提供建议,以确保其适应课程的要求和辖区或部门的环境。

5. 试测

在考试开发过程中,开发者还会从每个州和领地抽取有代表性的学生样本参加潜在考试问题的试测。试测结束后,将会对测试数据进行分析,然后选择满足考试要求的问题设置每次考试。

6. 征求建议

澳大利亚课程、评价和报告管理局的专家顾问小组由五位测量和评价领域的专家组成,他们也会评审这些考试和试测数据,并在试题最终确定之前提供建议。

7. 等值检验

在考试开发过程中,还要进行等值转化,以使不同年份的国家读写和算术素养评价项目考试结果能够按照相同的评价尺度进行报告。第二次全国抽样的学生还参加了额外的"等值"考试项目,这一项目通常在主要考试之前实施,以便将考试结果关联起来。

8. 分析

一旦考试进行评分后,就要由教育测量领域的专家对结果进行多方面的分析。

9. 报告

国家评价项目的结果以多种方式进行报告:一是每个学生获得一份关于他们学业状况的报告(仅仅是国家读写和算术素养评价项目);二是学校获得关于本校学生学业状况的信息;三是发布显示全国学业状况的总结性国家报告;四是学校的平均成绩在"我的学校"网站上发布。

2012年,澳大利亚将对这一评价过程做出改进,具体措施包括:一是提高考试题目的质量要求;二是在最终的考试中,根据澳大利亚课程、评价和报告管理局科研和开发团队进行的研究,尝试替代性的题目格式,以纳入潜在的内容。

第四节 韩国基础教育质量保障

一、韩国学校评价

1. 学校评价的准备期(1996—1999)

韩国的学校评价是1995年"5·31教育改革"的一个重要环节。光复以后,政府对于学校评价的理论、政策依据等的研究都非常少,学校评价只是对学校进行监督的一个环节。1996年,教育部对市、道教育厅就学校评价实施与否的评价项目进行了评议后,决定在各市、道教育厅开始实施学校评价。1998年,修订后的《初、中等教育法实施令》第11条、第12条明确规定了学校评价的对象和标准,为学校评价提供了法律保障。1999年,教育人力资源部颁布的《教育发展5年计划试行方案》中,提出了学校综合评价的具体实施方案。

2. 国家水平学校评价的引入期(2000—2003)

韩国教育开发院受教育科学技术部的委托,从 2000 年开始对学校评价进行了基础性研究,开发出"信息提供型学校评价模型"开始实施国家水平的学校评价。2000 年,对全国 16 个市道的 16 所学校,进行了各自为期 5～6 天的集中现场访问评价;2001 年,评价的范围扩大到 48 所学校(每个市、道各 3 所);2002 年,对包括 48 所普通学校、10 所学校模型研究性学校、26 所自律学校、6 所实施咨询的学校在内的 100 余所学校进行了评价;2003 年,通过问卷评价,对全国 756 所小学、初中及普通高中进行了评价,通过访问,对全国 100 余所小学、初中及普通高中进行了评价。

国家水平的学校评价,把首要的目的放在了对各学校自主进行的学校改进提供支援上,评价的结果着重于对学校存在的问题及优点的描述,使学校可以灵活运用这一结果自主地进行学校的改进工作。下表为韩国教育开发院制定的初中阶段的学校评价领域及标准。

表 2-9　韩国教育开发院制定的学校评价领域及标准(初中适用)

评价领域	评价标准	具体领域	具体的评价标准
教育活动	是否向学生提供了有意义的学习经验	学科教育活动	教师对学科的了解程度 教师对学生的了解程度 教学方法的运用是否恰当 评价及评价结果的运用是否恰当 教师改进学科教育深造的热情
		学科外教育活动	学校、班级活动的开展情况 俱乐部、社团活动的开展情况 对学生自律生活习惯的指导
教育支援活动	为了向学生提供有意义的学习经验,是否对教育活动提供了支持	学校教育课程的编制	校长对学校教育课程的了解程度 学校教育课程的编制是否恰当
		人力资源的利用	校长为促进教师专业化所做的努力 教职员组织的专业性及效率 组织内决策的民主性 人事管理的专业性、公正性 学校外部人力资源的利用
		物质资源的利用	教育活动设施及条件的准备情况 预算执行的效率及透明度 社区物质资源的利用情况 为确保学校财源所做的努力

续表

评价领域	评价标准	具体领域	具体的评价标准
学校教育目标、计划	为了向学生提供有意义的学习经验,是否发挥了引导其教育活动的作用	学校教育目标、计划	学校教育目的的现实性及改进的方向性
		特色化努力	学校特色的教育可行性

这一时期,市、道教育厅实施的学校评价,是以教育科学技术部实施的市、道教育厅评价的内容中,与学校教育直接相关的问题为中心进行的,也包括与各地区的特色工作及学校经营相关的部分内容。评价过程是先制定评价的标准与方法,各学校根据这些标准与方法进行自我评价,并向教育厅报告评价结果,教育厅为确认这一评价结果进行访问评价。对于评价结果优秀的学校,教育厅将给予鼓励奖金,并赋予该学校以学校人事权的加分。

市、道教育厅主管的学校评价在当时发挥了积极的效果,使在校的教师认识到学校评价是一种日常的学校质量管理工作,学校评价为教师们提供了积累与管理相关的实务经验的机会。但市、道教育厅的学校评价在很多方面也受到了批评,如许多市、道教育厅的学校评价指标没有理论依据,指标中包括了学校所有的活动领域,导致学校的准备工作花费过多的时间与精力,评价指标却没有反映出解决特定教育问题的问题意识。

3. 根据共同指标进行学校评价时期(2004—2011)

针对市、道教育厅学校评价的问题,2004年,韩国教育科学技术部与教育开发院开发在国家层面开发了"市、道教育厅学校评价共同指标",并向各市道推广。韩国教育开发院对关于学校评价模型与评价指标的研究、开发及评价委员的研修等提供了各种支持,还出版了收录评价结果的报告书。每年对共同评价指标进行小范围的修订后向各市道公布。同时,市、道教育厅水平的学校评价也在实施,形成了国家层面开发的共同评价指标与市道自行开发的自我指标二元化的评价体系。

2006年,所有学校的评价指标由共同指标与自我指标共同组成(按8∶2的比例),评定方法相当程度上是依据专家的专业判断。2008年,在颁布教育自律化措施后,学校评价的主体由教育科学技术部转变为市、道教育厅,学校评价的自主性逐渐扩大。2009年,依据初中等教育法修订案,学校评价的责任完全由教育科学技术部转交给市、道教育厅。2010年,16个市、道教育厅的相关负责人员组成合议组织——学校评价运营委员会,负责对学校评价的主要事项进行商议。

表 2-10　市、道教育厅学校评价共同指标体系

评价领域	评价内容	评价指标
学校教育目标	学校教育目标与实践战略	1. 所制定的学校教育目标是否恰当? 2. 为了实现学校教育目标,是否制定了具体的实践战略?
教育课程与方法	促进学生理解的努力	3. 是否对学生的特点进行了可信、可行的分析?
	教育课程的编制与运营	4. 教育课程的编制与运营是否与学校教育目标相联系? 5. 学科教育课程是否根据学生的学习能力及特点重新组织、教授? 6. 学校教育课程的编制及运营是否满足了学生在特长开发及职业成熟等多方向的要求?
教育成果管理	教育的成果	7. 学生是否达成了学校教育目标? 8. 学生与家长是否对学校教育满意?
	评价管理及结果应用	9. 对于教育结果的评价是否是可信、可行的? 其结果的应对是否是合适的? 10. 学校是否向家长通告了学校教育的质量(投入、过程、结果)及学生的学校生活情况?
教育经营	为改进学校管理,提高成员的领导能力所做的努力	11. 学校成员是否发挥了各自的领导能力? 12. 是否为促进学校的变化与改进倾注了一系列的努力?
	专业共同体的构筑及与社区的关系	13. 学校成员是否为构建专业公共体而付出努力? 14. 学校是否与社区构建了互惠的合作关系?

4. 市、道教育厅自主评价时期

2011年3月,初、中等教育法实施令修订案颁布并于2012年3月正式生效,为市、道教育厅实施学校评价的自主性提供了法律保障。按照初、中等教育法实施令的规定,学校评价领域包括教育课程及教学、教育经营,教育成果及满意度等,以前以活动为中心的评价体系转变为以学校的教育成就为中心的评价体系。

从2012年开始,学校评价指标的选择,指标领域的比重,各指标的加权值赋予等与评价指标机关的大部分内容,都可以由各市道自行确定,这进一步扩大了市、道教育厅的自主权。

表2-11　2012年首尔市教育厅学校评价指标

领域（比重）	指标	类型	小学	初中	普通高中	特色高中	特殊学校	资料出处
教育课程与教学（25%）	1. 教育课程编制实施的合理性	定性	8	8	8	8	8	学校教育计划
	2. 创造性体验活动实施的内化程度	定性	7	7	7	7	5	学校教育计划/其他资料
	3. 改革教学所做的努力	定量	6	6	6	6	7	教育厅资料
	4. 放学后教育活动的参与情况	定量	4	4	4	4	5	教育厅资料
学校经营（30%）	1. 学校自我评价的实施	定性	5	5	5	5	5	学校教育计划
	2. 教师职务研修的参与	定量	5	5	5	5	5	教育厅资料
	3. 教育活动预算的比重	定量	5	5	5	5	5	信息公示
	4. 学校供餐的安全性	定量	5	5	5	5	5	教育厅资料
	5. 学校图书馆的利用	定量	5	5	5	5	5	其他资料
	6. 教育福祉及与社区的联系	定量	5	5	5	5	5	其他资料
教育成果及满意度（30%）	1. 基础学力指导	定量	5	5	5	5		信息公示
	2. 升学、就业指导	定量	4	4	5	5	5	信息公示
	3. 辍学的预防	定量			3	3	5	信息公示
	4. 学生健康的增强	定量	6	6	4	4	5	信息公示
	5. 安全事故的预防	定量	5	5	3	3	5	其他资料
	6. 学校共同体的满意度	定量	10	10	10	10	10	其他资料
学校发展（15%）	有特色、有创意的学校运营事例	定性	15	15	15	15	15	学校自我评价书
合计			100	100	100	100	100	

二、学生的学业成就评价

2010年,PISA2009结果公布,韩国学生在阅读、数学、科学三个领域的成绩均名列前茅。OECD后期的分析中提到,韩国取得成绩的一个重要因素是其拥有一套非常有效的学业诊断系列,并能根据诊断结果采取有效的措施。

(一)市、道教育厅主管的学业评价

1. 学科学习诊断评价

2008年开始实施的"学科学习诊断评价"是以第七次教育课程中强调的"基础·基本教育"及2007年国家人力资源委员会审议的"生涯早期基本学习能力支援计划"为依据实施的。

这一评价开发并推广了能够掌握学生成就水平的标准化评价工具,目的在于辨别学力不足学生,促进基础学力指导工作,帮助学校改善评价方法。

考试的对象为小学4—6年级、初中2—3年级的学生,具体的参与范围(全体参与还是抽取样本)由各市、道教育厅自行决定。学生们要参加韩语、社会、数学、科学、英语等5个科目的考试,各学科的考试都是由可以判别出各学年、各学科学习成就水平的内容构成,上一年度的课程为相应的考试范围,如小学四年级的考试范围就是三年级的学习内容。

评价的结果主要用于识别学科学习不力的学生,对于没有达到基础学力的学生,教育厅及学校会提供各学习领域的补偿教育计划,对学生进行额外的指导,以帮助他们达到正常的学力水平。另外,评价的结果还作为在市、道教育厅及学校中进行有效的基础学力指导的基础资料,同时还应用于制定相关教育政策,改善学校教学方法的基础资料。

2. 全国联合学力评价

全国联合学力评价是依据《初、中等教育法》第9条(评价)及全国市、道教育监协会的协议事项而实施的。评价的目的是提高学生对大学修学能力考试的适应力,满足家长们对学生升学资料的需求。因此,全国联合学力评价与大学修学能力考试极为相似,具有大学修学能力教育的模拟考试的性质。全国联合学力评价的具体目的如下:

(1)为提高高中生的学力提供基础性的诊断资料。

(2)以大学修业能力教育的形式进行评价,提高学生对大学修业能力考试的适应力。

(3)通过出题信息的共享,提高在职教师的评价能力。

（4）通过开发优质的评价题目，提高评价的公信力。

（5）把评价作为教学过程的一个环节，力图提高学生的学习能力。

（6）为学生、家长提供升学指导资料。

评价的领域包括语言领域，数理领域，外语领域，社会、科学探求领域，包括了大学修学能力考试中除职业探求及第二外语外的所有领域。评价对象为全国高中及其 1～3 年级的学生中自愿参与的学校及学生，但实际上，所有的学校与学生都参与了这项评价。

（二）国家水平的学业评价

1. 小学三年级的基础学力诊断评价

韩国的国家水平基础学力诊断评价依据教育部的"国家人力资源开发计划"于 2002 年开始实施，以小学三年级的学生为对象，在国家层面对基础学力进行评价，通过评价来确定学生是否达到了阅读、写作、基础数学领域的最低教育目标，根据诊断的结果提供适当的教育项目计划，以保障所有的学习者都能达到国家水平的基础学力。国家水平基础学力诊断评价的主要目的是：

（1）以小学三年级的学生为对象实施国家层面的基础学力诊断评价，掌握基础学力不足学生的情况，通过对每年成绩变化的分析，诊断教育的质量并进行管理。

（2）分析与基础学力相关的影响因素，其结果作为提高学校教育质量的依据，如制定提高基础学力的教育政策、监督指导、改善教学等的基本资料。

（3）掌握学力不足学生个人在学习能力方面的特点及各学习领域成绩低下的原因，使考虑到个人差别的个性化教学成为可能。

（4）为学力不足的学生提供补偿教育项目计划，预防学习缺失的继续积累，有效保障国民的基础学力。

2. 国家水平学业成就度评价

韩国所实施的国家层面的学业成就度评价是从 1963 年的中央教育研究所的"基础学力调查"开始的，其后有行动科学研究所进行的"学校教育的全国性评价研究"，韩国教育开发院的"为了验证新教育体制效果的学力评价"，国立教育评价院于 1986 年至 1997 年间实施的"全国中小学学业成就度评价"等。但这些评价由于评价工具的开发及实施过程、结果分析等程序不是很精密，没有很好地对成就水平的变化及成就度与背景因素之间的关联进行分析,作为学校教育质量管理的一个重要环节,存在着许多不足。

为了克服这些问题,韩国教育课程评价院在其刚成立(1998年)时就制订了国家水平教育成就度评价的基本计划,其后所实施的"国家水平教育成就度评价"及"国家水平学业成就度评价"都是国家水平的教育评价。

(1) 国家水平学业成就度评价的目的

实施国家水平学业成就度评价的目的,首先在于掌握学生各学科学业成就的变迁,为达到教育课程的教育目标及改进教育课程提供基础性的资料;其次是分析学业成就度与教育中各种因素的联系性,探析对学业成就度产生影响的主要原因,了解学生、教师及学校各种构成要因之间的关系;第三,掌握学生的学业成就水平,使其与补偿教育相连接;第四,开发高质量的评价工具,改善学校的教学——学习方法,引导学校改进评价的方案。

(2) 国家水平学业成就度评价的基本计划及实施情况

韩国教育课程评价院为了解决原有学业成就度评价中存在的问题,于1998年进行了"国家水平教育成就度评价方案研究",制订了对主要科目以2年为一个周期进行评价的国家水平教育成就度评价基本计划。按这一计划,在1999年以小学六年级、初中三年级、高中二年级学生为对象,进行了社会和数学的预备评价。按照当时的教育成就度评价基本计划,是要按学科顺序每年实施2~3个评价领域,以2~3年为一个周期。但在开始实施正式评价的2000年,按照当时教育部及市、道教育厅的要求(每年都进行韩语、社会、数学、科学、英语等5个学科的评价),韩国不仅进行了社会与数学的正式评价,还对没有进行预备评价的国语、科学、英语等科目也进行了正式评价。之后,韩国教育课程评价院对评价周期、评价内容等主要事项进行了修改。

第三章 基础教育课程质量保障研究

课程是整个学校教育的核心,课程质量保障也是整个学校教育质量保障的核心。课程主要表现为三个层次:一是课程规划(曾称"教学计划""课程计划"等,现也称为"课程方案");二是课程标准(曾采取教学大纲的形式);三是教材,其中基本教材是教科书。

对课程质量监控与保障而言,主要应该解决的是:为什么要实施课程质量监控与保障,如何监控与保障,以及怎样有效地实施课程质量监控与保障。构成学校课程质量监控与保障的要素包括学校课程质量监控与保障的输入因素、学校课程质量监控与保障的过程因素、学校课程质量监控与保障的输出因素。输入方面的因素包括学校开展课程质量监控与保障的基本条件与学校的课程制度及文化建设,二者是学校开展课程质量监控与保障的强大后盾与可靠基础。学校课程质量监控与保障过程是整个学校课程质量监控与保障的核心,过程方面的因素应包括课程的实施与开发、教师培训与教学研究、课程评价与反馈。学校课程质量监控与保障的输出环节是学校课程质量形成、发展流程最后一环,是对输入监控与保障和过程监控与保障成效的一种反映,也是学校课程质量的最终体现。因此,学校课程质量监控与保障的输出因素主要包括教师的发展、学生的提高与学校课程监控与保障系统的预期效益和非预期效益。

我国1999年启动基础教育课程改革,尤其是2005年后义务教育阶段的起始年级全部使用新课程教材,推进速度较快,为了保证基础教育课程质量,教育部及各级教育行政部门已推出了一系列相关的政策措施,促使各级地方教育行政部门及学校展开了课程质量保障的研究和实践。

第一节 学校课程质量监控与保障的内涵

一、课程的概念

关于课程的定义,众说纷纭,仁智各见。外国学者欧利佛认为假如要对课程概念提出综合性的界定,则美国堪萨斯州《小学课程指南》所揭示的课程概念最具代表性：课程是指在学校由于教师的所作所为,而使学习者所经历的一切,包括学校所承担的责任,授予学习者的一切经验,是学校为达成目标而采取的规划方案。国内学者对课程的各种定义概括起来大致分为以下六种类型：(1)"学科"说,如《辞海》(教育、心理分册)认为 课程"即教学的科目。可以指一个教学科目,也可以指学校的或者一个专业的全部教学科目,或者指一组教学科目"①；(2)"教学内容"说,如《中国大百科全书》(教育卷)指出课程是"课业及其进程"②；(3)"总和"说,如"课程可以理解为为了实现各级学校的教育目标而规定的教学科目及其目的、内容、范围、分量和进程的总和"③；(4)"教育内容"说,如《教育大辞典》认为课程是"为实现学校教育目标而选择的教育内容的总和"④；(5)"经验"说,如有学者认为课程是"在学校当局指导下,学习者所经历的全部经验"⑤；(6)"计划"说,如有学者将课程定义为"指导学生获得全部教育性经验(含种族经验和个体经验)的计划"⑥。

课程概念是指从课程研制到课程实施再到课程管理的整个过程,即把课程概念理解为教师和学生在学校教和学的内容及其进程,这就是说,课程不仅包括静态的课程计划、课程标准、教材等文本载体,也还包括动态的课程设置、课程开发、课程实施和课程评价等过程环节。

二、课程质量

课程质量一直是政府、社会公众与教育界人士共同关注的教育焦点。从一般意义上讲,课程质量是我们对课程实施效果的一种期望。课程质量是课程在整个设置、实施和评价等实践活动过程中体现出来的一种符合设计者的预期目标、满足社会期望、反映学校教与学的内容以及进程的状态。主要包括静态的课程质量(课程计划、课程标准与课程内容的质量),也包括动态的课程质量(课程设置、课程实施与课程评价的质量)。

课程质量的衡量标准是课程目标和各级种类学校课程目标的实现程度,

---

① 辞海编辑委员会.辞海(教育、心理分册)[Z].上海：上海辞书出版社,1980：5.
② 中国大百科全书总编辑委员会.中国大百科全书(教育)[Z].北京：中国大百科全书出版社,1985：207.
③ 陈侠.课程论[M].北京：人民教育出版社,1989：13.
④ 教育大辞典编纂委员会.教育大辞典(第1卷)[Z].上海：上海教育出版社,1990：257.
⑤ 王伟廉.课程研究领域的探索[M].成都：四川教育出版社,1988：8.
⑥ 李臣.活动课程研究[M]北京：教育科学出版社,1998：52.

前者是对所有受教育者的一般要求,即课程的根本质量要求;后者是对受教育者的具体要求,即衡量培养出来的学生是否达到具体的质量规格。① 按照这一解释,课程质量标准可以分为两个层面:一个层面是指总体概括性的质量标准,也就是《基础教育课程改革纲要(试行)》中规定的:"要使学生具有爱国主义、集体主义精神,热爱社会主义,继承和发扬中华民族的优秀传统和革命传统;具有社会主义民主法治意识,遵守国家法律和社会公德,逐步形成正确的世界观、人生观、价值观;具有社会责任感,努力为人民服务;具有初步的创新精神、实践能力、科学和人文素养以及环境意识;具有适应终身学习的基础知识、基本技能和方法;具有健壮的体魄和良好的心理素质,养成健康的审美情趣和生活方式,成为有理想、有道德、有文化、有纪律的一代新人。"另一个层面是具体的人才质量标准,也就是在《基础教育课程改革纲要(试行)》的指导下,各个学校结合自己的学校定位、办学理念等制定的具体的学生培养标准。但是,不管是概括性的学生培养标准还是学校具体的培养标准,都有着相同的课程质量的本质,即符合社会需求与满足学生发展要求。正因如此,从学校角度对课程质量进行考量就显得尤为重要。

三、学校课程质量监控与保障

学校课程质量监控与保障是以促进学生高质量的学习为核心,以满足社会的需要为目的,以课程活动过程的不断改进为方向,追求最大限度实现课程活动价值的过程;是通过有目的、有计划、有组织的努力,持续提高学校绩效的系统化过程;是学校自我提高、自我更新、自我完善的过程。改进和提高学校课程质量的重点在课程活动实施的过程当中,在于课程过程质量的持续改进。② 我们可以认为,学校课程质量监控与保障是对课程编制、课程实施、课程评价、课程管理等各个环节的监督与控制过程。③ 由此可以看出,学校课程质量监控与保障将学校及其成员作为承担质量活动的主体,将学校课程质量的输入—过程—输出这一整个过程作为监控与保障的对象,对学校开展课程质量保障的基本条件与学校的课程制度及文化建设、课程的实施与开发、教师培训与教学研究、课程评价与反馈、教师的发展、学生的提高等进行监控与保障的活动。

---

① 陶西平.教育评价辞典[Z].北京:北京师范大学出版社,1998:23—24.
② 沈玉顺.现代教育评价[M].上海:华东师范大学出版社,2002:200—218.
③ 郝明君.质性监控:基础教育课程质量监控新取向[J].天中学刊,2008(3):5.

在课程质量监控与保障体系中,学校组织内的每一位成员都应该对课程的质量履行义务,承担责任,并在学校内部建立一个制度化、持续化、体制化的监控与保障机制。要将课程质量的完善看作是学校和教师自我控制的一个过程,使学校及其内部人员通过自身努力,自我激励、自我评价、自我诊断,并在这一基础上进行自我调节,从而促使学校课程质量不断提高,课程体系不断完善。学校课程质量监控与保障是一个不断追求个人进步和学校发展的、没有终点的过程:在学校课程质量监控与保障的一个周期结束后,新的课程质量保障活动以现有的成绩为起点,重新开始,收集前一个周期课程活动效果的经验和可能促成更大进步的证据,将其运用于新的课程活动实践。

学校课程质量监控与保障的思想改变了以往传统的、以外部压力、行政监管为主的学校课程质量管理方法,把学校看作是实施课程质量保障活动的最基本单位。学校内部对课程质量的努力,对监控与保障信念的强化和监控与保障文化的认同,是学校及其内部成员的自觉选择和积极行为,是其他外部因素不能强加,更不可替代的。

第二节 基础教育课程质量监控机制的类型

对基础教育课程质量监控机制进行适当的分类,不仅有助于进一步准确地理解基础教育课程质量监控机制的内涵与性质,而且有利于在不同的课程领域根据实际情况采用适切的课程质量监控机制,顺利有效地展开有针对性的课程质量监控实践活动。

一、按照课程质量监控的主体划分类型

按照这种分类方法,课程质量监控机制可分为国家层面的课程质量监控机制、省(市)层面的课程质量监控机制、地方层面的课程质量监控机制和学校层面的课程质量监控机制。这也体现出与课程管理中分级管理相对应的特征。

有人总结出国外的课程质量监控机制主要有三种类型。这三种类型是:中央行政监控型、地方分权监控型和中央地方并重型。他们进一步指出:课程质量监控机制呈现"中央行政监控"特色的国家主要有新西兰、马来西亚、韩国;课程质量监控机制呈现"地方分权监控"特色的国家主要有美国、德国、澳大利亚、印度;课程质量监控机制呈现"中央地方并行监控"特色的国家主

要有英国、印度尼西亚、泰国。①

有人还进一步研究了美国的课程质量监控机制,认为美国的课程质量监控机制与其"分级办学、分级管理"的教育行政体制相匹配,呈现出典型的地方性与分权特征,课程质量的监控主要由州、地方、学区、学校来承担。② 实际上,从课程质量监控机制类型的角度来看,美国的课程质量监控机制主要有州级课程质量监控机制、县级课程质量监控机制、学区课程质量监控机制和校级课程质量监控机制四个类型。

按照课程质量监控的组织来进行具体的划分,则课程质量监控机制可分为校外课程质量监控机制和校内课程质量监控机制。校外课程质量监控机制是指由校外机构组织实施的针对某一类学校或某个学校而采用的课程质量监控机制,包括由教育行政部门和非行政机构组织采用的监控机制,如国家课程质量监控机制。校内课程质量监控机制是指由学校和教师自己组织实施的课程质量监控机制。美国学校在课程质量监控体系中扮演着越来越重要的角色,不定期展开校内课程质量监控可以说是常规性工作,以校长为例,校长作为学校课程工作的领导人,不仅要协同完成上级课程质量监控人员对本校的监控,而且要对本校各方面的课程工作进行监控。当然,课程质量监控的主体不仅仅是校长,还有教师。

二、根据课程质量监控的客体或对象划分类型

根据不同的客体或对象来划分类型,课程质量监控机制可分为课程设计的质量监控机制、课程内容编制的质量审查机制、课程实验和实施的质量监管机制等。这也体现出课程质量监控机制在课程建设系统工程中的全程监督与控制的特性。

按照课程质量监控机制所涉及学校的类型划分,课程质量监控机制可分为普通中小学课程质量监控机制、职业技术学校课程质量监控机制、中等专业学校课程质量监控机制、高等学校课程质量监控机制、特殊学校课程质量监控机制等。在我国,受到普遍关注并事实上经常采用与实施的课程质量监控机制主要局限在高等教育领域,而且,这种课程质量监控机制更多地冠以

---

① 王中男,王宁.基础教育课程监控机制:一个亟待关注的课程研究领域:构建课程监控机制的国际经验[J].教育理论与实践,2009(1):59—63.
② 王中男,王宁.基础教育课程监控机制:一个亟待关注的课程研究领域:构建课程监控机制的国际经验[J].教育理论与实践,2009(1):59—63.

教学质量监控机制或者教学质量督导机制的名义。

按照课程质量监控对象的复杂程度划分,课程质量监控机制可分为单项监控型和综合监控型。单项监控型的监控对象是课程系统中的某个基本元素,如课程设计、课程目标、课程内容、课程组织、课程实施和课程开发等。综合监控型的监控对象是整体的课程系统,或是学校课程系统,或是某个地区的课程系统,总之是课程系统中的基本元素的综合体。

三、依据课程质量监控的方式或性质划分类型

依据课程质量监控的方式,课程质量监控机制可分为动态的课程质量监控机制和静态的课程质量监控机制。动态的课程质量监控机制就是根据课程环境的变化而对课程发展进行监控的机制。例如,对课程改革过程、课程实验等的监控机制,就是动态的课程质量监控。静态的课程质量监控机制就是通过制定和执行一系列质量监控制度和规则对现行课程的设计、课程实施和课程效果进行常规的监控的机制。例如,在课程设置、课程内容相对稳定的情况下,学校对课程实施进行检查、评估就适合采用静态的课程质量监控机制。

依据监控的方法,但更准确地说是从监控性质看,课程质量监控机制还可分为量化监控型和质性监控型。

量化监控指的是采用计算的方法,即搜集数据资料,用一定的数学模型或数学方法,对监控对象(包括人、课程及课程实践)做出定量结论的监控实践活动。如运用教育测量与统计的方法、模糊数学的方法等,对监控对象用数字进行描述。可以说,以前在课程评价领域里,量化评价一直处于绝对主导地位,与此相对应,课程质量的监控是以量化监控为主的。量化监控的主要特征是强调标准化、精确化和逻辑性,因此,在实施课程质量监控前,监控者应明确课程质量监控的目标和标准,并以此衡量课程,确保课程质量。此后,随着建构主义思潮的兴盛,在课程评价领域中,人们对注重数量化分析,具有逻辑性、精确性和标准化科学取向的量化监控开始受到质疑。到20世纪70年代以后,随着课程理解范式的兴起,"量化研究"逐步为"质性研究"所取代。

质性研究受"艺术、人文学科和社会理论的影响而产生,这种方法论揭示了'量化研究'之'客观性'假设的虚假性甚至欺骗性,确立了研究者参与的合理性,尊重研究对象的个性与独特性,摧毁了'多数'对'实在'的专断"。而随

着"质性研究"在课程评价领域的日益合法化,质性评价在课程评价领域日渐兴盛,质性监控开始步入课程领域,并彰显课程质量监控的未来走势。所谓质性监控就是通过自然的调查、观察与参与,揭示监控对象(包括人、课程及课程实践)的各种特质,以对课程质量进行监督与控制的过程性实践活动。即对课程编制、课程实施、课程评价、课程管理所采取的发展性的质量监督与调控过程。质性监控主张质量监控应全面反映课程问题和教育现象的本真,为改进教育和课程实践提供可靠依据。质性监控的主要特征是倾向于运用情境性、生成性和动态性的眼光关注课程背后蕴含的意义,重视监控过程中遇到的实际问题,以现实为依据,认同价值多元性,淡化数量化监控,并善于运用开放的视角对课程运行的各环节进行督导与调控,从而彰显课程质性监控的开放性、动态性、生成性和价值性以及人本性等特点。诚然,鉴于质量监控主体拥有不同的"前见",在质性监控过程中,应尽量克服个体主观因素对课程质量监控的负面影响。

需要指出的是,质性监控和量化监控是对应的,但不是对立的两种课程质量监控形式,二者都是课程质量监控的有效手段,相辅相成,可共同应用于课程质量监控实践。

第三节 基础教育课程质量监控机制的功能

基础教育课程质量监控机制的功能是指基础教育课程质量监控机制所发挥的整体效能。它具有较强的目的性,因监控目的不同,其功能也可能有所不同。

一、预警功能

通过实施有效的课程质量监控,可以提高预见性,在课程运作的重大偏差出现之前预见到将要发生的问题,从而发出预警信号,采取预防措施,把问题解决在萌芽之中,这就是课程质量监控机制的预警功能。通过发挥课程质量监控机制的预警功能强化其导向功能,可以提升课程工作者的自觉性和自律性,促进各项课程活动顺利展开。为此,可以进一步提高各种重要的课程信息发布的有效性。比如,梳理并整合各级课程管理机构的课程质量监控信息,充分了解和掌握各地学校的课程发展状况和发展趋势等,利用各级课程管理机构或各类学校的门户网站,高校的课程发展服务中心网站,课程研究机构的课程改革专题网站等平台进行发布,提高这些课程信息的易获得性,方便各类人员之间的相互接触、交流,使他们能够看到他人的长处,同时也能够注意到自己的不足,从而相互学习、取长补短、共同进步。

二、诊断功能

所谓诊断功能是指通过课程质量监控机制能够对课程活动中存在的问题进行揭示与分析,找到症结和原因所在,进而提出改进和补救的建议。比如,通过发挥学校课程质量监控机制的诊断功能,就教师而言,可以了解课程目标的确定是否合理,教学方法和教学策略的运用是否得当,课程教学的重点、难点是否讲清,教学活动的组织是否恰当有序;可以了解学生在知识、技能和能力等方面已经达到的水平和存在的问题,了解不同起点水平的学生是否在自身基础上有所进步,分析造成学生学习困难的原因,从而调整教学策略,改进教学措施,为教师的教学和学生的学习指明方向,并为师生协同采取措施,改善课程提供信息基础,从而可以有针对性地解决课程实施中存在的各种问题。为此,在课程质量监控活动中,要对所搜集到的信息进行整理、处理和分析。在这个过程中,我们能够发现课程活动者或者被监控对象哪些地方见长,需要加以巩固和发扬;哪些地方不足,有待进一步加强。

三、反馈功能

课程质量监控的反馈功能是指通过课程质量监控活动,将课程在某一方面的质量状况及时反馈给有关课程机构或课程人员,以便他们针对具体问题做出旨在提高课程质量的相应反应或行动。任何课程的运作过程都不可能是完美无缺的,当面临实践的检验时,都会浮现出或多或少的问题。例如,在课程决策和课程设计阶段,决策者和设计者不可能预料到所有会出现的问题;在课程实施阶段,一些特定的客观原因可能会导致课程实施状况不尽如人意;在评价课程的时候,课程评价者也可能由于受一些主观因素或客观因素的影响而无法对课程实施给予准确的评价。可见,课程运作的每一个环节,都需要通过一定的反馈机制和调控机制来矫枉纠偏。只有这样,才能更好地收集和反馈课程信息,修订和完善课程方案,保障新的课程改革顺利进行。通过课程质量监控还可以向课程系统和课程管理系统提供各种有关课程质量的反馈信息,并对课程系统和课程管理系统产生一定的作用。课程质量监控的核心功能是通过反馈课程信息的提供来实现的。充分发挥课程质量监控机制的反馈功能,要求课程质量监控要迅速及时,要建立完善的信息反馈系统,加强信息的收集、分析和反馈。

四、监督功能

根据控制论原理,没有监督与反馈的系统是不完整的系统,也是非高效能的系统。课程活动是一个不断调节的过程。这个过程的监督机制是否健全,反馈渠道是否畅通,对了解课程活动效果与提高课程活动效率是非常重要的。特别是"在当前课程权力逐步下放的情况下,评估和督导成为地方教育行政部门驾驭课程改革不可替代的监控机制。如果把课程改革全部托付给校长和教师的'良心',那将是危险的"[1]。课程运作作为一个系统的、动态的发展过程,每一个阶段或环节都需要认真调研、严密规划,但在课程方案实施过程中,肯定会遇到各种复杂的影响因素,稍有不慎,就可能会导致课程运作的"异化"和"变形"。因此,为了使课程活动顺畅、高效,就需要发挥课程质量监控机制的监督功能。当然,强调监督,并不是要求无原则地遵循既定方案的框架与程序。"成功的实施过程应当是有机的而不是官僚主义的。绝对服从监控程序和各种各样的清规戒律对变革并无助益。"[2]我们应该允许课程活动在整体有效的基础上有某些不可抗拒的偏离,因为对课程活动的监控一旦演绎成"警察和小偷"的格局,将在一定程度上强化监控者和实施者的对立关系,容易导致实施中的形式主义。那样的话,课程质量监控机制实际上就失去了应有的效能。

五、调控功能

调控功能的发挥要以实现课程质量管理目标为中心,要为实现课程质量管理目标服务。调控是落实有关课程质量标准的保证,而有关课程质量标准的达成则是调控的目标。课程质量目标或质量标准越明确、具体,调控的效果也就越好。调控活动是监控人员按照一定的组织层次和一定的调控程序进行的,课程质量监控组织机构越是完善,监控工作规范或程序越是合理,就越有利于发现偏差,越能够充分发挥调控功能,质量监控工作就越有效果。

从某种意义上讲,课程运作过程中出现问题也可能是很正常的事情。课程方案是在课程实践中逐步走向成熟和完善的。为此,"必须以审慎的态度,观察与认识课改实验中的'变形'现象,要积极发现有创新意识的'变形',并将其作为完善方案、实验的依据,又要及时发现在旧观念影响下不应有的'变

---

[1] 崔允漷.课程改革政策执行:一种分析的框架[J].教育发展研究,2005(19).
[2] 奥恩斯坦等.课程基础、原理和问题[M].柯森主译.南京:江苏教育出版社,2002:317.

形'，在及时纠正的过程中努力保证课改基本精神、基本理念的落实，还要积极地发现那些为条件所限的不得已的'变形'，要及时以此为依据，提出改善条件、完善政策的建议"①。课程发展是一个可持续的过程，其持续发展的动力就在于我们能够根据新情况、新问题，不断调整既定内容与程序，为课程发展不断增加新的要素。在课程活动过程中，监督是手段，调控才是目的。课程发展不是一个乌托邦式的构想，而是一个立足现实、面向具体的课程问题的渐进式发展，发展的过程就是不断解决问题、化解矛盾的过程。课程发展的这种特质决定了课程的整体运作过程要关注并依赖于充分发挥课程质量监控机制的调控功能，不断正本清源、查漏补缺、矫枉纠偏。

六、指导功能

课程质量监控机制的建立，除了发现问题与解决问题之外，还有一个重要的功能，就是发挥监控人员的专业优势，为课程运作的相关人员提供理论和技术指导。特别是在课程改革过程中，使教师能够理解和接受课程改革的精神与理念，更好地贯彻课程改革方针，尤其需要发挥课程质量监控的指导功能。而担当课程质量监控角色的人员就是联系这几者关系的桥梁与纽带。一方面，这一角色决定了他们有责任帮助课程实施者更好地解读与领会课程改革的要旨。课程质量监控人员要深入课程改革第一线，了解课程改革状况以及学校和教师遇到的实际问题，及时提供建议和帮助或一同研究解决。另一方面，课程实施者也有责任把课程实施中发现的问题回馈给决策者与设计者，以便他们及时调整改革方案。通过监控者的联系，课程改革中的各种责任主体能形成一种良性的互动机制，从而使得课程改革运行更加务实和稳健。

七、激励功能

在课程质量监控活动中，我们一般要依据监控目的和监控理论设计课程质量标准，然后根据标准进行监控。显然，质量标准与评价结果有内在的联系，即根据不同的质量标准实施监控就会得出不同的评价结果，由此，课程质量标准像一根"指挥棒"，有导向和激励功能，为被监控对象提供了努力方向。因为在一般情况下，被监控对象无论是个人还是单位，都有实现自身价值的愿望，因而在课程活动中都愿意去尽力达成公认的课程质量标准，期望获得较好的课程质量评鉴结果。同时，监控所得到的结果，一方面为决

---

① 胡国杰.课程改革实验的质量监控问题研究[J].基础教育研究,2003(12).

策者提供信息;另一方面也给被监控者或者被监控单位反馈信息。其目的是为了改进工作,提高课程质量。如果工作做得好,明确好在什么地方,会给人以发扬成绩的动力和某种精神上的满足,能较好地促进人们的主动性与工作热情,激励人们以全部精力投入课程发展;如果工作有欠缺,明确不好在什么地方,如何才能改进不足,这督促人们改正不足,实现赶超,这其实也是一种激励功能。

第四节 学校课程质量监控与保障的要素分析

学校课程质量监控与保障活动在学校的实施是一个涉及方方面面的系统工程,它必须综合学校的各个部门机构,集合学校所有成员的力量,共同履行学校课程质量保障的职责。① 学校各个组成部分合理分工,互相协作,共同构成学校课程质量监控与保障的整体。构成学校课程质量监控与保障系统的各个要素都会对学校课程质量的提高产生重要影响。综合以往研究的结果,学校课程质量监控与保障的构成要素主要可分为输入、过程及输出三大方面。

一、学校课程质量监控与保障的输入因素

学校课程质量监控与保障的输入因素就是在输入方面分析构成课程质量监控与保障的因素。学校开展课程质量保障的基本条件与学校的课程制度及文化建设,是学校开展课程质量监控与保障的强大后盾与可靠基础。

(一)学校课程质量监控与保障的基本条件

学校课程质量监控与保障的基本条件是学校课程质量监控与保障活动顺利开展的物质基础,优秀的师资队伍与完善的设施设备是基本条件中必不可少的因素。

1. 师资队伍

教师是学校系统中进行课程建设和改革的生力军,优秀的教师队伍主导着学校的教育教学活动,决定着学校所培养的学生的素质与质量。因此,教师是学校的主人,是学校课程活动的依靠力量和保证。教师的学历情况,教学能力、教学方法和科研水平直接影响着教学质量;教师队伍的年龄结构、生师结构、学科结构、职称结构、地缘结构等,从根本上影响着学校课程质量监

---

① 陈玉琨,等.课程改革与课程评价[M].北京:教育科学出版社,2001:217.

控与保障活动的开展。

2. 设施设备

充足而完善的教学设施设备是顺利开展学校课程质量监控与保障活动的物质基础,没有物质保障做基础,保障和提高学校课程质量就无从谈起。学校的设施设备包括图书及资料、多媒体设备、教辅教具、实验室及实验设备、体育场地及器材等。学校应确保这些设施设备及时配备、维护以及适时补充。

(二) 课程制度和文化建设与教师的课程意识和行为

课程制度与文化建设是一个十分重要的环节,学校为提高课程与课堂教学质量而制定的各项制度和培育的质量文化也是影响课程质量监控与保障输入方面的重要因素。良好的课程制度与质量文化的建立,必然会促使教师产生积极、自觉的课程质量意识与行为,促使学校形成所有成员共同遵守的课程质量行为准则与价值取向。

1. 学校课程质量监控与保障相关制度及文化建设

学校课程质量保障的制度与文化的建设是学校课程质量保障体系不断完善的必然要求。在学校课程质量监控与保障活动中,制度与文化的建设是一个十分重要的环节。

学校的课程制度和课程文化是经过所有学校成员长期实践创造并共同遵守的精神准则与理想信念,它引导全校师生共同持有一定的行为准则与价值取向,有了这种共同的价值观与内在追求,学校课程质量保障系统才能真正有效地发挥作用。

2. 学校教师的课程意识和行为

显然,建立学校课程质量制度与文化,通过质量制度与文化及其活动唤起学校成员的质量意识,并在学校生活中影响学校成员的课程质量监控与保障行为,这是学校开展课程质量监控与保障活动的必然要求。教师是学校开展课程质量监控与保障的主体和依靠力量,正因如此,学校要帮助教师建立课程质量监控与保障的意识与责任感。这种意识是一种无形的力量,通过这种力量能够潜移默化地促使学校课程质量监控与保障活动顺利有效地开展。

二、学校课程质量监控与保障的过程因素

学校课程质量监控与保障过程是整个学校课程质量监控与保障体系的核心,也是最为复杂、难度最大的部分。学校需要采取一系列的技术活动对课程质量的形成过程实行控制。这样才能对课程质量监控与保障的实施过程所产生的问题迅速做出反应,使之得到有效的改善和预防。学校课程质量监控与保障的过程构成因素包括:课程的实施与开发、教师培训与教学研究、课程评价与反馈。

(一) 课程的实施与开发

课程的实施是制约学校课程质量的重要因素。学校在制订出了科学可行的教学计划与课程实施方案后,要保证课程活动的顺利进行,必须对课程计划进行有效的实施与开发。在学校课程的实施与开发中,起主导作用的因素包括三级课程中对国家课程的安排、校本课程的建设及开发。

1. 三级课程中国家课程的安排

三级课程包括国家课程、地方课程和校本课程。国家课程是指国家有关部门制定和颁布的各种课程政策,比如教育部制定、颁布的课程管理与开发政策、课程方案,各类课程的比例和范围,教材编写、审查和选用制度等。[1] 国家课程具有统一规定性和强制性,集中体现了国家的意志,是决定一个国家基础教育质量的主要因素。而且,国家课程是一个国家基础教育课程方案的主体部分,对于基础教育的发展,特别是人才培养的质量和规格具有决定性作用。因此,三级课程中国家课程的安排对学校课程质量会产生深远的影响,在考虑学校课程质量保障时,要充分考虑到国家课程安排的重要性。

2. 校本课程的建设与开发

校本课程是指学校在实施好国家课程和地方课程的前提下,自己开发的适合本校实际的、具有学校自身特点的课程。[2] 校本课程建设是课程改革的难点,也是学校在开展课程质量监控与保障过程中容易忽视和亟待解决的领域。联系本地、本校实际开发与建设校本课程,能够有效培养学生自主学习和探究的能力,使其各方面能力得到提高,使新课改的各项目标得到良好的落实。

(二) 教师的培训与教学研究

学校的各级各类教师培训与教育教学研究,突出反映了以服务课程质量为核心的基础教育改革理念。学校依靠各种形式的教师培训,同时建立各种

---

[1] 许洁英.国家课程、地方课程和校本课程的含义、目的及地位[J].教育研究,2005(8):32.
[2] 许洁英.国家课程、地方课程和校本课程的含义、目的及地位[J].教育研究,2005(8):36.

制度和措施激励教师开展教育教学研究,可以使中小学教师提高实施新课程的能力,成为全面推进新课程的专业引领者和实践者,为构建学校高素质教师队伍提供质量保障。因此依靠教师培训与教学研究,充分整合学校的人力资源与教育资源,是学校开展课程质量监控与保障不可忽视的重要因素。

(三)课程评价与反馈

系统论学者认为:"及时取得反馈信息是系统优化的重要条件。"[1]良好的课程质量监控与保障系统,既要有优秀课程制度的建立和实施,又要有对课程质量的评价与反馈。对课程中的每一环节做出评价后将评价意见告知相关人员,从而不断对课程做出调整,才能使课程处于不断完善、不断改进的过程中。因此,课程评价与反馈在课程质量监控与保障系统中具有重要的导向作用,评价标准既是课程改革的目标,又是课程建设的内容。

三、学校课程质量监控与保障的输出因素

学校课程质量监控与保障的输出环节是学校课程质量形成、发展流程的最后一环,是对输入监控与保障和过程监控与保障成效的一种反映,是学校课程质量的最终体现。[2] 学校课程质量监控与保障的输出因素主要有教师的发展、学生的提高和学校课程监控与保障系统的预期效益及非预期效益。

(一)教师的发展

教师的发展重点在于提高个人职业能力和挖掘教师的潜能。[3] 它包括教师业务水平的提高、科研成果的取得、教学态度改善、教师自我形象改善、教师群体形象改善以及人际关系改善等。

(二)学生的进步

学生是课程活动的对象,学校课程质量的高低主要体现在学生身上。[4]学生进步的因素可分解为学生学业、品行、学习经验、学习态度、自律能力、人生观和价值观、社会责任感与事业心、政治思想态度、审美意识与审美能力、劳动观念与劳动能力、健康状况及个性发展等。

---

[1] 邱瑞君.分析英语课堂教学中的信息反馈[J].宿州教育学院学报,2008(1):120—121.

[2] 张静.比较视野中的我国高等教育质量保障体系研究[D].西安:西安电子科技大学,2007:55.

[3] 魏真.基于教师发展的中小学教师培养模式探讨[J].教学与管理,2006(7):17—19.

[4] 王汉澜.教育评价学[M].开封:河南大学出版社,2003:363.

（三）学校课程质量监控与保障系统的预期效益与非预期效益

1. 学校课程质量监控与保障的预期效益

学校的某项教学活动或某一特定教育教学周期结束后，有关部门要对学校课程活动的结果进行检查，以判明学校课程活动质量是否达成预定目标，判明学校最初设想的收益是否实现。学校达到最初预定目标，即为学校课程监控与保障的预期收益。

对预期收益控制的目的在于了解课程活动的进展情况及其产生的效果，便于收集反馈信息，从而采取进一步的措施。

2. 学校课程质量监控与保障的非预期效益

学校在对课程质量实施监控与保障过程中出现的未预料到的结果，则为学校课程监控与保障的非预期收益，它既有可能是积极的，又有可能是消极的。而对非预期效益的分析就是力图减少课程活动中出现的负效应，鼓励、增加教育教学活动的正效应，进而重新界定与完善学校的教育教学目标，使学校教学目标、学校教育教学活动日益科学化。①

第五节 学校课程质量监控与保障的有效机制

结合基础教育阶段学校课程质量监控与保障的现状，本节在总结已有理论研究及实践调查的基础上，对有效开展学校课程质量保障的机制进行探讨。

一、树立科学的学校课程质量监控与保障观

建立科学有效的学校课程质量监控与保障体系必须以科学的课程质量监控与保障观为基础，学校领导应树立科学的课程质量监控与保障观，并帮助教师树立课程质量监控与保障的意识与责任感。科学的学校课程质量监控与保障观包括：发展的课程质量监控与保障观、多元化的课程质量监控与保障观。②

（一）发展的课程质量监控与保障观

发展是学校实施课程质量监控与保障的前提和基础，只有将发展作为首要任务，才能谈学校课程的质量问题。目前，相对国际水平而言我国的基础教育并不十分发达，必须为课程质量发展树立质量观；同时，要用发展的眼光

---

① 陈玉琨，等.课程改革与课程评价[M].北京：教育科学出版社，2001：215.
② 杨德广.树立科学的教育质量观[J].教育前沿（综合版），2007(1)：1.

看待课程质量监控与保障实施过程中出现的问题,不能因为眼前的问题而使之止步不前;此外,课程质量监控与保障观要因时因地制宜,对于国外或做得比较好的学校的先进经验,要结合本校特点吸收,根据本校的定位与实际加以利用,不能全盘照搬。

(二) 多元化的课程质量监控与保障观

基础教育分为三个阶段,每一个阶段的课程质量标准都不尽相同,所以应树立多元化的课程质量监控与保障观。就一所学校来说,不能单一地以升学率的高低来判断课程质量的优劣,要从学校的整体出发,从教学设施设备、教师队伍、教风学风、管理水平、学生综合素质、社会声誉等多方面判断。

以往的经验使人们对学校的课程质量监控与保障观产生了片面的认识,甚至忽视了当前学校课程质量面临的问题。我们当前最重要的就是要从观念上抛弃落后的、一元化的课程质量监控与保障观,树立辩证的、科学的课程质量监控与保障观,积极地支持并进一步推动我国基础教育阶段学校课程质量监控与保障健康、持续、快速地发展。

二、加强学校课程质量监控与保障的组织制度与文化建设

(一) 建立健全学校课程质量监控与保障的组织机构

要有效地监控与保障学校的课程质量,学校必须将质量管理功能独立化,将其对课程质量的关注组织化。也就是说,学校应建立健全课程质量监控与保障组织,贯彻执行学校的课程质量政策,落实学校课程质量的组织与个人职责。对于不同的学校来说,学校的层次与所处地域不同,学校原有的质量管理水平不同,建立健全学校课程质量监控与保障的组织机构的具体内容也不相同。

大体上说,学校课程质量监控与保障机构主要有学校课程委员会、学生综合素质评价指导小组、学科教学指导小组、学生选课指导小组、课程改革宣传和教师培训指导小组、学校课程改革保障(监控)与评价小组、学分认定小组等。学校在设定课程质量监控与保障的组织机构时,既可以以原有的组织机构为基础建设,也可以建立相对独立的课程质量管理机构。但值得注意的是,学校建立的课程质量监控与保障组织机构一定要地位独立、职责明确、授权充分,若只是依靠现有组织机构进行学校课程质量的管理,政策的执行职责不明确,势必导致政策流于形式。

（二）完善学校课程质量监控与保障制度

学校课程制度建设也是学校课程得以监控与保障的重要措施。要根据本校的实际情况,建立教学委员会质量审议制度、教研组(年级组)质量监测制度、同行教师评价制度、学生评教制度、教师教学反思制度、教考分离制度等,切实做到客观评价教师的教学质量与学生的学习情况,准确把握学校课程质量的地位,将学校的课程质量管理工作建立在可靠的事实与数据的基础之上。

（三）建设学校课程质量监控与保障文化

学校领导应结合本校的实际,利用各种机会和方式,如全体学生大会、全体教师大会、家长会、黑板报、橱窗、校园网、校园广播等,强调课程质量对学校生存和发展的重要意义,明确质量是学校生存之本的信念,不断强化教师、学生与家长的质量意识与责任感,只有通过学校所有成员的自觉努力,才能达到监控与保障学校课程质量的目标,只有形成了学校课程质量监控与保障的氛围,使质量意识成为全体成员的共同价值与内在追求,才能提高学校课程质量监控与保障的实效。质量文化是课程质量保障系统价值的体现,学校要对其加以重视,使之为学校提升课程质量奠定坚实的思想基础。

三、实现课程实施的良好运作与有效控制

（一）加强教师队伍建设,促进教师专业化发展

提高教师队伍的素质,促进教师专业发展,是监控与保障学校课程质量的必备条件,更是新课程改革成败的关键所在。"优质的基础教育,取决于数以千万计的中小学优秀教师和教育管理干部,他们是基础教育的核心资源。"[1]因此,中小学应紧紧抓住教师发展这个根本,在提升教师专业素养的同时,积极推行以校本研究为主的教学研究,加强教师队伍建设,关注教师的发展,通过提高教师的素质,提高学生的素质,推进学校课程质量的提升。

1. 提高教师道德素养,创建德育型教师队伍

教师的职业道德是教师的灵魂,教师观念与师德水平直接关系到教育质量的优劣。学校应始终将端正教师观念,提高教师道德素养当成头等重要的工作来抓。坚持不懈地开展师德教育活动,引导教师树立爱岗爱生爱教育,

---

[1] 李方.加强教师队伍建设是推进教育又好又快发展的关键[J].北京教育学院学报,2007(4):7—11.

全心全意为学生服务的思想。同时,学校应努力营造和谐健康的氛围,融洽教师之间、教师与学生之间、教师与家长之间的关系,创设良好的教育环境。

2. 开展教师业务培训,创建学习型教师队伍

学校应创设条件,提供平台,为教师提供多种形式的校内外培训,鼓励教师充实底蕴。学校要利用教研组、学年组等活动阵地,组织教师开展校本培训;还应鼓励教师参加进修学习,引导教师积极参加各类培训和继续教育,组织教师参加新课程理念培训、学科课程标准培训、实验教材教法培训、教学方法培训、信息技术培训等,以培训促提高,以提高促成长。此外,学校图书室还应购置教师及行政领导的必读书目,尝试开展读书交流活动,提高教师读书的积极性与时效性,努力创设学习型教师队伍。

3. 重视校本教研,创设研究型教师队伍

学校在开展校本教研的过程中,既要扎根课堂,围绕立项课题加以研究,又要对教育教学过程中产生的问题进行研究,以活动为载体,制度为保障,努力创设研究型教师队伍。

首先,以课题引领,培育教师的科研意识。学校及教研组应努力激发教师的科研热情,由专人负责学校课题的研究工作,积极组织发动各个教研组做教研课题,以课题引领教师开展教育教学研讨,逐步形成教师的科研意识,不断提高教师的科研能力,以教育科研促进实践工作的顺利实施。

其次,以活动为载体,锻炼教师能力。学校将课题的研究成果用到平时的课堂教学中,在实践中开展研究,引导教师将科研与教研工作结合起来,鼓励教师带着科研项目进课堂,调动广大教师进行课题研究的积极性;创设条件聘请专家名师来校讲课,做课改报告,通过专家多种形式的领导,逐渐拓宽教师的视野,更新教师的理念,转变教师的行为;组织所有骨干教师上公开课、观摩课,学校骨干教师要开展师徒结对活动,指导青年教师开展课堂教学研究,以组织青年教师评优课、新上岗教师汇报课等多种形式营造学校课堂教学研讨氛围,以活动促进教师专业成长;以教研组为单位组织教学沙龙,探讨教学热点、难点问题,共商教学对策,交流课改经验、展示教学成果。

最后,以制度为保障,努力创设研究型教师队伍。学校要建立各种教师教研制度,如集体备课制度,新老教师听课制度等,以此来促使教师更好地开展校本教研,打造一支专业精湛的教师队伍。

（二）加大对学校教学基本设施的投入

硬件建设是教育现代化的基础,没有必要的现代化教育设施,现代化的教育思想、教育内容和方法就难以实施。① 正因如此,学校要积极拓展教育经费投入渠道,通过加大政府财政投入和社会捐资助学等方式,多方面筹集购置学校设施设备资金,优化教育教学环境。从根本上改善校容校貌,对学校的校舍进行必要的维修改造;建立微机室、电子备课室、电子阅览室,促进信息化建设加速发展;建立多媒体教室,语音室,多媒体报告厅,图书室,小学科学实验室,中学理、化、生实验室,大幅度提升专用教室装备水平;改善中小学体育、卫生、艺术教育教学设施;对中小学的体育器材进行及时配备和补充,适时更新体育室、校医室、音乐室、美术室的设施,使学校硬件建设达到高标准、现代化,设施功能完善,满足教师教学和学生学习的基本需求。近年来,虽然各级政府以更大的精力和更多的财力重点加强了农村义务教育,但由于我国农村的现实情况,仍有许多学校的教学设施条件达不到国家规定的标准,各级政府与学校要进一步落实义务教育经费保障机制,加大对农村基础教育投资的倾斜,切实改变农村学校经费不足、设施设备不完善的现状。

（三）建立教学和科研相结合的教师工作模式

1. 深化认识,有效激发教师参与教学与科研的主动性和积极性

教师职业的特点决定了教师具有自尊的需要和发展的需求;教师工作的复杂性决定了教师具有创造和获得成就的需求。教学管理者和研究者要加强教研结合意义的宣传,使教师体会到教研结合能够给工作注入新的内容与活力:能够增强教师发现、观察、解决问题的能力;能够使教师拓宽知识面、开阔眼界,在研究中获得成就感和创造的快乐;增强教师之间的合作与交流从而提高其参与校本教研的兴趣和自信心。

目前,在教师从事教研结合活动的动机中还存在功利思想,例如出于功利的目的发展论文等科研成果和各类考核评比的成绩等。针对此种情况,教育管理者要合理利用物质奖励,激励教师参与研究活动;要优化教研环境,让教师在轻松、民主、愉快的氛围中从事教研。使得教师从最初追求物质奖励的教研逐渐转变成为精神方面的享受,有效激发教师参与教研活动的主动性和积极性。

---

① 胡培基.加强学校基础设施建设,努力提高教育质量[J].中国冶金教育,1998(5):55—56.

2. 优化方式,满足不同层次教师的需求

学校领导应提倡教研活动的多样性与实效性,因人而异,确定教研结合的难度;创造条件满足教师的合理需求,推进教学与科研相结合的教师工作模式的形成。

学校要加强"联片教研"活动形式的有效探索和推广,优化片区结构。通过"中心学校辐射、联片合作、异地支教、校际会课、跨校带教、网上教研"[①]等形式,以强带弱、以强促弱,在强校弱校所构成的教研、学习共同体中,进行合作共享,调动农村及薄弱学校教师参与课改的积极性,全面提高农村学校的课程质量。

3. 规范管理,建立教师教学与科研相结合的保障机制

学校领导要高度重视教研结合的教师工作模式的建立,从制度、时间、条件、指导、交流合作等多方面为教师创设宽松的环境,从教师实际出发,对教学研究活动做出不同的要求,逐步建立教学与科研相结合的保障机制。

(四)对课程质量监控应以质性监控为主

质性监控和量化监控是对应的,但不是对立的两种课程质量监控形式。量化监控强调标准化、精确化和逻辑性,质性监控倾向于开放性、生成性和动态性。[②] 当前,我国课程质量监控对象主要是复杂的、多元的课程,因此,我们应该重视价值判断的多元化。在对课程质量进行监控时,以质性监控为主,淡化数量化监控。

1. 重视课程运行的生成价值

无论是课程编制、实施、评价,还是课程管理,任何一部分都是过程性的。因此,应该用动态的视角,对各种变化表象进行具体分析,重视课程运行过程的生成价值。[③]

2. 注重课程质量监控的真实情境

课程质量监控的真实情境包括文化情境和课程监控场景两个方面。由于区域文化的不同,人们在语言、习惯、行为、情感、价值观等方面也存在着差异。因此,要求监控主体在监督和调控时,要充分考虑监控客体所处的文化境域和具体的课程场景,从而使监控者与被监控者在经验上得到有机整合。

---

① 刘宝剑.教研员的视角与思考[M].杭州:浙江大学出版社,2007:150—154.
② 郝明君.质性监控:基础教育课程质量监控新取向[J].天中学刊,2008(3):6.
③ 郝明君.质性监控:基础教育课程质量监控新取向[J].天中学刊,2008(3):7.

3. 尊重监控客体的个性化选择

质性监控倡导的是多元主体监控的模式,而不是仅仅由监控专家、监控机构包办的课程质量监控模式。在课程质量监控过程中,要使监控者和被监控者和谐有效地统一,即在监控主体的主导下,充分发挥监控客体的自我参与性。在监控过程中,要使监控主体和监控客体之间有效沟通,使监控主体的指导被监控客体所认同。只有双方不断沟通与交流,监控客体遵从监控主体的指导,监控主体尊重监控客体的个性化选择,才有利于对课程质量的监控,达到使学校课程质量不断提升的目的。

(五)完善学校课程质量评价体系,重视评价结果的反馈

1. 完善学校课程质量评价体系

以往评价学校课程质量的数据,如学生统考成绩、会考成绩、升学率、及格率等,并不能完整地反映学校的课程质量及其提升情况,因为课程活动具有复杂性,有关课程质量的更为客观、可靠的信息获取起来有一定的难度。因此,如何准确把握学校课程质量,有效评价课程质量就显得更为重要。

学校要将课堂教学评价、学生学业成绩评价、学生综合素质评价、学生学习过程评价、教师教学工作评价全面纳入学校的课程质量评价体系。要结合学校的实际修改补充符合新课程标准和实验教材要求的有关评价要素,不断丰富和完善课堂教学评价标准,推进课堂教学过程与结果的优化;要改革考试评价内容和形式,努力形成发展性课程评价体系。探索既重视对学生学业成绩的考试评价,又重视学生全面发展的综合评价,同时还能重视学生学习过程的评价的有效方法和途径;以教师发展为目标,建立教师、校长、学生、家长共同参与的评价制度。

采取各种方式,如专家、同行评价,学生座谈会,学生问卷评分,教师学生家长代表座谈会,定期与不定期的课改小组会议,及时检测、记录、反映新课程实施过程的新问题、新办法,了解、检查、评价新课程的实施效果。

2. 重视评价结果的反馈

在评价的实施过程中,评价结果的反馈环节是影响评价效果的一个至关重要的因素。在实施课程评价的过程中要注重评价反馈的实效性,更要注重评价反馈的时效性,使评价活动真正起到作用。真实、科学的反馈评价结果能够使被评价者对前一阶段的工作或学习进行反思和调整,从而使其得到改进,而不只是利用评价活动来对被评价者进行甄别和排队。同时,任何评价

活动都是在特定的时间和空间内进行的,对于评价结果的反馈一定要及时,否则时过境迁,评价活动很难产生实际效果和作用。

学校要选择人性化的反馈途径与方式,有效调控被评价教师的心理。评价反馈的效果如何,关键取决于是否能准确地把握被评价者的心理。作为教师或学生个体,他们是敏感且具有强烈自尊心的知识群体,有较高层次的获得尊重和自我实现的需要,评价者应本着与被评价教师平等、合作与尊重的态度,摒弃原来过于简单化的结果告知式的反馈方式,选择启发式、讨论式的面谈作为主要方式,被评价者可以针对评价结果畅所欲言,双方可以共同研究改进与发展的计划,评价者还应根据评价对象的个性、年龄等因素选择相应的方式、地点和场所,这样的反馈更人性化,更切合评价对象的特点,也避免引起双方的冲突与矛盾。

四、建立学校课程质量监控与保障社会支持系统

(一)教育行政部门转变职能支持学校开展课程质量监控与保障

我国的政府既是办学者,又是管理者,同时还是投资者,扮演着"三位一体"的角色。因此,教育行政部门常常会对学校的各项工作进行行政干预,未能真正发挥政府工作的文化职能,提高其管理水平和运行效率,这种情况集中表现在基础教育的评估考核上。

我国基础教育评估考核工作主要由教育行政机构或下属机构负责,他们对学校的评估或督导常常采取行政干预和命令的方式,这种方式易使中小学采取消极的态度来应付上级的检查与评估,不仅不能起到评估检查工作的真正作用,更是影响了学校正常的教育教学秩序。因此,政府必须尽快转变其管理职能,通过财政投入、政策监管、法律制定等手段来帮助学校监控与保障课程质量,间接对学校课程质量实施管理。同时,相关教育行政部门也可以通过设立专门的基础教育课程质量监控与保障办公室对中小学课程质量管理给予指导。

首先,教育行政机关及相关部门要理性地分析和审视现有的教育工作规章制度、教学管理制度、课程制度、评价制度等,支持学校自主管理,自主改革,并在学校自主管理与改革的基础上形成政府宏观、间接的管理与领导的工作秩序,形成"自上而下"与"自下而上"相结合的课程推进机制。

其次,要合理优化配置教育资源,促进村镇学校和市县学校均衡发展。

我国农村、欠发达地区基础教育的发展相对落后,教育经费、师资队伍等

配置的不合理直接导致了城乡教育事业发展不平衡,优质教育资源的供给严重不足直接制约了基础教育的均衡发展。因此,各级行政机关要努力改善此类地区学校的办学条件,通过资金投入、对口支援、师资培训等多种方式支持农村、欠发达地区教育发展。如部分新设课程师资的配备,配套的教学设备,图书资料的完善更新,教师的培训、外出学习等经费的投入,综合实践活动、校本课程、小学英语、初高中综合(科学)等科目教师的培养等。因此,各级政府和教育行政部门要细致研究新情况,解决新问题,结合落实中央关于推进农村教育改革的要求,解决农村、欠发达地区课改存在的困难,促进城乡课改的综合和协调,以课改为契机,创设更公平、和谐的课改环境。

(二)鼓励社会力量积极参与到学校课程质量监控与保障工作中

"只有当公立教育向公众提供真正高质量的教育,而公众看到这样高质量的教育时,才有可能避免这种未知前景(教育成为一项针对穷人的低劣服务)的出现。"[1]迈克尔·富兰这句话同样适用于我国当前的基础教育课程质量。学校课程质量监控与保障活动的深入不仅要靠学校自身和教育行政部门的努力,还需要更多的社会支持。要赢得社会的广泛支持,一是要让社会公众看到学校开展课程质量监控与保障对提高课程质量的真正作用;二是要增加学校课程质量监控与保障活动的透明度,相信公众有能力形成一种有广泛根据的客观评判;三是开展积极的社会宣传、舆论引导,如利用家长会、全体学生大会、学校黑板报、橱窗、校园网、校园广播等进行宣传。

---

[1] 方建胜.用事实说明正在发生的变化——三年来课程改革实验状况的一项调查[J].全球教育展望,2005(12):76.

第四章 基础教育教学质量保障研究

目前在义务教育的资源配置,包括师资质量、生源质量、经费投入等方面的差异导致基础教育教学质量水平存在着巨大的区域差异和城乡差别,校与校之间的发展很不平衡。基础教育的均衡发展还有很长的路要走,还需要不断探究和寻求新的教学质量保障措施。保障基础教育教学质量,需要从要素分析的角度,用系统论的方法,对实现教学质量增长的方式进行较为全面的思考和分析。

第一节 教学理念保障

教学管理工作是中小学的中心工作,基础教育教学质量保障最重要的就是要抓住学校的这一中心工作,抓中心工作就是要关注教学的实施者,通过教学实施者实现教学质量的提升。而教师既是教学管理者,又是教学工作的被管理者,一所学校教育教学质量水平的高低好坏在很大程度上取决于学校教师队伍,取决于教师教学理念的先进性。

一、教学理念

教学理念体现的是教师的教学价值观念,是对教学活动中教学属性与满足教学需要两者关系的认识与看法,是由关于教学价值主体的信念、教学本位价值的信念、教学价值活动指向的信念、教学价值获得方式的信念、教学价值评价的信念等构成的信念体系。教学理念有理论层面、操作层面和学科层面之分。教师的教学形式要建立在理念的基础之上,才能更好地发挥教学的作用,教学理念呈现在教师讲课的行为中,帮助教师反思自己的教学行为,寻找最佳的教学方法,提出转变教学理念的解决对策,真正实现有效教学。

(一)忽视学生的价值主体地位是教师教学价值观念存在的主要问题

忽视学生主体地位的原因除了受我国传统教学价值观念的影响外,就现实而言可归结为这样几个方面:

1. 社会对教学的种种价值期待往往具体地转化为对学校管理层与教师

的要求。很少向学生本人作出及时的宣传和明确的解释,学生没有机会了解社会价值期待的内涵与对自身的意义,因而主体意识不强。对社会而言,学校是价值实现的场所,学校领导、教师、家长是实现相应价值的责任人,学生则成了被改造、训练以实现其价值期待的被动的加工对象。

2. 教学理论在某种程度上只着眼于教师的实践。在"学生主体"问题上的论证、说明与倡导均是面向教师的,很少直接对学生宣传。导致理应成为教学活动主体的学生不知主体为何物,不了解作为主体应有的权利,不知道如何为争取主体地位而努力,不清楚怎样在教学活动中发挥自己的主体性。

3. 教师面对大量的事先规定好的教学任务,面对固定而严格的工作绩效评价体系,即便在内心接受了"学生是主体"这一观念,也无暇顾念学生主体的种种表达。

4. 家长与孩子间的亲缘关系一方面使得家长过度地使用了爱的权利,从竭力照顾好衣食住行到设计未来发展蓝图,热衷于承揽孩子的一切事情。使得孩子缺少发挥主体性的机会,久而久之也懒得利用这种机会或不会利用机会。

5. 就学生自己而言,一方面缺乏自信,不敢为自己的未来负责,独立自主的精神与能力较弱,使他们过分地依赖家长和教师;另一方面即使适时而正确地亮明了自己的观点,采取了自主的行为,也往往得不到成人的嘉许,最终无法使主体地位得到确证。

(二) 忽视个性的培养是最为现实而严峻的问题

导致忽视个性培养的原因很多,除了理论宣传不够、操作存在困难、现实价值不明显之外,更有历史传统与社会现实的原因。

从历史来看,我国文化传统中历来有鄙视个性张扬的习惯,"上答不敢有疑,上不答不敢以诌"的权威崇拜现象,"不依规矩不成方圆"的秩序观,"淡泊明志、宁静致远"的文人心态,"静坐常思己过、闲谈莫论人非"的道德准则,以及安命不争的宿命论,不偏不倚的中庸之道,温良恭俭的处世方略,婉转含蓄的表达方式等,都表现出了极低的外倾性特征,使得个人特质无法得到表现,个人隐没于集体或众人意志之中。这种文化心理特征反映到教学中,形成了我国传统教学价值观念中忽视个性培养的特点,成为现今教师教学中忽视学生个性的根源。

从社会现实来看,虽然我们一直围绕教学本位价值在讨论,但在"向科学进军"口号的指引下,出现了全社会学习科学文化知识的热潮,导致传统的以人伦道德为核心的理念退隐,传授和学习科学文化知识成了学校教学的主要工作。这种学习方式导致了大量高文凭低水平、高分低能的现象,表明单纯知识型人才结构已无法适应社会改革的需要。在国际教育大环境下我们才逐渐发现教育应注重学习者能力的发展,教学本位价值逐渐转向了学生能力培养。我们开始对绝对的集体主义、平均主义和整齐划一的模式有了怀疑,发现不能再压抑学生个性的需求与对成长的渴望,对个性发展理解不再狭隘,对"人的全面发展"的理解渐趋具体,个性、智力、特长开始成为人的全面发展的核心内容,培养学生个性开始被纳入教师教学本位价值体系。

现在,我们反观教师的教学活动,课程的个性化程度不高、教学民主化程度不够等也都是阻碍个性培养的因素,事实上这些因素的存在主要归因于对个性发展的忽略。我们通常在描述教学总目标时使用实质性、发展性、教育性等概念。实质性目标中除了规定学科的理论知识和技巧外,还包括有关学习方法方面的、待人接物方面的知识与技巧;发展性目标中除了智力与读写算等基本能力外,还包括了情感、意志、兴趣、爱好等非智力因素与组织、表达、操作、创造等方面的能力;教育性目标除了一般性的品德之外,还包括了社会观、人生观、价值观、审美观以及心理健康与行为习惯的教育。更有大量的教师至今将三维目标割裂为三个目标,不能理解教育教学目标的立体化、整体性与层次性,教学总目标隐含的发展学生个性的命题,由于缺乏明确的强调,在具体到教师教学目标中时被忽视了,实质性、发展性、教育性目标被狭隘的学科知识、读写算等基本能力以及品德教育所代替,发展个性已基本上变成空话。因此在教学目标中必须明确强调学生个性的培养并逐渐使之深入教师的教学理念中,有效纠正忽视学生个性发展这一偏颇认识。

(三)在教学价值获得方式上我们还要警惕被动的价值获得心态

这种情况的主要表现有:首先是一些教师总是习惯于被动接受来自社会、学校、家长、各种培训与课程的种种要求,并把这些要求视为金科玉律,备课成了对这些要求进行客观把握的过程,而上课则成了"转述"过程,在转述过程中教师无意体现个人价值成分,甚至有意把自己的观念和想法隐藏起来,而不能为学生贡献自己的精神力量,人格陶冶就更无法落实。其次是家长的文化程度普遍不高,而且受过的教育已落伍于当今时代了。作为独生子女的学生,一定程度的娇生惯养使家长的教育效果并不明显,家长们也只好寻求教师的帮助,希望利用教师与学生的特殊关系使孩子受到较好的教育。也有一部分家长事务繁忙,无暇顾及孩子的教育,甘愿把孩子托付给学校和教师。因此,教师的被动心态就容易转化到学生身上——要求学生严格按自己的步调行进,不允许学生有越轨行为。很多教师会经验地感知到控制学生生活能使教学工作变得简单易行,不出现所谓的"意外"和"差错",使教师的工作不出麻烦、减少风险。正是由于教师和家长的这些做法,剥夺了学生的主动权,使学生习惯于在控制下循规蹈矩地学习,对于打破原有秩序的教学改革兴趣不高,教师、学生、家长观念中的被动心态会给教学实践带来较多的负面影响。

(四) 在教学价值评价认识上存在的问题还比较多

(1) 评价主体上存在教师本位现象,学生成了被动的被评价的客体。教师需要参与教学活动、形成相应教学价值的动力,也是他们有权进行教学价值评价的内在根据。而学生需要满足与否也直接影响甚至决定教师的教学需要能否得到满足,教师所期待的价值实现与否往往通过学生来确证和表现。在这种意义上学生作为评价主体的地位应是优于教师的,而不是相反。

(2) 评价目标上以获致结果为最终目的。教学价值评价本应诊断教学价值实现过程中在方向、进程、手段等方面存在的问题,以便及时调整、纠正和改善。这本应是引导和激励创造教学价值的人不断努力的活动,现行的评价却是对结果的追求,对优劣的判定,而不是为了对方向进行反省,对过程进行审视,不是为了在获得结果的基础上对以后进行规划和设计。本应是为了教学价值的更好实现而进行的评价活动反而成了目的;本应是通过价值评价而不断进步的教学却堕落成了手段;为了教学的评价成了为了评价的教学。

(3) 评价内容上过偏过窄。教学价值评价关注的应是学生个人的学力水平、学习状况、综合素质发展情况等有关学生整体发展的内容,现行评价却往往集中在学生文化课程方面的进步情况。而且所关注的课程也多是与升学有关的科目,对其他艺体类、活动类课程注意不多。即使是语数外等考试必考的科目,也往往只关心那些需要记忆、理解的内容,较少对某一学科的综合素质与能力进行反映。

(4) 评价手段过分依赖考试。考试在一定程度和范围内会发挥其作用,这是不可否认的事实。但一方面考试总是事后的、脱离当时当地具体情境的,学生在考试中的状态和在自然教学情景中的状态与表现会有所不同。另一方面现行考试本身也存在着很多局限,如内容涉及不广,无法呈现具体和真实的情景,无法完全测查到言语、动作技能以及解决实践问题的能力等。这样,过分依赖这种评价手段很难就总体情况作出真实描述。相反,课堂提问、日常观察等方式却可以在一定程度上避免这些不足,但在评价实践中的运用却远远不够,并且没有被纳入正规的评价认证体系中。

(5) 评价标准过分依赖考试成绩。由于考试存在的种种局限,以考试成绩来衡量学生能力的做法值得怀疑。但由于目前尚无更好的、具体可行的评价标准,即使大多数教师、学生和家长并不认同考试成绩标准,却也是无可奈何,造成了考试成绩在评价中的主宰地位。

社会转型时期,我们的教学价值观念存在许多问题,这些问题的出现既是从传统走入现代的过程中所必须付出的代价,也是吸纳外来观念过程中自然出现的排异反映,对此我们不应大惊小怪。从这些问题中不难发现,目前我国的教学价值观念存在着不稳定易波动、不清晰易迷失、不成熟易模仿、不理智凭经验等特点。正是这些特点使转型时期价值观念面临的两大难题——冲突与变革。这两大难题在我国教学价值观念中凸显出来,成为我们必须直面审视的内容。

二、转变教学理念的几点策略

首先是坚定转变教学理念的信心。当前,以学生为主体的教学理念逐渐深入人心,这一理念的形成是对近些年来教育改革成果的最好诠释。为了以学生为中心开展教学工作,我们应该做到以下几点:(1)应该提高教学效率,完善教学方法,让学生在课堂上有充实的精神生活,能够感受到课堂带来的快乐,感受到集体环境的氛围,激发学生的源动力。其次,要在教师中开展教学评价,引入问题导向,查找不足原因,让教师更加爱护学生,使学生形成良性的学习方法,培养学生良好的思想品质。(2)要具有探索精神。教师长期以来在教学当中养成了因循守旧、墨守成规的习惯,在课堂的改革上不敢突破,不敢尝试,追求一成不变的教学模式。教师要想有所作为,就必须要打破常规,创造性地开展教学工作,积极探索如何设置最佳的教学情境,如何使用互动式教学方法,如何为学生和教师搭建沟通的桥梁,如何对学习的效果进行有效评价,等等。只有想清楚这些问题,在教学中努力研究探索,才能使课堂多一分色彩,多一些活力,进而体会更高品质的教学享受。

其次是牢固树立正确的教学观念。关心关爱学生是每一名教师的天职,因为每一名学生都是一个鲜活的个体,都是不同的。所以,教师要关爱每一名学生的学习与进步,关心每一名学生在生活中的成长,体会学生天真单纯的情感,帮助学生认清自己,改掉自身的一切不良习惯,引导他们树立正确的人生观、价值观,通过不断的努力和学习超越自己,成就亮丽的人生。

再次是牢固树立学生的主体地位。现代教学理念不应以教师单向传输信息为主,而是应该采取双向交流的方式进行。在教师与学生的相互交流过程中,学生的主体地位被凸显,在学习信息的反馈之中,提高学生的分析力和洞察力,这对于培养学生主人翁意识,形成良好的学习习惯具有重要意义。

总之,教学理念思维的转变,离不开学校的管理,更离不开教师的研究与探讨。只有教师通过自身的学习和努力,不断地创新教学理念,调整自己的教学思路和方法,树立必胜的教学信念,才能真正把教与学融入教学之中,实现以学生为中心的教学目标。

第二节 学生学习保障

学生的学习通常指学生在学校里进行的学习,是学习的一种特殊形式,是狭义的学习,而广义的学习范畴则非常广泛。学生学习既不同于人类历史经验的积累过程,也不同于人们在日常生活环境中所进行的学习。学生的学习既有人类认识过程的一般特点,又有其特殊性。如果不了解学生学习的特点,就可能使学生的学习成人化,事事要求直接经验,或是放弃指导,强调生活即教育,或是只注意灌输,把学生看作是一个接受知识的容器、一个被动的学习者。这些做法都有碍于学生的学习。

一、学习理念

1. 提高学习效率是当前社会和教育发展的需要

现代社会和教育已进入以知识经济和经济全球化为特征的信息时代。在这个信息激增和知识爆炸的时代,人类知识和信息的总量以惊人的速度随时代发展飞快地增长着,人类面临信息激增、大量知识因陈旧而不断被淘汰的问题,也就是面临着如何快速高效学习的问题,这是任何人都无法回避的。据联合国教科文组织统计,截止到1980年,当代人类知识体系中,人类有史以来积累的知识仅占10%,而近30年积累的就占90%,进入1990年以后,知识积累更新呈加速发展的态势。这些统计数字不断提醒人们在知识爆炸的时代,每个学习者必须追求并学会快速高效地学习,提高学习的质量和效率。

2. 切实提高学习效率是当前基础教育亟待解决的重要问题

《基础教育是提高国民素质和培养跨世纪人才的奠基工程》一文分析了当前我国基础教育在教学领域存在的一些突出问题,主要是重知识传授,轻能力培养;重教材灌输,轻教法改进和学法指导;重理论知识,轻实践环节;教学难度越来越大,学生作业越来越多,加重了老师和学生负担,挫伤了学生学习的积极性。素质教育在实施中存在不少问题。沉重的课业负担是影响学生素质形成和发展的首要障碍。实施素质教育,首先要做的是"减负"。但是目前,我市青少年学生课程过多,作业负担过重,考试压力大,学生为此忙得焦头烂额,苦不堪言。学生中流行一首童谣:"书包最重的是我,作业最多的是我,每天起得最早的是我,睡得最晚是我,是我是我还是我。"童谣表达了孩子们的压抑心理。中小学也普遍反映:"减负是负负得正。"实际上是"素质教育喊得震天动地,升学教育搞得扎扎实实。"当前,必须要真正实施素质教育,切实减轻学生的学习负担,不能只是从表面上去减少学生的课业负担,必须要提高学生的学习效率。通过高效率的学习,直接改变目前基础教育教学中存在的"少(掌握真正有用的知识少)、慢(学习速度慢)、差(学习效果差)、费(投入时间多)"的不合理现象。

3. 积极开展提高学习效率的研究是教育理论发展的需要

桑新民先生对当前教育理论发展过程中存在不重视学生学习效率问题进行研究后指出,学生的天职是学习,从小学生到大学生,每天最主要的精力都花在学习上,然而,有相当多的学生不知道如何学习,学习效率很低,有些学生甚至产生了厌学情绪,教师有各自不同的专业,但各专业教师共同的使命则是教会学生如何学习,然而大多数教师把所有精力都花在研究和传授专业知识上,从来不教学生如何学习,甚至不知道应该在研究学习上下功夫,以至连自己都不知道如何高效地学习,学习是教育教学的基础,如何提高个体与社会的学习能力,显然应该成为教育学理论实践研究的最重大课题。然而,在现行教育学的教科书中,不仅没有专门的章节研究和讨论学习问题,甚至连学习的概念和定义都找不到。在当今世界,个体的学习能力已成为一项最基本的生存能力。学生学习能力的高低不仅决定着现实的学业成就,而且是决定今后事业成败的关键性因素。现代人都希望改善和提高生活质量,但大多数人只知道生活质量的高低与学历的高低成正比,于是拼命追求高学历。其实,比学历更重要的是学习能力。随着信息时代的降临,社会对个体学习能力的要求越来越强烈。联合国教科文组织在《学会生存》的著名报告中指出"未来的文盲是那些没有学会怎样学习的人"。人类的学习活动是一个极其复杂的系统,近30年来,对学习的研究成为多学科共同关注、联合攻关的科学前沿,并已取得许多重大成就,但由于种种原因,这些成就未能及时引入基础教育理论与实践中来,致使目前基础教育学校中的学习方式与课程、教学、教育评价模式都十分落后,学生学习效率普遍比较低。这一问题的根源与出路何在呢?桑新民认为,不论教师还是学生,仅仅凭个体狭隘的学习经验不可能成为一个高效率的学习者,只有善于了解和捕捉国内外关于学习研究的新进展和新成果,用于指导和改善自身的学习,才能真正成为一名聪明的、紧跟时代步伐的高效率学习者。

二、寻求科学学习策略和学习方法

要寻求科学学习的策略和方法,就要使师生学会分析学习效率。从淮安市当前中小学生的学习效率的现状来看,小学生对自身学习效率的评价一般偏高,而中学生对自身学习效率的评价一般偏低,随着年龄的增长,学生对学习效率的评价反而降低,并且中小学生学习效率自我评价存在显著差异。

(1)从中小学生自我意识的发展过程看,小学生自我概念是在经验积累的基础上形成发展起来的,是对自己在一切方面的认识基础上形成的,他们的自我概念带有很大的具体性和绝对性。从初中开始,学生已经能够比较自觉地认识和评价自己的心理品质,独立地支配、调节自己的行动。到了高中,学生的自我意识处于显著上升期之后的平稳期。高中生自我意识的强度和深度在不断地增加,形成的自我概念逐渐达到稳定阶段。

(2)从中小学生的自我评价发展看,小学生自我评价的独立性随年级的升高而增强,从顺从别人的评价发展到有一定独立见解的评价,独立进行自我评价的能力不断发展,从比较笼统的评价发展到对自己的某个方面或多个方面行为的优缺点进行评价,自我评价的抽象概括性有了提高,随着自我评价能力的增强,其自我评价的稳定性也逐步增强。初中生的自我评价趋于成熟,但评价时常常不全面,容易走极端,常出现对人严、对己宽的现象。虽然在评价自我时有一定的深度,但离高中生的水平还有一段距离。其自我意识的各种因素发展很不平衡,常处于矛盾之中。高中生的自我评价水平随着年级的升高而不断提高,自我评价能力日益成熟,逐渐学会了较为全面、客观地分析自己。但同时,自我意识的发展水平仍存在个体的差异。有的学生发展比较好,有的可能在某一方面表现得与年龄不相符。不过,随着学校教育的不断实施与学生自身的不断完善,他们的自我意识会迅速趋于成熟。正是由于中小学生自我意识、自我评价发展的特点,小学生对自身学习效率的评价往往会出现偏高的现象,而中学生对自身的学习效率的评价更加趋于理智和客观。所以,随着年龄的增长,学生对学习效率的评价反而会降低。

(3)从当前中小学生的学习负担来看,学生的负担主要有两类:一类是学业负担,一类是心理负担,而心理负担乃是由学业负担过重造成的。从课业负担来看,小学阶段,开设的主要课程是语文、数学、外语,到了初、高中,又相继增加了物理、化学、生物、地理、历史等。而且,目前中小学生的课业负担有增无减,书本多、考试多、补习多、竞赛多,基本训练成了超负荷训练、重复训练。课业负担的不断加重,考试难度的增加,使学生感到压力越来越大,不仅丧失了学习的兴趣,而且逐渐降低了学习的自信心,影响了学习的效果。

(4)从不同性别的学生来看,在学习效率自我评价上存在着显著差异,小学阶段女生的自我评价高于男生的自我评价,中学阶段男生的自我评价高于女生的自我评价。在小学生自我意识发展中,小学高年级学生自我概念的发展趋势存在性别差异。男生对自己的印象一般不随年龄的变化而变化,而女生则年龄越大,对自己的印象越差。到了青春期,女生的发育比男生要早,在学习上较容易分心,也是造成学习效率低的一个原因。

(5)从师生对学习效率的评价差异来看。调查结果显示,小学阶段,教师对小学生学习效率的评价明显低于学生的自身评价,且存在显著差异。中学阶段,教师对学生学习效率的评价明显高于学生的自身评价,且差异也很显著。衡量学习效率的高低一般有这样几个标准:第一个是时间标准,即在学习任务一定的情况下,学生花费较少的时间却能较好地完成学习任务,或者在一定的学习时间内,学生能尽可能地取得高水平的学习成效。第二个是数量标准,即学生在单位时间内完成的学习量越多则学习的效率越高,或者取得同等的学习效果花费的时间和精力越少学习效率越高。第三个是效益标准,即学生通过学习在身心方面是否获得了尽可能大的发展。不能只看学生熬时间的工夫,读了多少本书,做了多少道习题这些外在的表现,而应更多关注学生在学习过程中的实际收效。第四个是健康标准,即有效的学习应以不伤害学生的身体和心理健康为原则,有效的学习应学得轻松、愉快。那些以伤害身心健康为代价的学习不能算是有效的学习。中小学生对学习效率的认识往往只是从数量和时间上把握,很少重视取得的成效,教师对学习效率的认识往往更关注学生最终取得的学习质量。目前中小学生的学习效率还远远不能适应学习发展的需要,围绕如何教会学生掌握科学的学习方法,切实提高学习效率,取得更好的学习效果,还有很大的潜力可挖。

第三节 组织与管理保障

在学校规模较小的年代,学校管理事务相对比较简单,教研组扮演着基层行政组织的角色。进入20世纪90年代中后期,中小学办学规模逐步扩大,学校管理事务越来越复杂。学校教育的专业化分工也越来越明确,完全中学逐渐分化为初级中学与高级中学。在此背景下,单一的教研组管理已经无法满足实践需要,于是年级组应运而生,并逐步取代教研组成为学校管理中的基层行政单位。在教师的教学评价、职称评聘等方面,虽然年级组并不享有最终的决定权,但他们提供的材料与信息,已经成为最终评定的决定性依据。

年级组既不是教育行政部门设置的管理层,也非国家成文建立的组织机构,仅仅是学校规模发展到一定阶段实施的一种组织管理。由于不同学校的做法不同,年级组的责任不同,年级组在学校的地位和组成也不相同。高民选在《农村中学实行年级管理的现状与思考》一文中,将年级组和教研组进行比较,对年级组的地位进行了界定。年级组和教研组直接隶属各职能处室,即教研组隶属教务处,年级组隶属德育处。采用下列两种形式运转:教学体系为,校长—教学副校长(教务处主任)—教务处—教研组长—备课组长—教师。教育体系为,校长—德育副校长(德育主任)—德育处(团委)—年级组长—班主任(教师)—学生;校长—副校长—教务处、德育处—年级组长—班主任—学生。

从理论和实践上看,年级组已经是学校的基层行政管理组织,教研组是学校的基层教学与研究组织,两者的定位已经明确。可在实践操作中,年级组与教研组之间的冲突与论争时有发生,主要表现在以下几方面:

(1)学校基层行政管理权之争。在年级组诞生之前,教研组既是基层教师的学术组织,又肩负着对基层教师进行管理的职责,包括教师的日常考评与教学业务考核。年级组诞生之后,学校办公制度由原来的教研组办公转向年级组办公,年级组负责教师的日常教学管理与教学业务考核,教研组的作用被严重削弱。

（2）对教师业务引导方向之争。年级组的行政管理主要引导教师走向规范与统一，而教研组的业务管理主要引导教师走向创新与个性。年级组取代教研组享有对教师的业务考核权，会抑制教师的教学创新与个性。

（3）非正式组织利益之争。在教研组办公时，教师非正式组织成员间往往是共享教学信息的，在学科教学上相互依存的；在年级组办公时，教师非正式组织成员间往往是共享利益信息的，在利益问题上是相互依存的。

在具体的学校管理实践中，年级组因具有较强的执行力而逐渐赢得强势地位，但这种执行力多少是以牺牲教师群体合作与教师个人专业发展为代价的。年级组与教研组之间的势力失衡，在促进学校管理效率提升的同时又给学校教学发展与教师专业发展带来了一定的不利影响。

一、年级组管理模式

年级组是在规模较大的学校中由同一年级教师和若干平行班组成的，担负教学与管理任务的基层管理组织。实践证明，年级组管理是学校管理的一个重要层面，在学校内部管理中作为管理实体发挥着越来越重要的作用，显示出管理方式的优越性和不可替代性。随着基础教育的不断深入，年级组管理的前景也会越来越广阔。当然，也应该看到，年级组管理工作，还有许多亟待解决的问题。

（1）年级组管理的产生是学校内部管理逐步深入的必然结果。

学校管理是管理者通过合理的组织形式和运行方式，充分发挥学校人、财、物诸因素的最佳功能，以实现学校教育目标的活动。学校管理又分为内部管理与外部管理，学校内部管理研究的是学校内部管理体制、原则、方法和其他各项工作的管理等，主要探讨学校内部的管理规律。随着学校教育规模的不断扩大，学校内部的教育教学与管理的活动范围和活动量也不断增大，学校内部管理的内容越来越丰富，这就从客观上要求学校内部管理越来越深入，越来越具体，学校内部管理分工越来越明确。除了正常的教学管理、教师管理和学生管理外，还需要根据学校内部管理的具体情况，设置与之相适应的分层管理来分担学校内部管理的巨大压力，共同完成学校管理的总目标。

（2）年级组管理在学校管理中发挥着重要作用。

学校年级组是学校内部的管理组织，是学校管理的重要层面，其作用发挥的好坏，直接影响到整个学校的管理。在学校内部的管理工作中，教务处、德育处、总务处是管理机构，负责制订教育教学工作的目标计划，并负责指导、督查和终结评估。而年级组是执行机构,把学校三个独立部门对本年级的管理目标、教学目标、德育目标等培养有机地融合起来,形成本年级的整体目标计划,予以组织实施。同时,又将具体工作中遇到的问题及时反馈给三处室。可以说,年级组是联系学校管理各处室与教师、学生之间的纽带与桥梁。从管理学的角度看,年级组管理使学校管理系统结构整体得到优化,学校系统内各要素之间相互沟通、相互作用、相互制约、互为因果,成为连续高效的封闭回路,使学校管理系统的整体功效得以充分发挥。

(3)加强学校内部管理必须加强年级组管理。

在学校内部管理体制中,一个重要方面就是设置高效能的组织结构。学校的组织机构,包括行政组织机构和非行政组织机构两种。学校管理的行政组织机构,包括决策机构、咨询机构、执行机构和反馈机构。执行机构是指校长领导的下属各级授权执行系统,如各处、室、组等。年级组就属于学校管理组织中的执行机构。健全完善学校组织机构,加强学校内部管理,就必须做到指挥有力、结构合理、职能明确、运转优化。指挥有力,是指全校有一个统一指挥中心,能够有效地施行计划决策,上下紧密联系,反馈调控灵活机敏;结构合理,是指学校管理组织整体性强,机构健全,层次简明;职能明确,是指管理系统的职责相应,管理幅度合理有效;运转优化,是指明确的岗位责任制,组织之间信息通畅,活动协调,工作效率较高。年级组管理作为学校管理组织中重要的执行机构,在学校内部管理中发挥着重要的作用,因此,加强学校内部管理必须加强年级组管理。

二、教研组管理模式

教研组是由同一或相似学科任教教师组成的教学研究组织。它是学校教学研究组织,不是行政组织;它的任务是组织教师进行教育教学研究,提高教育教学品质,而不是处理行政事务;教研组长负责组织领导本组内的成员进行教育教学研究工作,而不是教导主任和教师之间的行政管理者。教研组具体承担诸如贯彻课程教学计划、教学大纲实施、学科教学进度分析、教材教法改进、学校特色教育教学方法研究等工作。所以,教研组是教学、科研、教改的重要阵地。

1. 通过教研组建设,提升学校的科研领导力

教研组应承担的任务是充分利用组织的行政资源为教学研究服务,教研组的领导能力绝不局限在"完成任务"层面,而是一种把别人的能力发挥出来

的能力,是一种专业影响力。在教研组通过教科研项目促进教研组建设的过程中,其科研领导力也因此得到有效提升。

(1)通过开放观念促提升。

校长可以从职、权、利上给予每位教科研项目主持教师充分的自由度,并深入教研组了解动态,做到随时追踪与掌控,随时作出调控,在管理上采取项目总承包的方式,改变以往的管理观念,使学校教科研管理呈开放的形式。校长弱化了个人领导的同时关注的是每一个教研组长和每一个教研组成员的发展,是用控制、约束、评价、激励来强调对教师的科学管理,是善于用发展的眼光开发每一位教师的潜能,并以此为基础形成一个合作共享的学习型团队。在此过程中,支持和鼓励能强化一个重要的信念,即教师在学校内部能力的构建方面起着举足轻重的作用,而教研组长和组员的发展更能够促进学校变革和改进,更有可能对学校教学产生积极的影响。开放的教育观念还体现在支持教师创新、参与、合作上——并不是只停留在观念本身,而是积极创建学校教科研的环境和条件,创建诸多有利于开发教师科研潜能的平台和活动。

(2)通过明晰方向促提升。

校长根据学校办学和学校师资队伍的实际情况建立一个清晰、明确的学校教科研工作规划,让每一位教师都明确学校的发展方向,如具体要采取什么样的措施、希望取得什么样的效果等。同时,为了使学校的整体规划在全体教师中得到支持和实现共享,并且随着改革的深入进行而有阶段性地落实和强化,各教研组的制度、规划、措施应由教研组长协同组员共同完成。由于教师们参与了决策的制定,因而对决策及其用意有更好的理解,这使政策实施的过程更加顺利——为了取得成功,所有教师都投入了自己的心血。其实,学校科研领导力的有效提升,可以有效促进一个学校文化价值观的实现。

(3)通过多元渠道促提升。

学校教育教学实践研究工作存在许多问题,有的是学科发展的问题,有的是理论匮乏的问题,有的是理论与实践如何统一的问题,等等。如何鼓励每一位教师针对不同的问题主动分析、积极思考、解决问题,则体现了学校的领导管理才能,更是一种领导和管理智慧。学校教科研项目管理模式使"主持""决策"之门向教师敞开,让每位参与项目的教师都能够在各种需要的场合进行主持、决策,除了传统的教研组内沙龙研讨、校级教科研会议以外,学校还可以通过其他多元渠道提升自身领导力。比如根据教研组子课题或教师个人课题研究中的共性问题与师范类高校专业研究人员建立协作关系,与其他兄弟学校建立基于教研的校际合作关系,等等。在参与了校外研究项目和合作组织的学校里,教师有更多的机会和本校或其他学校的教师进行接触,能够有效激发教师进行创新性实践。

(4) 通过激励机制促提升。

教师在承担相应的教科研项目的同时付出了辛勤的劳动和不懈的努力,他们需要获得学校对其工作的认可,以表明他们所获得的成绩对学校的贡献。学校给予不同程度的激励,不论是提升教师的教科研执行力还是提升学校的教科研领导力都同样重要。对教师的辛勤付出视而不见,或是对教师的付出单纯以物质刺激、金钱衡量,都不能很好地调动其参与学校变革的积极性。前者容易打击教师的积极性,后者容易让教师步入"服从领导的管理,就是为得到物质奖励"的误区,而激励机制的完善,比如目标激励、环境激励、物质激励、精神激励、工作激励、培训激励、参与激励、竞争激励、榜样激励等,从不同层面上让教师感到一种"我也行"的价值感。合理的教师激励机制在提升学校科研执行力中起着至关重要的作用。

2. 通过教研组建设,提升教研组长的业务领导力

教研组长既是老师们直接的业务领导,也是具体的执行官,教研组长是学科教科研的引领者,教研活动的策划者、组织者,是策划和组织教研活动的直接责任人。通过教研组建设,教研组长在业务领导力方面也得到一定程度的提升。

(1) 创新能力的提升。

教科研项目可以全面提升教师参与率,下放自主权则促进了教研组建设,教研组长在这样的新形势下需做到不断发现问题、分析问题、研究问题、关注课堂教学行为,掌握课堂上的多元化管理与施教机制下出现的新问题,为本教研组寻找有针对性的有效子课题,创造性地开展工作。在课题研究的过程中,教研组的主题教研活动是课题研究的主要内容,教研组长在引导学习与研究解决教学实际问题之间找准切入点,帮助教师在课堂教学理念、教学方式、学习方式、评价方式等环节上进行较为深刻的思想与行为变革的同时,创造性地开展教科研活动,成为校本教研的开拓者与领路人。

(2) 研究与决策能力的提升。

在教研组建设的过程中,教研活动从研究教材教法到全面研究学生、教师的课堂学习与施教行为,从组织活动到培育研究状态,从关注狭隘经验到关注理念更新等方面发生着的具体变化。教研组长需要研究并实践各种先进理论,对所接触的教学新信息进行迅速梳理、诊断、决策研究,区分出哪些信息是可用的,哪些是不可靠的,有选择地对待信息来源,择其优而适用者研之,使教科研活动有利于课堂问题的解决、教师素质的提高和学校的可持续发展。在此过程中,教研组长成为新理论的研究者、学习者,信息的判断者,问题研究的指导者与决策的直接决断与实践者。

(3) 反思与优化能力的提升。

课堂教学和课题研究不仅要靠理论来指导,靠行动去实践,靠发现问题、研究问题和解决问题来落实,更要靠不断反思问题的落实情况来提高自身的理论运用水平,优化自身的课堂教学。因此,反思是教科研的主旋律,将反思提升到理性层面,这是教科研发展的必然之路。名师经常反思自己的教师职业道德和教育规律,反思读书学习,反思知识结构的更新,反思真正被教育认同的课堂,反思教育批判精神,用鲜活的思想来引导学生构建主动、创新的思维模式,敢于对各种既定结论大胆质疑。教研组长在组织教研活动时,不仅应成为科学理论的引领者,而且应大力提倡学术争鸣,鼓励教师各抒己见、互相尊重,追求科学的学术信仰,使教研活动突出研究气氛;大力提倡互研,在使教师互相取长补短、加强反思力度、突出学术氛围的同时,让自身的反思能力也得到有效提升。

(4) 沟通与评价能力的提升。

在教科研项目的管理模式下,教师们更喜欢在合作中的学习,但对常规的集体教研并不感兴趣。氛围宽松的、沙龙式的交流更受大家欢迎。这对教研组长的沟通、协调、评价能力提出了更高的要求,需要教研组长不断关注松散环境中的择优安排,集体合作中的氛围营造,情商和智商的有效对接。集体研究不是孤立的,它需要教研组中各位教师的积极帮助与支持。互研不是单干,它需要大家的积极参与,凝聚众人的智慧。教研组长只有具备较强的沟通能力,才能保证问题的落实,才能引导、发挥各位教师的优点,以其优点促进互研工作,以达到"百花竞放,春色满园"的教研组科研状态。多元的教研必然要有与之适应的多元评价,教研组长须注意不能以一票定其位,应科学、客观、全面、公平、人文性地落实教师发展评价观,在人文管理、原则培养、公平考核的过程中,促进教研组和谐发展并提升自身的沟通与评价能力。

3. 通过教研组建设,提升组员的执行力

教师的教科研执行力不仅是教师业务能力重要内涵,同时也是教师关于科研意志和才能通过各种方式引起同行作出反应的能力。

(1)执行中创新。

学校教科研项目管理模式首先要求每位教师"执行",根据教研组子课题制定有效解决自身课堂中实际问题的个人课题。接下来,教师们为了能够研有所成,会进行一系列的理论学习和课堂教学实践,努力寻找新的解决思路、实施方法和研究策略。一系列的"新",促成了教师创新能力的有效提升。

(2)发现中驱动。

在平时的课题研究工作中,教师们善于观察,立足常态,捕捉教学中的小事,从而形成载体或抓手,连续驱动教育研究的开展,使一个个最"草根"的个人课题研有所成。

(3)融合中共生。

在教科研项目中,每个组员承担自身的课题研究,同时需将其研究成果在组内交流、分享。在这样的情境下,每个组员都应在教研组的发展中找到自己合适的位置,尽其所能,自我完善并协同所有组员共同发展。

(4)反思中提升。

在教科研项目中,所有教研组成员要对自己的学科教学进行梳理,并把自己的反思融入教研活动中,真正做到教研话题从教学中来,教研结果到教学中去。这样的过程能使每位教师都会从教研活动中汲取经验,从而愿意参加教研,乐于交流自己的困惑,使教研活动有声有色。

三、年级组与教研组并存的管理模式

目前,淮安市中小学基本上都实行了年级组与教研组并存的管理模式,但有的教师因对"两组"模式运作磨合阶段出现的一些问题产生困惑而将其与年级组对立,并以片面的观点来强调教研组的作用和意义,明显地反映出一种重教书轻育人的倾向。事实上,年级组与教研组不应该也不可能对立,年级组在学校教育教学管理中已经发挥出教研组难以替代的作用,它必将继续在与教研组并存的实践中逐步走向成熟,并发挥更大的作用。虽然许多学校实行了"两组并存"模式,但在不同学校这种模式的推进程度并不相同,而

推进程度主要由年级组承担职责多少和管理结构变革状况来衡量。因此,提高对年级组作用和意义的认识,加强对"两组"建设和"两组"模式运作机制问题的探讨,是近年来淮安市基础教育教学质量保障的一项非常重要的工作。

(1)初级"两组"模式。

年级组不负责具体的教育管理工作,行政管理结构未实行相应变革。年级组只设年级组长,主要负责与年级特点相关的教师集体学习、上级会议精神传达等工作。而教师办公室仍然按学科组划分,基层教学行政管理工作仍然由教研组承担,学生教育与管理工作也仍然由政教处通过班主任落实。目前,一些规模较小或学生教育与管理负担不太重的学校,一般处于这种情况。

(2)中级"两组"模式。

年级组低程度全面承担教育教学管理工作,但行政管理结构仍未实行相应变革。年级组一般也只设年级组长,但与初级"两组"模式相比,它有一个很大的突破,即教师办公室按年级组划分。这时,与之并存的教研组,已被分割在各个年级,这给教研工作的开展带来了一定的不利影响。许多学校之所以要做此选择,是从实际情况出发,权衡利弊得失的结果。目前,规模大、学生教育与管理负担重的学校,较多实行这样的年级组制度。但是,由于管理结构未实行相应变革,这样的年级组其实很难全面负责整个年级繁重的教育教学管理工作,而这时如何加强教研组建设,也已经成为一个比较突出的问题。

(3)高级"两组"模式。

年级组高程度全面承担教育教学管理工作,学校管理结构也随之发生了很大变化。这样的年级组,是在中级"两组"模式的基础上推进改革的结果,它在学校教育教学管理中具有十分重要地位。这样的年级组已存在了不少年,且为数不少,似乎可以代表大规模学校管理改革的一种方向。不过,就算同属高级"两组"模式,各校管理结构也不尽相同。

这里介绍一种比较典型的高级"两组"模式的管理结构。

设置年级管理班子。该班子配置正副年级主任(从其担负责任的全面性考虑,也为了区别教研"组长",以称主任为好)和若干管理干事。年级正副主任的教课量一般减一半,管理干事的教课量减或不减视情况而定。年级主任全面负责年级工作,副主任协助主任工作。正副主任可就政教和教学分工,各干事可就教育教学管理事务分工。年级主任为学校中层干部,参加学校行政会议和校务会议。有的学校将年级组名称改为年级部。

设置两级教研组,即在建立年级教研组的同时建立校级教研大组(从这里可以看出,本文所指"两组"中的教研组,其实包括了校级教研组和年级教研组,教研组与年级组也不是平等关系)。同年级同学科教师数少的学科,只设校级教师组而不设年级教研组(有的学校在年级设立备课组,但其工作面太窄,不利于教研工作的开展),有很多学校称年级教研组为备课组。

设置科研处。建立两级教研组后,在教务处之外增设科研处,并使两处平行,实行学校教科研与教学行政管理分离制(有的学校没有增设科研处,也没有实行这样的分离)。

设置班科组。年级序列中相邻两个班级平均有6位以上的任课教师,他们组成的集体即为班科组。班科组组长可由一位班主任担任,也可轮流或分正副担任。

另外,高级"两组"模式下,一般都合并了政教处和团委,同时成立德育处,团委书记兼任德育处副主任。

第四节　评价保障

教学评价是一种中观和微观的教育评价。它是依据一定的教学目标和标准,对学生的学和教师的教进行系统的调查并评定其价值和优缺点以求改进的过程。教学活动是培养全面发展的个人,是实现教育目标的主要形式或途径。因而,教学评价是教育评价的一个重要方面,是构成全面的教育评价的主要部分和基础。

一、教学评价的现状

当前,淮安市基础教育阶段教学评价研究一直关注这样几个方面。

(一) 重视定性和定量评价的结合

教学评价强调应用数学的定量方法来分析教学过程和结果,这种追求精确的量化倾向使教学评价向客观化、科学化的方向迈进了一大步。但是,随着时间的推移,研究教学评价的教育工作者已经认识到,纯粹的数学公式解决不了所有的教育教学问题。当然,以今天的科学发展水平,要对教学做到全部量化是不可能的,也是没有必要的。因而一些定性的方法如问卷法、谈话法、专家判别法,对教学评价仍是必要的。在新的高度上定性和定量的结合,是当前教学评价发展的一个值得注意的趋势,这种结合并不需要放弃所有被证明为有效的定量方法,相反,诸多定量方法由于电子计算机的出现而被更广泛地应用,而且即使使用定性的描述方法,在处理具体问题时往往也通过一定的量化技术进行分析。当然,由于淮安市的教育界长期以来不重视数学方法,缺乏定量的科学研究,所以,当前在教学评价中强调一下定量方法,普及一些教育测量学和教育统计学的基本知识,是完全必要的。

(二) 重视对评价者的训练

任何评价的方法都要求有好的评价者,特别在评价渐渐趋向专业化的时候。当前人们普遍关心的是:一个好的评价者应该具备怎样的特征?能否和怎样通过适当的训练使评价者养成这些特征?在教学评价方面,一个好的评价者应该具有测量和研究教学各方面及其关系的能力,对影响教学的背景因素和评价者有较深的理解,较强的人际交往能力,具有正直的人格、客观的态度,以及组织能力和责任心。显然,一个人是难以全部具备这些特征的,因而对于特定的评价任务,需要选择最适合的、有相应特征的评价者来承担。

(三) 重视对评价的评价

虽然有分歧,但目前很多人认为应该具有判断评价本身的标准。这也可看成是近年来教学评价发展的一个趋势。对评价进行评价,可以衡量一个评价是否有再实施的价值和推广价值,对于改进评价活动,提高评价质量也是十分必要的。迄今为止,国外研究者提出了许多对评价进行再评价的标准,概括起来有4类:效用标准(保证评价为实际需要服务,并能结合实际被应用);可行性标准(保证评价是现实的和节俭的);正当标准(保证评价活动是合法的和合乎伦理规范的);准确标准(保证评价人员有足够的专业知识,能正确地表达和传送评价信息)。

二、当前开展教学评价应注意的几个问题

(一) 必须调动广大教师开展教学评价活动的自觉性

教学评价是提高教学质量,进行教学改革的一项重要的工作。但是,由于我国几十年来对此缺少研究和普及应用,多数教师并不了解现代教学评价的意义及方法,不少教师的认识模糊。例如,有的教师认为不同的教师和学生各有所长,根本用不着评价;有的则以为教学评价不过就是评评课、选选先进等。要使教学评价在各级各类学校真正开展起来,必须用很大的力气,提高广大教师对教学评价重大意义的认识,使他们不但能正确地理解、掌握和使用各种评价方法,并且能积极参与教学评价过程,配合专业人员搞好教学

评价。

教育工作者应该明白，在我国改革传统的教学评价方式，开展科学的教学评价活动，可以作为整个教学改革的一个突破口，对于解决当前教育上的一些"老大难"问题，使教育教学改革走上正道，有着特殊的意义。过去的各种评价活动虽然曾在某些方面起过积极作用，但由于受落后教育思想影响，也带来许多副作用。如，恢复高考制度以后，由于片面追求升学率，社会和学校无形中都把升学率作为衡量学校办学水平和教育质量的唯一标准，学校按升学率分等，学生按考试分数排队，其结果是领导只重视那些升学率高的学校，教师只重视那些考分高的学生，学生只重视那些要应考的课程，从而使全部教学工作都围着升学率转。显然，不从科学的评价入手，不正确地衡量和判断教学有关方面活动，教学改革就迈不开步，就难以克服片面追求升学率的错误倾向，端正办学指导思想、全面贯彻党的教育方针就会成为一句空话。由此可见，我们不仅要在正确教育思想的基础上开展科学的教学评价活动，而且要重视开展此活动对于端正教育思想的积极作用。

（二）要注意防止可能出现的片面性和错误倾向

教学评价涉及面很广，方法和形式多样，而且各有其独特的作用。在当前淮安市开展的教学评价工作中，从自身的弱点出发，适当地强调某些方面是必要的。例如，针对过去不重视教育测量学知识的研究和应用，强调要进行定量的评价；注意在教学中使用绝对评价，采用标准化测验等。但是，我们应清醒地认识到，这并不意味着定性的评价（包括相应的方法，如过去常用的听课、调查、收集师生反映等方法）和相对评价以及其他常用的测验形式就不必要。我们应该从具体的需要和目的出发，选用不同的方法，应该提倡定性和定量评价的结合，静态和动态评价结合，他人评价与自我评价结合，终结评价和形成评价结合，绝对评价和相对评价结合，也要发挥教师常用的测验形式的作用。不能因为我们的教学评价落后，就重复走各地的老路，应该而且可能在深入理论和实践经验的基础上，跨越一些别人经历过的阶段，有一个较高的起点，使教学评价真正科学、全面地开展起来，只有这样，才能从根本上为淮安市学校教学改革服务。

当前开展教学评价特别要克服形式主义，也不要搞得过于烦琐。例如，有些学校评价走过场，表面上轰轰烈烈，实际上没有真正落实；个别学校对教学评价缺乏真正的了解，误用或滥用测验；有些学校教学评价的组织实施越搞越复杂,指标体系一细再细,结果使一般教师无法接受,而且影响正常工作,使人厌烦、抵触。对这些倾向要防患于未然。教学评价主要是针对校内的教学、教师、学生、学科乃至每节课的微观评价,它们不只是专业人员的事,更同广大教师息息相关。因而当前教学评价的指标体系要突出重点,手续要简便,方法要简单,这样才能使人们易于接受。

(三) 要注意科学性与可行性的结合

教学评价是一门科学,必须注意科学性,必须改变主要凭考试分数或个人的好恶和印象评价教学的传统做法,应该在认识现代教学评价的含义、意义,掌握基本思想和方法的基础上,结合具体实际采用科学的评价方法,克服那种以为不学习、不研究也能搞好教学评价的简单化想法。但是,也要充分考虑现实的教学实际,不能脱离各地各校现有的教学水平和条件来谈教学评价,应该允许和提倡各地采用合乎自己情况和特点的方法,开展教学评价活动。教学评价的科学性必须和可行性结合,才能够真正把教学评价活动开展起来。如果脱离现实,一味提倡精确、标准、理想的复杂模型,提倡公式和计分法,实际上只能使科学教学评价的普及推广变得不可能。例如,有的老师认为在缺乏理想的标准和方法的情况下,就不应开展教学评价,但他们不了解各种形式的教学评价早已客观地存在于教学活动之中,如果只是片面强调理想的标准和方法,不从教学(包括教学评价)实际出发,就不可能改革和开展科学的教学评比,教学评价的科学化也只能是一句空话,具有地方特色的教学评价理论和体系也永远可望而不可即。

(四) 教学评价要注意突出教学特色

当前,淮安基础教育仍是一种塑造"标准件"的教育,不太注意学生的个性发展。所谓"因材施教",也是把不同的"材"教成统一的"标准件"。当前教学改革的一个重要方面,就是要在统一的标准下面注意发展学生的个性和独特才能,还要使每个学校、每个班级乃至每个教师的教学都有自己的特色。因而我们的教学评价方案,除有一致的达标要求外,也要考虑到每个教师、学生和学校的长处和短处、优势和劣势。要注意防止通过教学评价把不同的学生、教师和学校搞成"大标准件"的倾向。应通过教学评价促进不同学校的教学在补短克劣的基础上,发扬优点,形成自己的特色。片面强调共性,忽视个性,不鼓励创造性的教学评价是不符合时代要求的。因此,在制定综合教学评价方案时,对有利于形成特色的方面的评分权重应给予充分的考虑。

第五章 基础教育师资质量保障研究

百年大计,教育为先,这已经成为世界性的共识。影响教育质量的因素多种多样,而教师的质量问题乃是其中的一个重要因素,这也是世界性的共识。人之所以成为教师,除了先天的素质之外,后天的培养和管理也有着重要的作用。进入20世纪以后,世界各国都逐渐认识到了教育在社会发展中的作用,教师的问题更是引起了广泛的关注,如何提高教师的地位,提升教师的素养和改善教师的课堂教学质量等,成了世界各国教育理论界和实践界所关注的问题。

第一节 教师职业内涵及特点

在对教师管理的基本内容和研究原则与方法展开论述的基础上,我们需要进一步对教师职业作出分析,并阐述教师管理的特点。教师是一种职业,而且是一种专门的职业,那么职业的含义是什么?教师职业内涵又为何?教师职业与其他职业有何不同呢?

一、教师职业的内涵

教师职业的产生和发展首先是以人类教育活动的发展为基础,是社会生产力发展的必然结果,是伴随着社会分工以及学校和文字的诞生而产生的。人类社会早期,为了生存发展,一些有经验的人(例如巫师)有意识地向没有经验的人传授生产生活知识、风俗习惯和行为准则等,这些传授者即是教师的前身。随着社会生产力的不断发展,社会物质和精神积淀日益丰富,人们需要教育去传承这些文明。在文字形成的同时,专门从事教育事业的劳动者也呼之欲出,在社会财富的积累允许一部分人从体力劳动中分离出来,依靠他们所拥有的智力和能力获取生活资料时,教师职业就出现了。

随着时代的发展,教师职业的内涵有了很大延展,由于理解不同,对教师职业的定义也就不同。归纳起来,大致有以下几种看法:第一,教师职业是造就下一代,培养接班人的职业;第二,教师职业是传道授业解惑的职业;第三,教师是人类灵魂的工程师,辛勤的园丁,吐尽最后一根纤丝的春蚕;第四,教师职业是指按照一定社会需要和标准,传授文化科学知识及培养人的能力和思想品德的职业。

我们认为教师职业有广义和狭义之分。从广义上讲,教师是指对他人的行为或思想产生积极影响的人,即孔子所说的三人行必有我师。从狭义上讲,依据《中华人民共和国教师法》规定,教师是指履行教育教学职责的专业人员,承担教书育人、培养社会主义事业建设者和接班人、提高民族素质的使命。

二、教师职业角色

20世纪40年代,美国社会心理学家米德首先将角色引入社会心理学理论中,称为社会角色。个体任何一种社会行为,既与他的社会地位和身份相对应,又是其心理活动的表征,甚至可以反映出群体的心理和共同的行为规范。社会心理学侧重于对角色扮演者外部行为与其产生的心理机制的研究,社会学着重从角色的外部行为分析角色扮演者内部隐含的深层社会原因,对于教师的角色,我国古代先哲们就曾做过精辟的论述,认为教师承担知识传授者、行为示范者、班级领导者和教育研究者等角色。通过对教师的职业角色进行分析,我们认为教师职业角色有以下特征:

1. 教师的职业角色是自致角色

根据人们获得角色的方式,可以将社会角色分为先赋角色和自致角色,所谓先赋角色亦称归属角色,是指个人与生俱来的,建立在血缘、遗传等先天或生理因素基础上的社会角色。所谓自致角色亦称成就角色,是指个体在社会生活中通过自己的活动和努力而获得的角色。在现代社会中,自致角色和先赋角色的比例可以间接地判断社会的民主程度,社会越进步,自致角色的内容就越丰富。同时,自致角色也是判断个体在社会中地位和声望的重要标志,自致角色以个体的能力为判断依据,依靠个人努力,当个体的能力和努力达到相应的社会角色要求时,社会将给予个体相应的角色身份。教师的职业角色是其自致角色的突出表现,社会按照一定的要求规定了个体成为教师必须具备的能力。个体要经过严格的教师职前培训达到社会公认的要求,具体表现为个体必须在获得教师资格证之后才能成为教师。

2. 教师的职业角色是规定性角色

根据角色的规范化程度不同,我们把角色分为开放性角色和规定性角色。开放性角色与规定性角色相反,没有严格和明确的规定,角色的权利和义务没有制度化限定,个人可以根据自己的理解和社会的期望自由地诠释角色,而规定性角色有比较严格和明确的角色规范,对角色的权利和义务都有制度化限定,个人不能随意诠释角色。一般而言,规定性角色都是个体在社会化过程中承担的某些社会性角色,存在于正式组织中,承担着社会主流文化的要求和期望,角色的社会性越高,主流文化要求越多,个体角色的规定性就越高。教师职业角色存在于学校这个高度社会性的机构里,是社会主流文化的主要继承和传播者,规定了人才培养的规格,并通过这些人才影响着社会发展的方向。在任何一个社会里,学校都是高度组织化、规范化的正式组织。学校传播的内容、目标和方法等都是有严格规定的,教师作为学校教学工作的主要承担者明确地代表着社会文明、主流文化和成人典范等。教师角色的特殊性,要求他必须遵守更多的规范。例如,在中国,教师禁止传播迷信思想,不能体罚学生,必须为儿童树立良好的榜样等。同时,教师角色的规范性也体现在某些社会角色中,例如教师中的党员、团员等有着高度组织规范要求的身份角色。

3. 教师的职业角色是教学中的主要角色

按照角色的重要性不同,我们把角色分为主要角色和次要角色。所谓次要角色,指在间断性的角色环境中,个体扮演的不太重要的角色。次要角色处于从属地位,对活动的结果没有直接的责任,没有这个次要角色,活动依然能正常进行。而主要角色是指在较为稳定的角色环境中不可替代的个体。主要角色对活动成败有重要影响,少了主要角色活动就无法顺利进行,同时个体的主要角色明确地体现了个人的角色责任。在个体作为主要角色的情境中,个体指挥、控制和调节着活动的进行,主要角色扮演的成败直接影响着活动的成败,个体在活动中起着举足轻重的作用。主要角色是个体在社会中的明确身份标识,代表了个体的社会身份和责任。在社会评价体系中,人们偏向于将个体在活动中的主要角色身份作为对个体进行评价的标准。教师在教学过程中就扮演着主要角色。在教学过程中教师指导控制着教学的进程,如果没有教师的介入,教学活动就无法正常完成。教师教学能力的强弱直接影响着教学活动的效果,也影响着社会和他人对教师角色身份的总体评价。人们会对教师在教学过程中的行为活动有非常严格的要求和较高的关注度,如果教师这个角色扮演得很好,可能会弥补其他方面的不足,因此人们常常认为好教师最重要的标准就是教学好,教学不好的教师往往不是好的教师。

4. 教师的职业角色是表现性角色

根据角色的行为动机、效果以及所得到的报偿方式,可以把社会角色划分为功利性角色和表现性角色。所谓功利性角色,是指那些以追求效益和实际利益为目标的社会角色。这种角色行为的价值就在于获得实际利益。在现代社会中,人们活动的直接目的往往是获得实际的经济利益,例如商人、经理人和企业家等从事各种生产经营性活动的人,他们的目标就是追求经济效益最大化。教师工作并不是以获得经济利益为活动追求的,教师的职业角色属于表现性角色,不以获得经济上的效益或报酬为目的,而是以表现社会制度与秩序、社会行为规范、某种价值观念、思想信仰或道德情操为目的的社会角色。社会某些角色身份要求个人有相当强烈的社会责任感、义务感而不能只着眼于功利性报酬,个体所承担的社会角色规范性要求越高,角色的表现性就越明显,所以个体的表现性角色更能反映出个体的社会价值和自我价值。教师要有传承社会文明、培养后代的职业使命感。教师工作的好坏很难用金钱来衡量,而往往取决于教师本身对教育事业的热爱和个人的职业道德自律。当然我们并不反对表现性角色的扮演者获得个人正当的收入利益,教师也需要获得工资报酬,但这并不影响其作为表现性角色的身份。

总之,在教师的主要角色中,教师的自致角色和规范角色最能体现教师与其他社会成员的不同,最能体现教师在社会中的独特性,所以人们往往抓住教师职业角色这个核心来分析教师的角色特性。

三、教师职业的内容

教师职业所包含的内容其实质是教师素质结构的问题,即教师应该具有的各方面的能力,它既体现了国家和社会对教师职业的要求,也反映了教师个体胜任职业的能力,但是对于教师职业结构应该包含哪些内容,不同的学者有不同的看法。

(一) 教师职业观念

观念一般是指人们对客观事物的认识和看法。它属于同社会存在相对应的社会意识范畴,是客观事物在人们头脑中的反映,某种观念一旦形成,就会左右人们的行为和活动。教师的教育观念是教师在教育教学中所形成的对相关教育现象,特别是对自己的教学能力和所教学生的主体性认识,是其从事教育工作的心理背景。研究发现,教师的教育观念,例如学生观、基础教育价值观、教学活动观和教学效能感等对教师的教学行为有着显著的影响。①教育中的每个问题都存在着观念问题,现代教育观念符合现代社会政治、经济、科技和文化等变化发展的要求,反映现代教育理论研究和教育实践发展的科学成果,是对提高全民素质和培养21世纪人才起到促进作用的教育认识和看法。它是教师立教的根基,是决定教育成败的关键。我们每一位教师都应该自觉地在头脑中建构先进的现代教育观念体系,做一名符合新世纪要求的教师。② 教师观念主要包括人才观、教育观、学生观和评价观等。

(二) 教师职业知识

现代社会是知识爆炸的时代,不但知识总量增加,而且更新加速,科学技术迅猛发展,新的学科目不暇接,相关学科相互渗透,自然科学与人文社会科学的联系日益加强。在当前的课程改革中,课程的内容会不断删改、增加和更新,这些都要求教师具有宽广的文化视野。今天学生可通过多样化的渠道获取知识和信息,教师作为学生唯一知识源的地位已彻底动摇。教师需要重新定位,以学习来促进发展,改变自己的生存状态,拓宽自己的知识视野。③

教师的知识主要分为三种类型:本体性知识、条件性知识和实践性知识。本体性知识是指教师所具有的特定的学科知识,例如语文知识、数学知识等;教育学和心理学知识被称为教师成功地进行教育教学的条件性知识;实践性知识指教师实现有目的的行为时所具有的课堂情景知识以及与之相关的知识。

1. 教师的专业知识

教师对专业知识的掌握,要达到"实""深""新""活"的境界。所谓"实",是指教师应系统地钻研和掌握本专业的知识,做到扎扎实实,对自己所教的学科应有坚实的专业功底,对教材能吃透、钻透,并能根据不同教育对象的知识基础和智力发展水平,准确把握教材的重点难点,选择恰当、有效的教学方法进行教育。所谓"深",是指教师的专业不仅要广泛涉猎,而且应深入研究,不仅要知其然,也要知其所以然。所谓"新",是指教师坚持不懈地学习、充实和完善自己所教学科专业的知识,不断地深化知识结构,系统地学习基础理论,同时及时了解把握学科最新研究成果和发展趋势。所谓"活",是指教师对学科专业知识不仅要掌握,而且要融会贯通,举一反三。

---

① 马晓燕.教师教育论[M].济南:济南出版社,2005:86.
② 万福等.教育观念的转变与更新[M].北京:中国和平出版社,2000:1.
③ 岑国桢等.教师的心理健康和职业道德培养[M].南宁:广西人民出版社,2007:179.

2. 广博的相关学科知识

教师不仅在学科专业知识方面要精深扎实,而且还应具备广泛的、与本学科密切相关的各门学科知识。在当代社会,教师仅仅固守着一门学科专业知识显然是远远不够的,社会需要的是复合型人才,这就要求教师的知识既要向纵的方向深化,又要向横的方向拓宽。教师要努力做到文理渗透、中外渗透,掌握多方面的学科理论知识和一定的专业技能。教师只有不断拓宽自己的知识面,不断占有新的知识领域,才能适应社会发展和人才培养的要求。因此,教师应当主动地学习,不断丰富自己的知识,吸取新鲜的养料,才能在教育教学中驾轻就熟,游刃有余。教师具备广博的知识也是现代科学不断分化综合发展的要求。当代科学的发展同时具有纵向分支化和横向综合化两种趋势。在这种形势下,教师孤立地研究和掌握某一学科已经难以适应现代教学的需要。

3. 系统的教育科学知识

教育科学知识是教师从事教育教学工作必不可少的理论知识,只有在教育理论的指导下,教育实践才更自觉、更有效。教师掌握教育科学知识,把握教育教学规律,了解教育过程、教育对象和教育劳动的特殊规律,才能科学有效地实施教育教学活动,更好地促进学生的成长与发展。

教育科学知识主要包括教育学知识、心理学知识、管理学知识及教材教学法知识。教育学是从理论上系统地总结和解释教育的规律和方法的科学;心理学是研究人的心理特性和活动规律,以及怎样因势利导进行教育的科学;教材教学法是针对不同内容、特点的教材,进行最佳教学方案设计与研究的科学。教育科学知识对教师的教育教学工作非常重要,教师要把学科专业知识创造性地运用于教学过程中,就必须借助于教育科学知识。教育科学知识的积累不仅指掌握书本知识,更重要的是把这些知识与教育教学的实践工作结合起来,并在具体的教育教学工作中熟练地运用这些知识对教育中出现的问题进行分析,为自己的教育教学工作找到比较满意的途径和方法,从而取得最佳的教育实践效果。

《礼记·学记》曰:"君子既知教之所由兴,又知教之所由废,然后可以为人师。"[1]强调的就是教师必须懂得教育理论知识,熟知教育工作的原理、方

---

[1] 王爱兰.教育学[M].兰州:甘肃文化出版社,2002:25.

法,了解学生身心发展规律。只有这样,才能因材施教,长善救失,把学生培养成具有创造精神、创造能力的全面发展的一代新人。①

(三) 教师的职业行为

教师职业行为主要包括教学工作能力、教学行为和教育管理行为,其中教学行为是教师职业行为的核心,它是教师素质的外化形式,它既是一种技术,更是一门艺术。高超的教学工作能力是保证教学工作条理性、系统性的重要条件,是出色完成教学任务,提高教学效果的关键。

教学工作能力是指教师在教学过程中表现出来的运用专业知识的能力和业务能力。具有概括知识、表达知识、同化知识、类化知识及形象演示知识的能力,通过讲授与演示使学生快速、准确地接收并掌握知识。②

教师的教学行为可以从以下六个方面来衡量:一是教学行为的明确性,即教师的教学行为是否明确。二是多样性,即教师的教学方法是否灵活多样,调动学生学习积极性的手段是否有效。三是任务取向,即教师在课堂上的所有活动是否是围绕教学任务而进行的。四是富有启发性,即教师的课堂教学对学生能否启而得法。启发性教学的实质是做到后次复习前次,在原有知识结构上产生学习的新需要,以旧知识同化新知识,做到"新课不新",启而得法。五是参与性,即在课堂教学中,班上的学生是否都积极地参与教学活动。六是及时评估教学效果,即教师能否及时掌握学生的学习状况和课堂中出现的问题,并能据此调整自己的教学节奏和教学行为。如果一个教师能做到以上六个方面,那么他的教学行为应是非常恰当的,教学效果必然会很好。

教育管理行为是有效教学行为的保证,面对学生个体和集体,要使传授知识和思想教育取得成效,教师还应当具有组织管理班级工作的能力。一个班集体由几十名学生组成,如果没有良好的班风,没有集体的向心力和凝聚力,设计再好的教育教学活动也不可能收到好的效果。因此,教师应当具备组织、管理、建设和发展班集体的能力。教师应当帮助班集体树立起能使全体成员在认识上、情感上、意志上和行动上保持一致的发展目标,选拔有能力、有威信,能成为集体的核心力量和教师得力助手的班级干部,培养良好班风,正确引导舆论,建立严格的规章制度,这是形成良好班集体的根本保证。

---

① 马晓燕.教师教育论[M].济南:济南出版社,2005:86.
② 杨丽.教师职业道德[M].长春:东北师范大学出版社,1999:76.

教师观察了解学生是有针对性地开展教育活动并保证教育效果的前提,紧密结合课堂教学的思想教育可使育人的工作经常化,达到"润物细无声"的效果。

(四) 教师职业道德

教师的职业道德,就是从事教师这个特定职业的人们必须遵循的道德规范和行为准则,是一般社会公共道德和阶级道德在教师职业中的具体体现。陶行知先生说,在教师的手里操着幼年人的命运,便操着民族和人类的命运。改革开放以来,党和国家对教师给予高度的尊重和亲切的关怀。提倡全社会尊师重教,就是因为教师肩负着重大的使命。这就对教师的素质提出了极高的要求,教师不仅要博学多能,更要道德高尚。

教师作为人类历史上很早就出现的一种重要职业,在长期的历史发展过程中,逐渐形成了不同于其他职业的道德要求。教师职业道德是用来协调学校内部教师之间,师生之间,教师与学生家长以及教师与社会各种教育机构、团体、人员之间关系的行为准则,教师职业道德素质是教师素质结构中的重要组成部分。同时,教师职业道德素质也是社会主义精神文明建设在教育事业和学校工作中的充分体现。它对教师个人形成良好的教态、教风,对学校形成良好的校风、学风,培养学生的思想品德,协调校内外人际关系以及提高全民族、全社会的道德水平具有不可缺少、不能代替的重要作用,具有重要的教育价值和社会价值。

现代教育对教师的职业道德提出了更高的要求,这也是衡量教师能否适应教育发展、实现教育的有效性、促进教育质量全面提高的基础。从社会角度来讲,教师职业道德同教师的职业活动密切联系着,是为社会培养人才的道德准则和规范的总和;从个人道德角度来讲,教师职业道德就是每一位教师在教书育人过程中所应遵循的道德规范和道德准则。教师职业道德从道义上规定了教师在教育教学实践中,应该以什么样的思想、情感、态度、行为和作风去教育学生待人接物、处理问题和进行工作。

(五) 教师职业形象

从广义上讲,形象是以内在形象为基础,通过各种行为表现出来的,并为公众所感知的总体形态。客观实态是形象的基础内容,实际行为是形象的表现形态,公众的认知是形象的主观存在形式。因此,形象是其主体内在精神与外在特征的整体体现,是主观与客观的统一。

狭义的形象通常有三种解释：第一，形象是指内在形象，即客观实态，主要包括素质、能力水平等；第二，形象是指以内在形象为基础的外在形象，即显现形态，主要是各种主体自觉不自觉的言行表现；第三，形象是指公众对主体内在形象及其表现形式的主观反映，即总体印象和评价。

教师的职业形象本身是一种强有力的教育因素。首先，教师职业是以形象塑造形象的职业。教师不仅代表着知识，而且是作为整体存在于学生心目之中的。教师的形象也会参与整个劳动过程，并影响到劳动后的过程，它直接作用于学生的智慧、心灵与个性，影响教育的效果。其次，学生并不是单纯接受知识的容器，他们是具有丰富精神生活的人，尤其儿童、青少年情感丰富，他们不仅向教师学习知识，而且教师的形象也会引起他们的注意。当教师的形象为学生所欣赏时，不仅会引起他们自觉不自觉的模仿，而且会影响学生的品行。因此，教师作为垂范于青少年的人，不仅应该具有高尚的品德，渊博的学识，还应该具有优雅的形象风度。

教师的形象包括教师的言谈举止、行为姿势、表情、神态和气质等方面。它是一种长期形成的深刻印象，而不是一朝一夕的看法。随着人类审美意识的增强，人们越来越重视自己的形象，通过自己的形象展示内心世界。形象以人的外部形态表现出来，其实质是内在的，是人心灵的体现。内心充实的人，必然有可敬的风度。教师要用正确的思想和现代科学知识武装自己，充实自己的内心世界，加深对人生的理解，提高自己的文化素质和审美观，力求达到内在美与外在美的有机融合。

作为一名教师要从以下几方面来培养自己的美好形象：首先，彬彬有礼、端庄大方的举止美是教师职业的基本要求。教师的举止如何，不仅影响着学生的行为习惯，而且也影响着学生在其他方面的学习效果。其次，教师在日常生活中要严格规范自己的行为举止，从小处做起，一举一动都要持重严谨、端庄大方。亲切谦和、含蓄流畅的语言美是建立和谐师生关系的前提。教师对待学生要满腔热情、关心体贴、不分亲疏远近、平等相待，对学生的优点给予恰当的评价与肯定，对学生的缺点不姑息迁就。在平时的生活中，教师的语言要文明得体、谦和诚恳、亲切自然。在课堂上，教师的语言应该是生动准确、清新舒畅、语速适中的。在和学生交谈时，教师的语言则应该是侃侃而谈、洋洋洒洒、适时而发的。

第二节 教师管理的原则与方法

任何教育研究的立足点都在于其遵循的研究原则和采用的研究方法，教师管理的研究也不能外。本节讨论的是本书采用的研究原则和方法。

一、教师管理研究的原则

（一）特殊性原则

教师管理的研究对象是教师。一方面，教师由于其独特的职业定位和社会身份，对他们进行管理不能采取严密监视的办法，也不能详细地加以指导，比较好的做法是协助；另一方面，对教师的管理要重视行为的规范性，又要尊重人的情感。因此，教师管理的研究，首先要以规章制度为依据，研究在学校制度和行政措施的规定下，如何规范教师行为，提高教师管理的制度化；其次教师管理的研究又要充分发挥教师自我管理的积极性，在教师充分理解国家和学校对教师相关管理规定的基础上，提高教师自我管理的意识，内化相关的管理规定，并在教育行动中显示这种内化的结果。

教师管理研究的对象既包括教师群体，也包括教师个体，而教师管理的主体不仅包括国家和教育行政部门，也包括学校组织和教师个人本身。教师管理可以说是多对象、多主体的管理，因而在教师管理中既要考虑到对教师群体和个体的管理，还要考虑到国家对教师的硬性要求，学校对教师的基本规定，更要考虑到教师本身的自我认知和个体行为，也就是说教师管理要协调国家、学校和个体管理的相互关系。

（二）效率性原则

管理的基本问题就是如何将组织在一定环境条件下可调动的资源进行合理有效的配置以达到既定的目标。管理学自产生就包含效率的因素，尤其发展到现代，效率准则构成了当代管理学的显著特征，教师管理也不例外。每个教师作为一个独特的个体，总是具有一定的个体差异性，这种差异性表现在教育知识、教学能力等方面。教师作为教师管理的研究对象，理应在强调教师群体效率的同时，充分发挥教师个体的效率，以达到提高教育质量的目的。

二、教师管理研究的方法

关于教师管理的研究方法，实际上是一个仁者见仁、智者见智的问题，迄今并没有一个绝对理想的分类，或者说并没有形成一套自身的研究体系。不过一般而言,以下几种方法是值得推荐的。

(一) 科学实验法

科学实验法是指根据一定的管理理论,通过人为地控制某些因素,进行有目的、有组织和有计划的管理实践活动,以试验某种管理方案,进而得出相应结论的方法。运用时要选择好实验对象,严格控制环境和各种实验条件,并有明确的实验目的,制订周密的实验计划,安排好实验的程序,还要经常注意实验对象的变化,测试结果,作出记录,积累资料,并及时对这些资料进行科学分析,得出正确结论。教师管理运用科学实验法有着明显的探索性、验证性,可以先选择部分地区、部门或学科,根据实验结果,反思实验设计的真与伪,以避免付出过多的代价。由于影响教师管理的因素较多,许多因素又难以控制,所以在对教师管理进行研究时,要合理有效地使用这一方法。

(二) 调查统计法

调查统计的目的,就是为了深入了解情况,掌握第一手资料。调查的方式可以有多种,例如观察、个别访问、开调查会和问卷填表等,这一切活动的目的是要尽可能做到全面、系统地掌握真实情况,拥有典型材料和可靠数据,进而对这些材料和数据进行加工、整理和分析,获得某些规律性、结论性知识的方法。数据只有通过统计处理,才有科学价值。这虽有一定难度,但在研究教师管理问题时,对有关材料的数据作出统计处理,仍然是十分必要的。例如,经过统计处理的各种百分比、集中数量、差异数量和相关系数等,可以进一步帮助我们弄清和说明问题,揭示有关教师管理的规律,得出科学的结论。

历史文献法是从教育史的发展过程以及教育文献来研究教师管理的一种方法。历史上,国内外的教师管理研究为我们今天的研究积累了大量的文献资料,可供我们借鉴和参考。对于历史上的研究结论,我们不能照搬照抄,而是要借鉴以往的经验教训,发扬优点,避免错误,探索发展的规律,判断未来的趋向。这种方法一般是先收集各种原始资料,例如各类文件、数据和表册等,并尽量做到材料齐全,进而对这些材料进行整理、分类,然后对它们进行分析研究,同时鉴别出这些材料的可信程度,最后得出所要研究问题的结论。通过对历史文献资料的研究可以找出客观存在的规律,更好地为今天的教师管理研究服务。

（三）比较研究

比较法是指根据一定的标准,通过对某类教师管理现象在不同情况下的不同表现进行对照研究,辨别其异同之处,从而得出科学结论的方法。运用这种方法,可以对教师管理问题进行横向的比较研究,例如校与校、地区与地区、本国与外国各类管理现象的比较,也可对同一教师管理现象做纵向的比较研究。除此之外,还有同类比较、异类比较、定性比较和定量比较等。通过比较,找出不同国家、地区之间教师管理问题的共性与个性,相互借鉴,从而使教师管理的研究更加深入。做比较研究首先要确定研究项目,选好比较研究的对象,确定好比较研究的标准。结果是采用列表法,还是用语言叙述,都要从方便实用出发。

（四）理论研究方法

现代学科发展的特点之一是各门学科互相影响、互相渗透,教师管理也不例外。教师管理与管理学、哲学、经济学、法学、社会学、政治学和心理学等学科都有着密切的联系,这些学科所探讨的问题,有的是为教师管理的发展提供了理论依据,有的是丰富了教师管理研究的内容,有的则本身就是教师管理所探讨的问题。它们从不同方面影响着教师管理的研究,并与教师管理产生种种交叉融合,为教师管理的发展作出贡献。因此,教师管理的研究必须要以上述学科所取得的理论成果作为理论依据。

（五）叙事研究法、现场研究法、田野研究法

叙事研究法又称故事研究法,是面向和关注发生于实际教育情境中的故事和情节的研究方法。研究者直接讲述自己亲身经历的、看到的或听到的教育生活事件及故事。在叙事研究的过程中,研究者主要采用"深描"的写作方式。深描要求教师比较详细地介绍教育问题或教育事件的发生与解决过程,留意一些有意义的具体细节或情境,在叙事研究的文章或书籍中引入一些原始资料,包括教师的教案、教师对学生的评价、隐藏在学校建筑背后的语言等,这种深描使教育故事显得真实可信而富有情趣。在研究过程中教师需要经常做的是与校外研究者交谈,围绕某些具体的教育主题展开研究,并注意收集有关资料。教师以学生档案、教师日志和自传等方式将有意义的教学生活、教学事件以及教学研究活动归纳成一些比较完整的故事。研究者将和教师一起在构建研究个案的基础上提出某种相关的理论,并进行适当的讨论。

现场研究法又称行动研究法,是指"社会情境(教育情境)的参与者为提

高对所从事的社会或教育实践的理性认识,为加深对实践活动及其依赖的背景的理解所进行的反思研究"①。行动研究的重要特点在于研究主体的变化,教师管理是一种应用性的实践活动,其参与者不仅来自教师管理者,而且来自教师管理对象——教师。要使教师管理收到实效,特别是能使教育政策法规得以实践,没有教师的参与与认同是不行的,没有教师管理者与教师管理对象的共同协作也是不可能的。因此,教师管理研究应当采用行动研究法,调动教师管理者与教师管理对象双方的积极性,在教师管理实践中寻求解决问题的出路。

田野研究法又称实地研究法,是一种在自然情境中,通过耳闻目睹的方式,实地研究收集有关价值、行为或社会过程定性资料的方法。它是从人类学研究中演变而来的,区别于传统的"假设—演绎"法,它特别强调在自然状态下的观察、描述和定性判断,而不注重假设或理论基础,颇有点解释学的意味,通过文本(许多的证据、资料)逐步理解,寻求这些材料背后的意义,与我们平时所讲的自然观察法有点相似。用田野研究法研究教师管理问题,最好是深入所要了解的地区、学校和教师群体中,通过观察、面谈和参与活动等方式,对所了解的对象形成整体的认识,最后在此基础上得出研究结论。这种方法现已被教育界所认同接受,且已经开始在我国教育领域广泛应用,这也使得教师管理的研究方法日趋丰富。

以上几种教师管理的研究方法既各有特点,又相互联系。运用时要根据研究任务的需要和主客观条件,把它们统一起来灵活运用。因为每一种研究方法各有长处,应充分发挥它们的长处,但也要注意使它们相互配合,目的是取得最佳研究效果,得到比较可靠的科学结论。

第三节 教师管理的主要内容

教师管理涉及教师管理的对象、内容以及由谁来管理的问题。由谁管理的问题便是教师管理的主体问题。传统的教师管理强调国家和学校在教师管理中的作用,我们在强调国家和学校在发挥教师管理作用的同时,认为加强教师的自我管理更有着重要的现实意义。

---

① 陈向明.质的研究方法与社会科学研究[M].北京:教育科学出版社,2000:448.

一、教师管理的主体

教师管理的主体按内部隶属关系可以划分为不同的等级,这是为了有效达到管理目标,提高管理效能。教师管理的主体大致可以分为宏观的教师管理和微观的学校内部管理两部分,其中宏观的教师管理主要指国家的相关制度和规定,微观的学校内部管理主要指学校具体落实国家的相关制度和规定对教师加以管理。

(一) 国家的相关制度和规定

国家为了加强教师管理的科学性和规范化,建立起了一整套基本法律制度,包括教师资格制度、教师职务制度、教师任用制度和教师奖惩制度等。我国 1993 年颁布的《教师法》对此作出了原则性的规定。

1. 教师资格制度

教师资格制度是国家对教师实行的一种特定的职业许可制度。教师资格是国家对专门从事教育教学工作人员的最基本要求,是公民获得教师工作的前提条件,符合这种条件的人,才被允许成为教师。国家教师资格制度通常规定教师资格基本条件,资格认定、丧失和撤销的原则以及认定教师资格的程序。教师资格一经取得,即在规定范围内具有普遍适用的效力,非依法律规定不会丧失,不得撤销。为了保证教师的素质,世界上许多国家对教师的资格标准都有严格的规定,不少国家建立了教师许可证制度或教师资格证书制度。《中华人民共和国教师法》以及《教师资格条例》规定各级各类学校须实行教师资格制度,并对教师的资格分类、教师资格条件、教师资格考试和教师资格认定都做了具体规定。

2. 教师职务制度

《教师法》第十六条规定,国家实行教师职务制度,具体办法由国务院规定。教师职务制度是教师管理和任用的重要制度。教师职务是根据学校教育教学、科研等实际工作需要设置的,有明确职责、任职条件和任期,并需要具备专门的业务知识和相应的学术水平才能担负的专业技术工作岗位。[1] 因此,所谓教师职务制度是指国家有关部门对学校教师的岗位设置、各岗位任职的条件和获得岗位职务的程序等方面规定的总称。按照我国有关教育法律法规,我国教师职务制度主要包括以下几个方面的内容:职务系列、任职条

---

[1] 孙葆森.教育法学基础[M]长春:吉林教育出版社,2000:86.

件和职务的评审。

3. 教师任用制度

《教师法》第十七条规定,学校和其他教育机构应当逐步实行教师聘任制。教师的聘任应当遵循双方地位平等的原则,由学校和教师签订聘任合同,明确规定双方的权利、义务和责任。教师聘任制度,就是聘任双方在平等自愿的基础上,由学校或者教育行政部门根据教育教学需要设置的工作岗位,聘请具有教师资格的公民担任相应教师职务的一项教师任用制度。其基本特征有三个方面:一是以双方平等自愿、双向选择为依据;二是学校和教师基于平等、合作的原则和意愿签订聘任合同,合同上明确规定双方的权利、义务和责任;三是聘任双方任职期限固定,任务与酬金明确。教师聘任制按聘任主体实施行为的不同可分为招聘、续聘、解聘和辞聘几种形式。

4. 教师培养和培训

建立一支思想素质高、业务水平优良的教师队伍是一个民族根本利益之所在。师资队伍建设一方面要办好师范院校,优先发展师范教育,建立健全教师职前培养制度,努力培养一批优秀教师,不断为社会补充新师资;另一方面要办好教师进修院校,扎实地做好教师培训工作,建立健全教师在职培训制度,不断提高在职教师的思想政治和业务水平,把教师培养和培训工作作为发展教育事业的一项战略措施来抓,并将其制度化。这提高教师素质的关键。《教师法》第十八条规定,各级人民政府和有关部门应当办好师范教育,并采取措施,奖励优秀青年进入各级师范学校学习。

教师思想、业务和教育教学水平的提高离不开社会生活各方面的实践,更需要全社会的关心和支持,因而我国《教师法》第二十条规定,国家机关、企业事业单位和其他社会组织应当为教师的社会调查和社会实践提供方便,给予协助。它以法律的形式规定了国家机关、企业事业单位和其他社会组织在教师培养和培训中应履行的义务,从法律上保障了教师培养和培训工作的顺利进行。

5. 教师考核制度

教师考核是指学校或其他教育机构根据国家制定的标准和管理教师的权限,按照考核的内容、标准、程序和方法对教师进行定期或不定期的考查,确定教师教育教学水平的制度和方法。教师考核工作是教师管理的一项基本工作,对教师进行考核不仅是教师德、能、勤、绩全面发展的保障,也是激励教师和合理安排教师,做到人尽其才的重要手段。《教师法》第二十三条规定,考核应当客观、公正、准确,充分听取教师本人、其他教师以及学生的意见。它明确了教师考核应遵循的两项原则,即客观、公正、准确的原则和充分听取意见的民主原则。为正确、有效地对教师进行考核,还应在上述原则的指导下,确定客观、明确、合理的考核标准和考核内容。教师考核制度是教师规范化管理制度的重要组成部分。今后,教师的职务聘任、工资等级的晋升、奖励和惩罚都应以考核的结果为基础和依据。各级各类学校和其他教育机构应进一步建立健全考核制度,使教师考核工作经常化、规范化和科学化。

6. 教师待遇

教师的待遇包括教师的工资待遇和其他待遇。教师的工资待遇是指教师的基础工资、职务工资、课时报酬、津贴和奖金等的工资性收入。《教师法》第二十五条规定,教师的平均工资水平应当不低于国家公务员的平均工资水平,并逐步提高。建立正常晋级增薪制度。第二十六条规定,中小学教师和职业学校教师享受教龄津贴和其他津贴,具体办法由国务院教育行政部门会同有关部门制定。第二十七条规定,地方各级人民政府对教师以及具有中专以上学历的毕业生到少数民族地区和边远贫困地区从事教育教学工作的,应当予以补贴。教师的其他待遇,包括教师的住房、教师的医疗、教师的退休和退职,《教师法》都有明确的规定。

7. 教师奖惩制度

《教师法》第七章明确规定了对教师的奖励制度,在第八章"法律责任"中对教师的惩罚也做了相关规定。

教师奖励制度。《教师法》明确规定,教师在教育教学、培养人才、科学研究、教学改革、学校建设、社会服务、勤工俭学等方面成绩优异的,由所在学校予以表彰、奖励。国务院和地方各级人民政府及其有关部门对有突出贡献的教师,应当予以表彰、奖励。对有重大贡献的教师,依照国家有关规定授予荣誉称号。国家支持和鼓励社会组织或者个人向依法成立的奖励教师的资金组织捐助资金,对教师进行奖励。从规定中可以看出:第一,奖励是有层次和级别的,即分别规定了国家、地方各级人民政府及其有关部门、学校三个层次的奖励,并就不同层次奖励的受奖对象做了"成绩优异""突出贡献""重大贡献"的规定;第二,在奖励的形式上,既体现奖励项目的多样,又体现物质奖励与精神奖励相结合的原则。

教师惩罚制度。《教师法》的"法律责任"一章中明确规定,教师有下列情形之一的,由所在学校、其他教育机构或者教育行政部门给予行政处分或者解聘:(1)故意不完成教育教学任务,给教育教学工作造成损失的;(2)体罚学生,经教育不改的;(3)品行不良、侮辱学生,影响恶劣的。教师有前款第(2)项、第(3)项所列情形之一、情节严重、构成犯罪的,依法追究刑事责任。另外,1992年颁布实施的《中华人民共和国义务教育法实施细则》的"罚则"一章的第三十八条也明确指出,侮辱、殴打教师、学生的,体罚学生情节严重的,按《中华人民共和国治安管理处罚条例》规定由公安机关给予行政处罚,构成犯罪的,依法追究刑事责任。

以上诸项规定,明确指出了教师在教育教学领域违法行为的类型及其应当承担的法律责任,并根据违法的性质和情节的不同,分别追究其行政责任、民事责任和刑事责任。这对于维护教育教学秩序,保证教育教学任务的完成、质量的提高和保护学生的合法权益免受损害,以及损害后寻求合理合法的救济途径和方式,提供了法律的依据和保证。

(二)学校具体落实国家的相关制度和规定

对一所学校来说,教师是学校不断发展和成长的活力源泉,只有把教师这种具有巨大能动的资源管理好,才能高效地实现组织目标。微观的学校内部管理主要指学校具体落实国家的相关制度和规定对教师加以管理。

学校作为一个系统管理各部门和机构,它既是整个教育系统中的一个重要子系统,又是一个独立的系统。因此,一方面国家教育行政机关制定的有关管理制度,例如教育法、教师法,以及国家规定的有关人事、劳动、工资、福利和财务等制度,都是学校制定自己的有关管理制度的依据。学校通过建立自己的管理制度把学校各方面的力量组织起来,使各项工作有条不紊地开展,从而形成正常稳定的学校教育秩序,有效地落实国家的相关制度和规定。另一方面学校在对教师进行管理时要清楚地认识到教师既是管理的客体,又是管理的主体,充分发挥教师的积极性、主动性和创造性是实现教师管理目标的根本保证。现代学校管理强调学校应在依据国家相关制度和规定的基础上,更加注重自我管理,无论是目标的设计、人事的安排、教学内容方法的选择还是各种奖励惩罚措施的制定以及经费筹措与工资支配,都能够从社区、学校的实际情况出发。准确、及时、完整地掌握学校内有关教师管理的信息,作出正确的决策、恰当的指挥、及时的反馈和合理的调控,实现对教师有效和系统的管理。

（三）教师自我管理

提到教师管理，有些人往往认为这只是校长或教导主任或教研组长的事，与其他人员毫无关系。但是，现代教育管理的发展趋势从外控向内化转变，而内化的根源则在教师自身。教师在学校中具有管理者与被管理者双重角色。只是面对学校领导，教师容易淡化自己作为学校教育集体一员的角色意识，因而被管理者意识明显强于管理者意识，使自己处于被动服从学校领导，执行上级任务的状态，这种消极被动的心态严重影响教师潜力的发挥。为此，强化教师参与管理、作学校主人的意识，是对教师管理的一个重要方面。作为学生的教育者，教师有较高的自我意识，因此尊重教师、相信教师、依靠教师的表现之一是强化教师的自我管理，包括教育劳动时间的自我管理，教育教学过程的独立设计，纳入学校发展目标的自我目标管理，教育教学质量的自我评价等。管理上应进一步解决的问题就是培养教师自我管理的能力，只有实现教师的自我管理，才能真正达到学校管理教师的目的。

教师自我管理有广义与狭义之分，即教师群体的自我管理与教师个体的自我管理。然而从严格意义上来说，这种群体的自我管理并不能算是真正完全的自我管理。因此，教师的自我管理，应当是教师个体主动向自身提出努力目标，并能动自觉地实施、检查、激励和控制，从而达到目标的活动过程。

二、教师管理的客体

（一）教师群体

教师队伍是办学的主力军，是教学改革成功的关键。古人云："致天下之治者在人才，成天下之才者在教化。"教师队伍的群体水平，决定着整体的教育质量。因此，加强教师群体管理，提高整体水平，在当前是很有必要的。整体水平的提高，并不意味着对每个教师都采取同样的管理思路和办法。

确立教师群体非均衡发展理念。所谓教师群体非均衡发展，就是指针对教师个体诸多方面的差异采取有效的引导和管理措施，使其得到充分发展，把真正有潜质的教师，塑造成具有鲜明个性和业务特长的人才。简言之，教师群体非均衡发展，也表现为群体合格，尖子突出，这与学生群体非均衡发展有相似之处。确立这种理念的原因在于教师群体非均衡发展是开展创新教育的客观需要。因为，一个业务平平、缺乏个性和特长、缺乏创新能力的教师，要想培养出具有个性和特长，尤其是创新能力的学生是不可能的。正如俄国教育家乌申斯基所说,只有个性才能作用于个性的发展和形成,只有性格才能养成性格。教师队伍非均衡发展的本质,就是因材施引、因材施管,有侧重地让有潜能的教师优先发展,形成个性和特长,成为拔尖人才,以此推动教师队伍整体的发展。

实施教师群体管理的策略:(1)建立定期或不定期的教师进修制度,保证教师整体水平的不断发展,在此基础上,再促进非均衡发展。(2)明确方向和重点,使教师队伍的非均衡发展不脱离学校特色和优势。(3)制定切实可行的措施,使教师队伍的非均衡发展落到实处。一要鼓励和支持科研、学术协作;二要给有发展潜力的教师制造深造及交流学习的机会,使他们了解学科发展前沿最新动态;三要优先扶持重点科研、学术项目。(4)完善竞争激励机制,营造适应教师队伍非均衡发展的环境。一要在学校内部真正形成尊师重教的气氛,使教师能够安心工作,全身心地投入到事业之中;二要大胆使用人才,让那些有潜力的教师在工作岗位上得到充分锻炼,发挥出才能;三要对拔尖人才,特别是在科研、学术上做出突出贡献的人才给予奖励。

教师群体非均衡发展必须处理好以下几种关系:第一,非均衡发展与全面发展的关系。非均衡发展就是集中优势资源,通过优先发展一个方面或几个方面,以此来推动全面发展。第二,业务素质与道德素质的关系。在引导教师队伍非均衡发展过程中,不能只注重业务素质和能力,而忽视道德素质,应该将两者有机联系起来,让真正德才兼备的教师脱颖而出。因为教师的道德素质是育人的关键,身教重于言教。第三,科研与教学的关系。科研与教学本来是一对统一体,两者相互促进,不能分开。科研与教学就像人的双腿,靠一条腿是走不成或走不远路的。在教师非均衡发展过程中,既要支持科研冒尖,也要支持教学冒尖,并最大可能地将二者统一、结合起来。

(二)教师个体

前文提到真正完全意义上的教师自我管理应当是教师个体的自我管理。这种教师个体的管理实现了管理上的三个转变:

第一,管理目标上,变学校领导指向为自我取向。管理目标是管理活动要达到的目的,学校管理者要达到管理的目标,必然要将其指向全体教师。从提出的依据来看,学校领导指向的目标是学校整体目标,它是在全体教师认同的基础上提出的,具有约束和强制的作用,不以个体的意志为转移,教师必须按其基本要求行事。自我管理则是在学校管理目标的总要求下,在教师自我分析的基础上结合实际,自我选择,以使学校总目标达成率更高。

第二,管理地位上,变客体为主体。在学校管理系统构成中,学校领导是管理的主体,教师是客体,领导处于支配地位,教师则处于被支配地位,久而久之会造成教师的依赖性,这对学校管理整体目标的达成度是有一定影响的。自我管理使教师变客体为主体,变被动为主动,变被支配地位为主导地位,使他们有来自内心的积极性、主动性和创造性。

第三,管理动力上,变外力为内力。从管理动力来源的角度分析,学校领导对教师的管理是一种外力,即以外部的监督、检查和控制来管理教师,它带有强迫性。自我管理来自教师的内心,是自我需要的一种反映,这种内力具有内驱与持久的特点,它是教师自我管理的原动力。

教师个体管理的原则和方法包括:

(1)自识原则——内省方法。自识是自我管理的基础和依据,是指对自己生理特征、心理素质、智力特长和行动特点等方面全面地、正确地进行认识和评价。由于每个教师生活环境不同,所受教育不同,研究专业不同,自身的兴趣与特长不同,这些因素造成了他们认识能力的差异。因此,他们的自我管理都要从自我认识出发,依据自己的长处和短处主动地实现自我扬弃。自识可采取内省的方法。所谓内省就是个体对自己的行为表现进行反省评价,重在追究自我缺陷,以求自我完善之方法。教师在进行自我管理之时,也就是自我认识、自我分析之时要内省,通过内省发现长处和短处,然后自我设计,确立自我管理的目标。

(2)强化原则——激励方法。教师在自我认识的基础上确立个人努力目标,但并不是所有教师都能始终围绕目标而努力,很多人还需要对目标进行不断强化。强化的内容主要有三个方面,首先要强化目标,其次是强化意志,再次是强化情感。

在遵循强化原则过程中,最有效的方法是激励。所谓激励方法是指在自我管理过程中采取自我刺激、自我鼓励、自我勉励之法。通过自我激励可以增强目标意识,提高意志的坚忍性和情感的深刻性。例如,在工作中经常想一想获得成果或达到目标之后的欣喜和快慰,就会鼓励自己坚持下去,增加热情,向着目标前进。

(3)适应原则——调适方法。适应原则要求教师既要客观分析社会环境,又要考虑学校对自己提出的客观要求,在此基础上要把个人目标和学校目标,个人需要和学校需要紧密结合起来,并以学校管理总体目标为重。总之,要使教师个人适应社会、学校,其主要方法是自我调适,即在自我管理过程中,主动自我调节个体目标,使之适合客观环境。一般是采取自我修正,自我扬弃,最终服务于社会和学校的目标。

(4) 自省原则——反馈方法。自省是对自我认识的进一步深化。自省原则要求教师在遇到困难时,或个人目标与学校目标矛盾时,自己寻找原因,通过自我反省找到自身不足,再根据客观原因,正确分析自我,找到解决问题的方法途径,从而达到自我管理的目的。

贯彻自省原则最好采用反馈方法,即在自我管理过程中注意收集反馈信息,利用反馈信息自我反省。反馈信息有来自本人的,有来自外部社会的,也有来自周围和学校领导的,反馈是自我管理不可缺少的方法之一。

上述自我管理的原则是有机的整体,它们是相互联系、相互作用的,不应将其孤立起来。教师个体管理的目的就是要通过发挥管理的引导作用,帮助教师形成鲜明的个性和特长,这就要求管理者能够根据教师个体的情况,帮助他们选择有利于形成自身特长的方向,并努力促使其形成特长。当前,教师个体的发展很多情况下取决于自己,组织上的引导作用似乎不太明显。加强教学工作的管理和监督,全面了解其教学工作信息,通过科学的评价,确保教师高质量地完成教学任务;通过有效的激励,调动教师个体投身于教育的积极性和主动性。

无论是国家层面还是学校层面以及教师层面的教师管理都会涉及教师管理的要素问题。我们认为,教师管理的具体要素应该包括以下一些问题:教师职业管理、教师教育观念管理、教师知识管理、教师情感管理、教师教学行为管理、教师形象管理和教师人际关系管理。

第六章 基础教育管理质量保障研究

当前基础教育进入了一个由数量扩张到质量提高,由外延式发展向内涵式发展转变的新的历史时期。基础教育管理的重点和方向也同样发生了改变。有学上的问题已基本解决,上好学的问题成为突出矛盾;数量和规模问题已基本解决,质量和结构问题成为突出矛盾。具体地讲,基础教育管理方面还存在以下问题:城乡、区域、学校之间发展不平衡;县城和市区一些学校存在大班额现象;部分学校质量管理观念相对陈旧,创新意识不强,办学特色还不突出;一些农村学校管理粗放松懈,个别学校教学常规得不到有效落实,学校设施设备利用率不高,重硬件配置、轻使用效益等。

第一节 管理队伍建设与保障

教育改革发展的大政方针确定之后,干部和教师就是决定因素。当前,基础教育阶段教育管理队伍的理论素养、知识水平、业务本领和领导能力都急需提高。加强干部教育培训工作是推动干部学习,提高干部能力素质的一条重要而有效的途径,是建设高素质干部队伍的一个重要环节。因此,必须按照新一轮教育振兴行动计划提出干部队伍建设的新要求,强化培训,全面提高广大教育管理干部队伍的整体素质和领导水平。

一、系统安排,整体规划,扎实做好基础性工作

要制定"大规模培训干部"的战略,按照"放开视野看教育,集中力量抓培训"的要求,坚持以建设高素质教育管理干部队伍为目标,以完善干部培训制度和创新培训机制为主线,以加强教育行政部门和各级各类学校主要领导干部的能力建设为重点,努力构建网络化、多元化的干部终身学习体系,全面、持续地提高广大教育管理干部队伍的管理能力和领导水平,为实施科教兴国和人才强国战略,办好"让人民满意的教育"提供坚强的组织保证。当前,要重点抓好以下几方面工作:

（一）扩大培训规模，落实培训任务

各级教育行政部门要尽快调整本地区教育管理干部培训规划和年度培训计划，努力形成抓重点、分层次、多渠道、大规模、有特色的教育管理干部培训工作新格局。同时要积极拓展培训渠道，加大干部境外培训工作的力度，努力开拓干部的国际视野。

（二）创新内容和方式方法，提高培训质量

要及时更新并不断丰富培训内容，培训内容要贴近教育改革和发展的新实践，贴近学员的有效需求，努力做到"干什么、学什么""缺什么，补什么"；要创新培训方式，根据不同的培训对象，采取灵活多样的培训方式，多搞短期强化培训，推广个性化、差别化培训。要加强干部培训的信息化建设，组织力量开发建设网络课程、光盘和文本材料相结合的远程培训资源，充分发挥现代远程教育手段在干部培训中的作用；要改革培训方法，积极采用案例教学、互动反思等现代培训方法，增强培训的吸引力。要建立和完善干部培训质量评估制度。

（三）整合培训资源，充分发挥高校在教育干部培训中的作用

改变培训资源部门所有、封闭分割的现象，按照政府宏观调控与引入市场竞争相结合的原则，优化培训资源配置，使优势资源发挥最大的效用。要注意充分利用高校的优质培训资源，建立开放的干部培训"大基地、大课堂"。今后新增干部培训项目都将面向高校进行公开招标，逐步形成布局合理、分工明确、功能完备、特色鲜明的开放型的教育干部培训基地体系。

（四）坚持培训与使用相结合，健全培训激励约束机制

改变"学与不学一个样，学好学坏一个样"的现象，把培训与使用相结合的各项规定落到实处。要逐步实行干部培训登记制度，加强培训证书管理，建立学习档案制度，把干部参加培训的情况记入本人档案，作为考核和使用的重要依据。

（五）抓好一批示范性培训项目

抓好学校领导班子能力建设，在办好"学校领导干部进修班""中青年干部培训班"等常规培训班的同时，继续举办"校长论坛"，实施"学校领导赴海外培训"项目，促进中外校长的交流，加强领导干部分岗专题培训。抓好中小学校长和教育行政管理干部培训工作，办好"教育局局长研修班""全市中小学骨干校长高级研修班"等常规培训班的同时，加大对农村尤其是薄弱中小

学校长培训的支持力度。

二、突出重点,以点带面,建立好校长兴办好学校制度

随着校本管理理念的落实与推广,校长问题成为研究的焦点。我国著名教育家陶行知先生曾经说过:"校长是一个学校的灵魂""要评论一所学校,首先要评论校长"。今天,一所好学校必然有个好校长已经成了人们的共识,校长是学校的神经中枢,处于学校管理系统的核心、领导与决策地位。办好一所学校,关键是校长,实践中存在"有什么样的校长就有什么样的学校"的论断。因此,要提高中小学的教育质量,必须提高校长的领导和管理水平,提升校长的能力,促进校长专业成长。校长是学校人力资源中的主要组成部分,一方面校长承担着管理和开发教职工潜能、促进教师专业发展的重要责任,另一方面校长自身的潜能也需要开发和挖掘。为了使校长更好地适应基础教育领域的深刻变革,必须走一条专业化发展的道路。

(一) 建立导师制与新任管理者的入职策略

新任管理者主要指新任校长。中小学校长成长是一种专业发展的历程。在中小学校长成长过程中,入职过程是校长成长的关键阶段,如果这一时期校长能处理好各种角色关系,就能顺利过渡到称职期。导师制是帮助新入职校长成长与发展的有效策略。新任校长导师制是指初任校长在导师校长的指导与帮助下,通过参与学校行政和管理活动,遭遇挫折,发现问题并澄清价值观念,寻求解决问题的办法,并通过不断反思、批判与对话,了解校长工作的内涵、校长应具备的专业素质结构和具体从事的工作的制度。导师制对新任校长的成长和发展具有重要作用。首先,有利于新任校长顺利度过适应期。国外对新任校长的研究发现,初任校长大多由于来到一个新环境,常常有被孤立的感觉和其他问题,导师校长可以帮助新任校长尽快熟悉环境和工作程序,少走弯路。其次,有利于为学校选择最佳的校长。作为一种职业,校长的岗位是双向选择的。再次,有利于促进新任校长和导师校长共同提高。导师校长对新任校长领导和管理行为的反馈可以帮助新任校长了解自己的工作表现,提高角色认识和专业能力;新任校长的新思想、新观念也能促使导师校长转变观念,同时,为使新任校长更快更好地成长起来,导师校长必须学习新的管理理论与知识。

新任管理者的入职活动就是使新任管理人员熟悉社区、学区和同事的过程。入职活动包括信息适应活动和人事适应活动。信息适应活动包括导师

要引导新任校长熟悉他们将要工作的社区、学校(包括学校布局、设施、制度、常规等)、课程(包括课程内容、实施该课程的责任、可获得的教学资源等)、各种教育活动、管理程序、国家教育法律法规以及新任校长为准备承担某一特定任务所需要的其他信息。人事适应活动主要是指导师要引导新校长熟悉他们将要与之建立相互关系的各种人员(上级教育行政人员、学校教师、学生、后勤人员、社区群众及相关部门人员等)的适应活动。优秀合格的导师校长是导师制的关键,因此对导师的要求比较严格。美国俄亥俄州代顿市学区提出,导师必须持有与新任人员相似的管理人员资格证书;必须在代顿公立学校目前岗位上有效工作过二至十年;乐于和经验相对不足的管理者一道工作,帮助他们发展;乐于分享经验,担任"友善的批评家",工作繁忙时仍能挤出时间帮助人。辅导方式可根据各个学区的实际情况灵活安排,如一带一个别式辅导、一带多集体辅导、分散辅导、集中辅导等。导师必须是有经验的校长,必须负起提供建议、沟通观念、咨询辅导、带领引导、以身作则、维护能力、改进技巧的责任。同时,导师校长要具备 13 种特质,即有实际经验,尤其是校长经验,并为属下所认同;具有积极的领导特质;能指出初任校长的问题所在;实施方法多元化;激励初任校长开发潜能;创设目标;对教育大环境有明确的认知;愿意在专业发展领域投入时间和精力;有坚定的信念;对自己的能力有信心;自我期望较高;力求与被指导者相互配合;相信"导师制度"是有效的互动模式,能让校务水平蒸蒸日上。

(二) 依据校长角色设计校长的开发项目

苏联教育家彼尔特洛夫说过,校长的个性、博学程度、专业水平、分寸感、精力、组织才能等事实上决定着学校的面貌以及集体活动的质量。校长专业发展的直接结果是校长成为推动教育改革和教育现代化的领导者。提高学校效能,促进学校整体发展,需要对校长进行专业培训。因此,校长角色的多样性决定了校长专业结构的复杂性。设计校长的开发项目应从校长的个性品质、教育和管理信念、专业知识、专业能力等领域着手。

个性品质。能否成为一名出色的校长与校长自身的个性品质有很大关系。有效的校长个性一般包括公平、公正的意识,大胆开拓的精神,乐观的性格,兼容并包的胸怀,良好的人际关系,思维的超前性、开放性、敏捷性、创造性,热情的态度,广泛的兴趣,对外界信息和变化的敏感,自我发展的意识和竞争和合作的意识等方面。

教育和管理信念。校长教育和管理信念系统的改变是深层次的专业发展。校长的教育和管理思想与观念要跟上时代的步伐，具有比较成熟的教育思想，易于接受新思想、新观念；要不断更新教育理念，包括现代教育观、学生观、教师观；要有管理是为学校和学生的发展及教师专业成长服务的思想和信念；认识到校长是一种专业而非行政职务；要更新管理理念，树立以人为本的管理理念，热爱自己所从事的职业，有责任感和事业心，要有学校效能意识。

专业知识。校长要成为一门专业，必须具有专业理论知识。校长专业知识的开发应围绕以下几个领域：教育领导、校务改进、教育人员管理、学校与社区关系、教育法律与政策、教育经济、学校管理、教育哲学、其他文化知识等。这是校长领导和管理行为的基础。

专业能力。美国全国中学校长委员会确定了成为一个成功的学校管理者必须具备的能力：计划和组织工作的能力；合作及领导他人的能力；口头和书面交流的能力；了解他人需要的能力；在压力下有效工作的能力。我国学者也在调查的基础上提出21世纪中小学校长应具备八大能力：科学决策能力；统筹教育资源能力；领导教学工作的能力；协调公共关系的能力；创建校园文化的能力；获取并利用信息的能力；教育科研能力；依法治校能力。

在设计校长发展项目时还要注意以下几点：① 开发项目要全面、具体。校长开发项目既要注重校长的管理能力、个人的发展，同时还要关注校长的个性品质，挖掘潜能。② 开发项目要有针对性。在项目开发时，要对校长、师生、社区做访谈和问卷调查，了解校长和学生、社区所需，力求使开发的项目具有针对性和时效性。③ 外部环境的支持。有效协调政府、社区、单位、团体等各个部门，使其能为校长的专业发展提供政策、场所、设备、资金、人员方面的支持。④ 注重个别问题的研究。关注重点和难点，以带动和促进所有开发项目。⑤ 尊重校长个人成长规律。⑥ 注意选择可接受、易接受的形式。

一个成功领导者的成长必须经过理论学习和实践磨炼。校长职前和在职培训是校长教育的两个基本组成部分。我国传统的校长培训已经形成了比较完善的机制，包括岗位职务培训、继续教育培训、学历培训和成熟校长研修四个层次。但是这些都是入职后培训，而且在培训过程中多侧重于校长的管理、科研知识培养，在方式上沿用成人高校的函授式和专题讲座等方式，这在一定程度上影响了校长的培训质量。在新时代背景下，探讨促进校长专业发展与提升的培训模式是实现校长专业化的时代课题。任何单一的培训模式都有其局限性,在实践中应注重培训模式多元化,进行多形式、多变化、多角度的培训,可以由多个机构共同参与、合作。同时培训要注重个体差异,注重培训主体的自我选择、自我设计、自我发展。

第二节 管理组织设计与保障

营造基础教育的发展环境,必须着眼于建立健全运行机制。对基础教育管理者来说,其职能作用的有效发挥,运作有序,归根结底取决于运行机制的完善程度。以往基础教育领域所发生的种种问题,尽管与人的主观因素不无关联,但更为根本的原因是运行机制特别是管理机制的缺陷。

一、现有组织运行机制的改进可能

为了推进基础教育运行机制建设,我们需要从以下几个环节下功夫:

(一) 完善计划管理的规则和程序

通过多种渠道和形式广泛集中民智,使管理真正建立在科学、民主的基础之上。教育管理就是国家为贯彻教育方针,实现培养目标,而对教育系统所进行的计划、组织、控制等一系列有目的的连续活动。它包括两大部分:① 教育行政管理。其主要内容有:贯彻教育方针,推行教育法令,拟定教育规章,编制教育计划,审核教育经费,任用教育人员,视察指导和考核教育行政单位和学校的工作,处理各项教育工作上的问题。② 学校管理。其主要内容有:学校管理机制,学校管理过程和方法,学校思想政治工作、教学、科研、体育卫生、人事、保卫、总务、财务以及其他各项工作的管理,等等。由此,我们可以分析出:培养目标是国家管理基础教育的基础,具有决定性的意义。那么,无论是地方教育行政部门还是学校,首要的基础教育管理职能就是围绕培养目标来确定管理目标及实现管理目标所采取的方法和手段,也就是计划管理。那么,如何使我们的基础教育计划管理具有科学性、可行性和挑战性呢?就当前教育管理状况而言,至少要注意以下几个方面:建立起基于基础教育需求的重要性、紧迫性及满足它们的可能性之上的优先发展顺序;分析辖区基础教育现状和经济社会发展状况;整体行政结构及运行机制和基础教育管理方面的特殊结构及运行机制;人口变动趋势;经费投入的可能性;实现计划目标的行动步骤和为达到目标应采取的政策措施。

也就是说,这种计划管理必须是全面的、辩证的,才能深入了解其真实面目和内在规律。否则,就只能就基础教育论基础教育,视野受局限,思路受局限。由于割断内在联系,不少管理者一说起战略思考就不重视战术研究,一说成绩很大就看不到还有问题,一说未来的发展就忽视今天的现实,这种片面性很危险。因此,教育管理必须要以现代化的理念,重新审视基础教育的各项目标和思路,重新审视基础教育的体制和机制,重新审视基础教育的发展和建设。基于这样的认识,无论是教育行政部门,还是学校所制订的计划,首先就要求这个计划必须建立在充分调查研究的基础之上。没有调查就没有发言权,没有全面深入的调查,就不要闭门造车。现代信息网络的建立,先进办公手段的运用,为"能知天下事"提供了条件,但存在始终是第一的,科学技术和信息传播手段不管发达到什么程度,就基础教育而言,都否定不了也取代不了面向基层的实践,直接的调查研究以及真实可靠的第一手材料。"纸上得来终觉浅,绝知此事要躬行"。要倡导利用现代文明和先进的信息传播手段,掌握经过筛选和综合处理的大量信息,同时也要求管理者们深入基层,深入学校,深入课堂,直接听取那些没有虚假的真话,没有水分的实话,没有加工润饰过的原话,直接接触那些真人真事、真凭实据。实践出真知,基层多良策,要根据基础教育不同学段的特点,实行不同的规则和程序,即分类分区规划及分步实施。对涉及基础教育全局的重大事项,要广泛征询意见,充分进行协商和协调;对专业性较强的要认真进行专家论证、技术咨询和评估;对同群众利益密切相关的重大事项,要通过公示、听证等制度,扩大人民群众的参与度。要增加计划的透明度,以促使执行和监督环节环环相扣,凝聚共识,各司其职,并可适时修正,确保计划目标顺利实施。

(二)建立健全沟通渠道

市场经济体制已经在很大程度上影响着基础教育格局的调整,这就要求基础教育工作者必须按照与时俱进的要求,充分发挥自身的职能作用,妥善协调和处理好各方面的关系,最大限度地整合不同的利益群体,保持基础教育的协调稳定发展。

首先,制定的政策要反映不同领域不同阶层群众的利益,千方百计保证广大人民群众享受良好基础教育的机会。在不同时期和不同地区,往往会出现有些政策前后矛盾、互相打架的情况,导致受教育机会的不均等,这种现象必须努力避免。基础教育是最基本最起码的国民教育,在制定政策和开展工作时,必须坚持以最广大人民群众的根本利益为出发点和落脚点,抓准大多数人的共同利益与不同阶层的具体利益的结合点,充分考虑和兼顾不同地区、不同阶层、不同群体如城乡之间、地区之间、不同社会群体之间的利益,充分考虑社会各方面的承受能力,充分反映和兼顾不同方面群众的经济、政治、文化权益,坚决反对和纠正各种侵害群众利益的行为。其次,要高度重视和维护人民群众最现实、最关心、最直接的利益,特别是要关心处境不利人群,使他们的受教育权益得到保障,素质得到提高。要继续采取有效扶贫帮困的助学政策,解决弱势群体就学问题,保证整个基础教育的协调与和谐。三要引导社会各界以理性、合法的形式表达利益要求,解决利益矛盾,自觉支持基础教育改革与发展。这是我们基础教育工作者当前的一项重要工作。当前,要建立社会整合机制、对话和协商机制,把办人民满意的基础教育具体化,引导社会各界正确处理局部利益和整体利益、当前利益和长远利益、个人利益和集体利益的关系,以增强其社会责任感。改革开放以来,基础教育得到了跨越性发展。但现实却并不能保证其均衡发展,不能保证不同地区不同人群同时同等受益,这一方面要求政府在制定政策时最大限度地兼顾不同群体的利益,在推进基础教育均衡发展的同时,积极采取措施来弥补不足。另一方面,也要完善新闻发布制度和突发事件新闻报道快速反应机制,按照有利于基础教育发展来开展工作,以组织社会力量共同行动。要重视对基础教育热点问题的分析、引导。要从基础教育工作大局出发,对各种热点问题进行正确分析、准确判断、妥善引导,促进基础教育的改革和发展。要开通大道,堵住小道,保证社会各界的信息需求和知情权,以积极引导社会各界以高度的社会责任感和长远的眼光来看待基础教育存在的问题和困难,在发现、解决问题的同时,贴近实际、贴近学生、贴近教学,从而形成战胜基础教育所面临的各种困难的强大合力。

(三) 加强制约和监督

在基础教育领域,还未完全形成一整套有效的监督和制约机制。无论是内部监督,还是外部监督,作用发挥得都不到位,特别是对行政部门的监督还不够。上级不易监督、同级不愿监督、下级不敢监督、群众不能监督、体制不利监督的现象比较普遍。由于长期缺乏有效的制约和监督,那些使命感不强、责任意识淡薄、私心很重的基础教育管理工作者很容易造成诸多负面影响。所以,基础教育管理工作者如果缺乏制约和监督,就可能背离教育的自身形象,导致人心向背,甚至成为阻碍基础教育发展的消极力量。保障基础教育的顺利发展,既要制约教育行政部门和学校,又要制约我们的基础教育工作者,这是依法治教、依法治校、依法施教的题中应有之义。除了法律和前述制度制约外,还要从以下几个方面采取措施。

1. 用行政权制约。加强教育行政系统内部的层级监督和监察、审计、财政等专项监督。在层级监督方面,着重抓好意见征询、评议、考核、奖惩等制度的落实和责任追究制的推行。同时要加强规章和规范性文件备案审查、执行反馈、检查等各项监督工作,及时发现和纠正违法和不当工作行为。比如严格规范招生秩序,严禁举办或变相举办重点班,严格执行教学计划,严格控制各类竞赛活动,严整层层下达升学指标作为评价标准等行为。

2. 用权力制约。小平同志曾说过:"要有群众监督制度,让群众和党员监督干部,特别是领导干部。凡是搞特权、搞特殊化,或者贪污腐化、道德品质不良的,经过批评教育而又不改的,人民就有权依法进行检举、控告、弹劾、撤换、罢免,要求他们经济上退赔,并使他们受到法律、纪律处分。"千教万教教人求真,千学万学学做真人,一个基础教育管理工作者如果品行不良,就不宜从事这一崇高职业。基础教育管理工作必须对人民负责、对学生负责,受群众的监督和制约。既要引导社会各界对基础教育的言论,又要主动保障社会各界公民的陈述、申辩、要求听证和申请行政复议、诉讼等权利。加大对基础教育工作行为的监督力度,促进依法治教、依法治校、依法施教。

3. 改善工作体制。当前,基础教育领域的问题不少,突出的是主观臆断、弄虚作假、以权谋私、部门保护主义和地方保护主义等问题。为此,要将调查、决策、执行、监督、咨询、处理等分离开来,不交由同一机构或同班人马实施,以期相互牵制;要规范行政部门直属机构行为,坚决制止不法不当管理行为,彻底割断行政职权的行使与行政机关自身及其附带利益之间的联系,从工作体制上解决问题。确保各种权力公开、透明、公正、廉洁、高效运行。既不能用于部门图利,也不能用于个人牟私。只有这样,才能从根本上杜绝腐败,做到廉洁自律,做到恪尽职守,务实求新,从而降低工作成本,提高工作效率,从根本上提高自身声誉,赢得社会支持。

所以,教育管理的组织设计必须建设一支可信赖的队伍,忠实践行为师生服务的宗旨。以学生利益为最高利益,教师的崇高品行和良好风貌才能深深地烙在学生们的心里,只要我们牢记教育的使命,忠于职守、无私奉献,就能赢得全社会的信任和尊重。唯有如此,才能为不断推动基础教育改革与发展创造良好环境。

二、健全教育组织系统与合作制衡机制

一切组织,无论是工业企业的组织还是文化教育机构的组织,它的效率不仅要依靠组织的物质、能量与信息潜力的增长,而且要依靠合理的组织管理系统以及这些系统的不断完善和发展。教育管理部门和学校无疑也体现出了组织的一切特点,需要系统化的组织架构和有效合作制衡机制。

（一）健全教育组织系统

学校应当具备怎样的组织系统才能保证各项工作高效地进行呢？研究表明,为了适应科学管理和民主化建设的需要,学校必须要建立下述四个组织系统。

（1）决策系统。由校长主持的学校的校务会议是学校的决策系统,校务会议由校长、副校长、党委正副书记、教代会主席团或工会主席等成员组成,校务会议对学校的重大问题进行决策。这些重大问题包括学校日常教学、科研和行政工作中的重要问题,学校重大的改革方案、重要规章制度、中层行政干部的人选和各项经费的使用原则,等等。

（2）审议系统。以校长为首的校务委员会是学校的审议机构,校务委员会由校长、副校长、党委正副书记、教代会主席团主席或工会主席、团委书记、学生会主席、民主党派负责人协商推选的年级主任、教研组长、教师代表3～5人、职工代表1～2人、学生代表2～3人组成。作为一个审议机构,校务委员会的主要任务是审议学校的办学方向和课程设置,学校发展的长远规划和年度工作计划,讨论校长提出的副校长、部门负责人、年级部负责人等人选,审议学校经费预算、决算报告,审议学校重大改革方案和重要规章制度,审议学校的其他重大事项。

（3）执行系统。学校的行政职能部门是具体贯彻与执行校长和以校长为首的校务会议各项决定的机构,有没有一个灵活高效的执行系统对学校管理的效率有重要影响,必须十分重视执行系统的建立。

（4）监督反馈系统。在当前学校内部领导体制改革的过程中,必须十分重视民主政治的建设,必须十分重视民主监督系统的建立。当前,学校民主监督系统主要包括两大方面：一是党委系统的监督。对于行政领导偏离党的教育路线、违背师生利益的行为,党委和党委系统的部门应该而且必须随时指出,及时纠正,必要时可向上级部门反映,由上级部门出面干预。党委还有

组织民主党派、群众团体参加民主管理,监督行政的责任。二是工会、共青团、妇联、教职工代表与学生代表的监督,工会、共青团、妇联等群众团体历来是党和政府联系师生的桥梁和纽带。为此,必须进一步发挥它们在学校民主管理与民主监督中的作用,校长对全校师生员工负责,应定期向他们报告和听取他们的意见和建议,学校的工会应转变工作方式,按照自身的特点独立自主地开展工作,要积极参加制定学校内部的规则。工会作为职工群众的组织要维护职工群众的切身利益,对学校的饮食、卫生、劳动条件和各种生活福利条件进行经常性的检查,监督行政领导不断改进工作、学习、生活条件。

(二)强化学校内部合作制衡机制

制衡就是从制度上规范学校机构和领导的职权,建立制衡机制的目的是通过相互制约,防止滥用权力现象的产生,保证教育机构和领导更顺利地合作。当前,健全的领导体制必然需要包含合理的制衡机制。建立制衡机制是建立和健全学校民主的需要,学校教职员工是学校的主人,因此,只有建立制衡机制才能保证教职员工的民主权利得到充分的发挥。

建立制衡机制是防止权力滥用的需要。领导是权力、责任和服务的统一,然而权力本身是一种腐蚀剂。因此,凡是权力总需要监督,不受限制必然腐化。这是权力机构权力使用的规律。实践证明,如果缺乏对权力的制约就可能导致权力的错用和滥用,甚至被某些人用来谋取私利。为了防止这种权力的滥用,必须在当前领导体制下建立必要的制衡机制。

建立制衡机制也是从根本上保证管理效率的需要。相互制衡也有利于克服少数人说了算的不正常情况。有些同志担心,相互制衡会影响工作效率,一个人说了算管理的效率确实是可以大大地提高,但一个人说了算就难免决策失误。建立制衡机制,实行民主决策可能在决策过程中花费的时间要多一点,在表面上可能会影响一点效率,但它在更大程度上可以避免决策的失误,因而能在根本上保证管理效率的提高。

长期以来,在学校党政关系问题上,我们一直回避两者的制衡作用,或者只提党对行政的监督而回避行政对党员尤其是对党组织领导人的制衡问题,事实上党组织对学校行政的监督保证作用就是党组织对学校行政的制衡作用。校纪校规对党员和党员干部的制约作用就是行政对他们的制衡作用。校长对作为教职工的党员和党员干部的领导就是行政的制约。这种相互制衡是客观存在的,是我们党领导人民群众,代表人民群众的必不可少的条件。

这种制衡机制的存在使得我们的管理活动能够顺利地发展。因此,学校领导体制中制衡包括制度的制衡、组织规范的制衡和个人能力的互补与制衡等多个方面,在学校内部组织系统设计的过程中,这些方面都是需要认真考虑的。

第三节 管理文化建设与保障

学校文化从大的范围上来看,是一种组织文化,因为学校本身就是一种很特殊的社会组织。组织文化在不同的领域内有着不同的表现形态,在企业领域表现为企业文化,在学校领域表现为学校文化。组织文化本身虽没有明文强制的力量,但它对于员工行为的影响却非常深远,有时甚至会超越员工本身的个人动机。那么,学校文化作为一种组织文化其具体内涵究竟是什么?它有哪些表现形式?它与人们常说的"校园文化""教育文化"有何联系与区别?它有哪些功能?是怎样形成的?上述这些学校管理文化的研究和实践,是基础教育教学质量保障的重要因素之一。

办学校,就是办文化,就是增强学校文化执行力。应该是学校管理文化建设的重要思想理念,围绕这个理念,学校不断加强文化建设,逐渐形成独特的人文气息和执行力文化,形成了学校文化育人的氛围。

一、校园文化

校园文化的基本要素。从对校园文化的定义来看,校园文化不仅是一种成果,更是一种活动。深刻地分析校园文化的基本要素,是概括校园文化基本特征、功能,加强校园文化建设的前提和基础。

(一)校园文化的主体

校园文化的主体是校园文化的直接继承者、建设者、创造者和反映者。关于校园文化主体的范围,学术界存在分歧。有人主张校园文化是学生文化,只有学生才是校园文化的主体;还有人认为校园文化就是教风和学风,因而,教师和学生都是校园文化主体。其实,校园文化不仅包括学生和教师,还应包括学校领导、管理人员以及职工,校园师生员工在一定领域以各种不同的方式为创造和反映校园文化而协同活动。马卡连柯说:"一个人不能一部分一部分地来教育,而是由人所经受的种种影响的总和综合地教育出来的。"由此可见,学校教育任务的落实和完成是各主体作用的结果。

各种校园主体由于社会角色和地位等因素的不同,带来影响的方式和程度是有区别的。学校领导是学校的法定代表人和教育方针的实施者,他们的价值观念和行为方式对校风以至整个校园文化的倾向具有决定性影响。教师作为教育者的任务是传道、授业、解惑,他们闻道在先,术有专攻,社会要求以及对社会文化的选择最终必须具体地由教师来落实贯彻。用教育学的术语来说,教师在校园文化活动中起着主导作用。教师主体直接制约着校园文化的性质、方向、水平甚至模式。学生是校园文化主体中最大的群体。学生作为处于发展过程中的群体,他们乐于接受新事物,富有批判精神,社会文化与变革的矛盾往往集中在他们身上。这给他们的思想行为带来极大的压力,而这种压力又是与他们的知识经验和阅历不甚协调的。因此,学生的思想行为常常表现为波动不定状态。校园的职工队伍也是校园文化主体的一部分,他们通过管理和服务工作也对校园文化产生非常具体的影响。此外,那些给予学校直接关心的群体或个人也给校园文化以不同程度的影响。我们称之为准校园主体。

校园文化主体是校园内师生员工组成的集合体,由于主体来自不同阶层,具有不同的社会角色以及不同的年龄、学历、阅历,他们在校园文化倾向上也存在一定的群体差异。在校园文化的基本要素中,校园主体作为文化载体是其中的能动因素,其素质和有机构成直接决定着校园文化的性质、水平以及活动方式的选择,他们是推动校园文化变迁、传播的直接动力。因此,要建设适应时代要求、具有中国特色的社会主义校园文化,必须提高校园文化主体的素质。

(二) 校园文化的环境

校园文化的环境包括校园自然环境、人际关系环境和文化历史环境。自然环境是指校园内外设置的种种教学、科研、生产和生活机构的领地。教学、教研机构是校园文化活动的主要场所,生产和生活机构则是校园文化对外传播的前沿阵地,也是接受各种社会文化信息的"窗口"。校园人际关系环境是校园文化主体之间相互交往、相互影响而形成的。它是一种动态的环境。校园文化的多主体性,校园人际关系也是错综复杂的。校园文化历史环境主要是指某一学校历史文化传统的积淀以及社会大文化背景下校园文化主体进行的文化活动。

(三) 校园文化的手段和办法

校园文化的手段是指文化活动的技术性方式。它大体可分为物质性技术手段和非物质性技术手段。前者是指各种教学、科研、生产和生活的材料和设备,后者则是指非物质的语言和情感等。文化手段是校园文化得以进行的基本条件之一,它始终处于不断更新与完善的过程中。不同时代、不同国度、不同民族的校园文化在手段上存在很大差异,从古代学校简单的口耳相传到现代学校的计算机教学就是证明。校园文化的方法是各种技术手段的组合方式。它可以分为实验的和非实验的方法。实验的方法主要是物质技术手段与非物质技术手段的有机结合,非实验的方法则主要是非物质技术手段的组合。事实上,校园文化作为一种创造和反映过程,是两种手段和两种方法综合起作用的,在文化活动过程中人们可以根据具体文化活动的性质和条件而有所侧重。校园文化在手段和方法上,较之于社会文化系统以及其他亚文化系统,具有极大的便利和优势,但从我国现阶段校园文化活动开展的实际看,应当更强调非物质性手段和非实验方法的运用。

(四)校园文化的途径

校园文化的途径是校园文化主体与校园文化进行的手段、方法在特定环境下的结合。校园文化主体的角色、地位以及任务的不同,使校园文化进行途径的选择受到一定的限制。不同的主体,在不同的环境条件下只能选择相应的途径。各种组合的结果,使校园文化的基本途径主要有:教育教学、行政管理、生产科研、后勤服务、文化娱乐以及对外交流等六个方面,各种途径都有发挥自身功能的特定方式,其中教学途径是校园文化赖以产生、发展并区别于其他亚文化系统的主要方面。在这一领域进行的文化活动构成整个校园文化的核心。由于学校教育的特殊性和层次性,校园文化相对于企业文化、军营文化、社区文化等更富理性色彩和创造精神。

(五)校园文化的成果和研究对象

校园文化的研究对象是多层次和多质性的统一,大体可以分为三个方面:① 智力文化——与知识掌握和智力发展有关的教学、教研等文化活动及其成果。智力文化活动是人类文明进步的必然要求,也是校园文化活动的基础和重点。② 道德文化——与校园文化主体政治思想和道德形成有关的教育、自我教育活动及其成果。道德文化活动作为一种社会需要,决定着校园文化的方向。③ 个性文化——与形成校园文化主体个性气质、性格和谐发展有关的文化活动及其成果。个体的个性气质、性格的和谐发展是校园文化所追求的核心目标之一。由于校园文化研究尚处于初期,对其研究对象、原理等问题,理论界论述不多,而且未能取得一致意见。大致有以下几种不同的提法：一是"校园精神"说。持这种观点者认为，校园文化建设的任务是通过对校园精神、传统的弘扬，创建健康、进取的校园文化环境，培养青年学生的文化心理、审美情趣和道德风尚。所以，校园文化研究的对象即是这种校园精神。二是"校风"说。持这种观点者把校园文化研究的对象限定在校园的各种规范、行为和风尚上，由此提出了"校园文化建设就是校风建设"的论点，把校园文化完全等同于校风。三是"艺术教育"说，即认为校园文化主要研究学校为提高学生的审美情操和艺术素质而进行的各种艺术教育的内容、形式和效果。四是"文化活动"说。持该观点的人居多，如有的认为，校园文化是以学生各类社团为主体开展的课外文化活动，校园文化即以课外文化活动为研究对象；有的说凡是校园的文化活动，无论课内课外，统属校园文化的范畴，校园文化的对象就是这种文化活动。

二、教师文化

从文化社会学角度研究教师文化，是从文化与社会关系的角度来研究教师文化。它既不同于仅从文化学角度进行的教师文化研究，也不同于仅从社会学角度进行的教师文化研究。从文化学的角度研究教师文化，侧重于描绘教师的现实生态，旨在弄清教师是如何进行社会生活的。在这种研究中，文化与社会是合而为一的。从社会学角度研究教师文化，侧重于研究社会结构、社会角色对教师行为的引导与制约。从文化社会学角度研究教师文化，将文化与社会区别开来，在二者的关系框架中研究教师的生存发展。要研究教师文化，必须弄清文化与社会的含义，厘清文化与社会的联系及区别，弄清文化与社会究竟是何种关系，并在此基础上定位教师文化，理解教师文化。因此，要进行本研究，首先要确定文化的概念，将它从社会中分离出来，然后在文化概念的基础上确定教师文化的概念。

因此，教育有一种责任，它应让师生共同成长。知晓这种责任，完成这种责任，在实现心灵交换的同时，也让教师的生命在学生身上得以延续，这也是一所学校应尽的义务。教育是一种力量，它能直击我们的心智。寻求这种力量，运用这种力量，在帮助别人的同时也帮助自己的人就是教师。如果你在一所学校中能感受到这种力量，体验到这种责任，那一定是校长在办学中选择了依靠群体智慧，并坚持"第一资源"的教师观，贯彻了办学以人为本，以教师为主体的教育方针，注重启发员工的思想，做思想的领导者。将"追求卓越"作为一种学校文化，将建设一流学校作为师生员工的奋斗目标，通过长期的教育实践,使全体教师和学校管理者认识到共同的价值观是学校文化的核心,有了共同的价值观,学校文化才有凝聚力和感召力。如果教师不认可建设一流学校的目标,不用一流学校教师的标准要求自己,不为追求一流学校而付出努力,学校就永远不能成为一流学校,学校的价值观就永远也不可能实现。为此,教师文化建设时可以提出:"教师专业发展是建设一流学校的基础条件。"教师专业发展不仅仅是教师个人的需要,而且应当成为学校发展的需要。学校要快速、健康、高水平、高质量地发展,必须"鼓励和支持冒尖,鼓励和支持当领头雁,鼓励和支持一马当先",既需要营造"鼓励人们干事业"的氛围,更需要创新"支持教师干成事业"的制度。为此,学校必须改革教师聘任制度、职务制度、竞争上岗制度,建立起"首席教师制""骨干教师制""优秀青年教师培养制"等一系列教师培养制度,为教师的发展创造了一个良好的制度环境,为他们"乐业、敬业"提供广阔的平台,在教师文化的执行上彰显出教育文化执行力的整体性魅力。

(一) 以"首席教师制"打造教师竞争文化

教师是学校的第一资源,对学校的持续发展、素质教育的推行,都起着极为重要的作用。但如今在学校里,教师一旦评上高级职称,就感到职业生涯到了尽头,评上"特级",就更没有前进的动力了。为此,从学校层面出发推出"首席教师制",规定每个学科评几名首席教师,他们必须是地方本学科中具有一定影响的教学专家,应是"师德的表率"和"育人的模范"。他们像乐队的"首席演员"一样在整个团队中起"定音"作用,成为本学科的"将才",担任学科教研组的组长,承担起整个学科团队的组织建设任务和培养、指导青年教师的责任。为此,学校可以要求"首席教师的每一节课都是公开课",青年教师可以跨学科、跨年级向首席教师们"取经"。而且,首席教师的称号应一年一聘,人人可以申报,这次没有入选,下次仍有希望。建立这样的制度能够在教师中引入竞争机制,激励广大教师积极向上,为优秀人才创造一个施展才能的舞台。对教师来说,成为首席教师,不仅是一种荣誉,是自我价值的实现,更是一种挑战和责任。作为学校的优秀教师,若是在没有竞争的环境下工作,就会觉得自己在学校没有用武之地。学校只有推出"首席教师制",优秀教师当选首席教师后,才能将自己的教学科研成果辐射到尽量大的范围中去,这也是首席教师义不容辞的责任。可见,"首席教师制"的推行,能为教师的成长打造宽广的竞争平台,以良好的文化机制推动教师的成长,促进教师的专业发展。

（二）以金字塔型的发展模式打造教师合作文化

"首席教师制"的推行，对教师的成长虽有十分积极的作用，但其名额有限。为不影响教师发展的积极性，必须建立"骨干教师制"和"优秀青年教师培养制"，这两个制度同"首席教师制"一样可以一年一聘，教师在参评时必须提交自己未来的发展规划，包括师德方面有什么目标，教育教学方面达到什么层次，科研方面研究什么课题，交出什么样的成果等。通过这三个制度，学校能够规划造就一批占全校教师总数10%～15%的首席教师，评选出占全校教师总数35%～40%的骨干教师，针对30岁以下的教师评选优秀青年教师，则可以没有名额限制。当选后，学校会为他们优先提供锻炼机会，并为他们指派专门导师给予指导。这样一来，学校就形成了首席教师、特级级教师、骨干教师、优秀青年教师、一般教师的"金字塔型"培养模式，每一层次的教师都有各自向上攀登的明确目标。而且，每位教师的目标都是动态的、不设限的，从而在全校范围内创造了一种积极上进、鼓励竞争的氛围。适当的制度保证了一个教师团队的发展，只要不给教师设限，就没有限制他们潜力发挥的樊篱。"金字塔型"教师发展模式对于"追求卓越"的学校文化来说，无疑是战略规划下的有效策略的执行。而在这种竞争式的发展氛围中，让每位教师都有自己的"生长点"，既是对教师生命独特性的尊重，也是对团队利益的保证，还能保证教师在资源共享中形成良好的合作文化，从而促使大家朝着共同的目标，从不同的方向努力，在达成目标的同时，实现自我超越。

（三）以多元载体丰富教师创造文化

一切为了教师的创造，没有教师的创造就不能建成一流学校。学校的成功，需要有好的传统。一所好学校的传统，不是体现在学校的建筑上，而是体现在教师队伍中。学校要积极为教师创造多元文化的载体，教师的创造可以得到学校的大力支持，他们的创造就不仅体现在每一节课上，也体现在每一个活动中、每一次对话里，形成鲜活的教育教学改革实践。学校的教育教学模式不仅是决定学生潜能发挥的关键因素，同时也是决定教师潜能发展的重要因素之一。而教改的重点是课程体系的改革，要充分认识到这一点，本着"注重科技教育与人文教育相统一、共同要求与个性发展并重、学科教学与实践活动相结合"的原则，鼓励教师在学校课程中大胆创新。由于学校课程的教育功能是综合的，对于开发和编制这些课程的教师来说，其要求也是综合的。同时,这些课程在实践中需要发展,在实施过程中会遇到困难。因此,课程建设的过程也成为教师发展的过程。开发学校课程,给了教师创造、开拓的空间,让教师的自主精神和创新能力得以张扬,也让教师体验到了生命的价值和职业的乐趣。大胆创新的教育理念,让学生的学习主观能动性得到很大提高。而教师在对教育教学新模式的摸索中,彰显各自创造的精彩。另外,研究性学习大幅促进教师专业成长,为扎实推进素质教育,学校要注重培养学生的创新精神和实践能力,将小课题研究作为研究性学习的一个基本途径,要让每位教师指导一个或几个学生进行专题研究,提倡"以教师的研究引领学生的研究",这既是对教师的挑战,也是对教师专业成长的督促,使每位教师的价值得到提升,逐渐培养出教师发现问题的锐气、提出问题的勇气、分析问题的才气和解决问题的灵气。教育教学是教师专业发展的土壤,研究性学习是教师成长的主要方式。只有具备了这种土壤和空间,教师才会在专业范围内有所提高,教师群体才会彰显出一种带有创造内涵的文化。

(四) 名师撑起名校

"首席教师制""金字塔型"教师的培养模式,得益于学校创造性的文化底蕴。在办学过程中,学校要始终坚持所有成绩的取得依赖于优秀的教师队伍,因此,要牢固树立教师是"第一资源"的观念,始终坚持"尊重教师、依靠教师、服务教师"的观念不动摇,注重启发员工的思想,做思想的领导者;重视教师资源的投入、开发和利用,维护和保障教师的切身利益,有效调动广大教师的积极性、主动性和创造性,依靠全体教师,创造学校的持续辉煌。教师不是比谁的行政职务高,而是比谁的学术水平高、教学质量好,让"首席教师"成为青年教师心目中的偶像,让"第一资源"的教师成为学校发展的重要推动力量。教师文化就能托起学校的品牌效应,创造学校的精彩。在全面实施素质教育的新形势下,学校"鼓励教师干事业""支持教师干成事业",是打造学校品牌、强化学校品牌的关键。因此,在办学过程中,校长要积极打造出学校的共同价值观,铸造出教师共同追求的价值取向,在实践中发挥教师文化执行力的价值作用。让"名师撑起名校",可以说是任何一所学校的强校谜底,而校长恰恰就是这个揭开谜底之人。

教师是一座金矿。只要你有心,就有挖不完的金子,校长通过完美的教师队伍建设执行计划,用制度凝聚教师精神,用环境影响教师心灵,用人文充实教师文化,用竞争提升教师素质。为教师创造了"乐业、敬业"的土壤,让教师在这片土壤中,提升了自己生命的价值,让每一位教师都成为闪光的金子。可以说,在学校发展中,教师发展的制度保障不仅得益于学校对全体教师专业发展的促进,也得益于学校为每位教师成长着力点的营造。

三、教学文化

理解教学文化主要可以关注这样一些问题:研究课堂教学的结构组织、群体组织和文化组织;研究教学的符号标记和活动仪式;研究各种课堂群体(师生、生生之间)共处时所产生的互动方式;研究学生参与和关注教学活动的课堂文化问题;研究影响教学文化形成的因素,等等。

(一)教学文化是一种课堂的文化

一般来说,文化往往被理解为与相对稳定的环境有关的生活方式。而教学实践常常是在一个相对固定的环境下进行的,这个环境我们称为课堂。而课堂是由一定数量的师生所构成的,有一定的课堂风气和氛围。构成了一定的社会关系,个体产生了相互接纳的情感和把自己融入这个集体当中的意愿。因此,课堂本身也是一种营造班级文化的环境,在这个环境中,每个成员都扮演一定的角色。遵守一定的规范,确立共同追求的愿景,形成一定相互影响的氛围。这种氛围也许是看不见摸不着的东西,但经过这种氛围浸润的学生,会受这个课堂影响。因为这种课堂实际上就是一种文化、一种传统,或多或少在学生心里留下印记,教学主要是通过这种环境或氛围改变学生的。

只有在课堂环境中,教学活动才能开展,教师才能以一定的方式分配活动的角色和责任,制定恰当的规则,利用教学的资源和教具。课堂组织就是一种文化的体现:如何摆放桌椅,采用什么样的教学方式,如何使用课程资源和教学方法等,不仅反映一个民族、一个地方的教学特色,也反映了某个教师自己的教学理念和个人风格。如在教室里的桌椅究竟是秧田式排列,还是按照马蹄形、新月形、方形、圆形、模块形排列,可能取决于一个地方的传统,也可能有赖于教师的教学观念。

一个好的教学文化意味着使课堂变得更为安全、有趣、充满活力并富有挑战性;意味着给予教学者和学习者期望、热情、鼓励、责任感、认同、肯定、机会,促使他们源源不断地萌生创意;意味着帮助学生发展积极的学习态度、价值观和自我概念。而一种坏的教学文化,则使教学者提不起教学的兴趣和激情,体验不到教育的成功、智慧和幸福,而倍感无奈、艰辛和挫折;使学生尝不到求知的乐趣、成功的喜悦,相互关爱的情怀,因倍感学习的枯燥、无味而痛苦、自卑和失望。可见,教学文化是一种课堂文化,它是师生教学实践赖以展开的前提、背景和氛围。

(二)教学文化是一种活动的文化

教学是指教的人指导学的人以一定文化为对象进行学习的活动。也就是说教学是师生双边或多边的课堂实践活动,而这种活动中体现的不仅是信息的传递、知识的增长、认知的进步和能力的提高,而且是一种情感的陶冶与态度、价值观和信念的影响。在不同的信念、态度和价值观影响下,课堂活动可以完全不一样。因此,教学文化不应该用同一的视角和观点来思考。教学文化与具体课堂实践活动是分不开的,因为无论是教师还是学生,需要对自己所要完成的任务有充分的理解,同时又必须通过自己所要扮演的角色来表现其文化的差异,而这种差异往往又是与颇具特色的具体教学活动联系在一起的。例如,以教师为中心的课堂活动与以学生为中心的课堂活动就表现出不同的教学文化。以学生为中心的教学文化强调学生把自己的知识、技能、态度、情感、价值观带进课堂,并获得大家的关注和认同。而教师需要有意识地了解学生的家庭、社区文化、学生常用的语言等,并把这些信息结合到教学中(如讲述他们的故事并设法与教学内容结合起来),因为学生的话语常常表达了多种意图或声音。在学生的叙述和争论中,他们的表达不仅具有科学内涵,而且也有社会内涵。前者反映出学生所提供论据支持他们的论点,后者则说明学生把自己作为某特定群体中的人来讨论(如有道德的、值得信赖的、诚实的等)。因此,教师要意识到:学生从上学的那一天起,就把自己的需要、经验、信念、理解、思维方式、为人处事习惯以及其他文化特征带到课堂,并且在课堂学习活动中不断建构赋予自己意义的知识。教学文化是在教学主体活动的面对面中习得的,在无意中学会的,在交流中形成的,如教学语言、行为、习惯的形成等。因此,我们是采用学习的方式还是习得方式掌握语言,就会形成不同的文化风格,自然,教学的效果也就大不一样,如习得的语言更方便灵活运用,而学习的语言更有利于考试。因此,以学生为中心的教学活动与以知识为中心的教学活动各自演绎着不同的教学文化,以学生为中心的教学文化虽然可以培养学生的探究精神、合作意识、归纳推理和解决问题的能力,但并不一定有助于学生获得立足社会的知识和技能,而这些知识和技能的掌握还得有赖于以知识为中心的教学活动。后者的目的不仅是为了教给学生一套基本的普适性知识和通用型技能,而且为他们将来具有成功者或专家型的思维方式和解决问题能力奠定基础。因此,这种教学文化的作用在于让学生学习一套组织得很好的知识,有助于他们能够在今后的学习和工作中有条不紊地思考和解决问题。

真正的知识中心教学文化强调学生理解学习对象的意义,设法通过解码而赋予新信息意义,要求学生使用逻辑的方法对新知识加以整理,帮助他们学会反思,质疑现存的问题,超越原来的学科界限,从而跨学科进行学习。如对待数学课程的教学,这种文化批判传统的数学教学过分拘泥于按照一套固定的程式计算和推演结果,整个过程局限在某种思维的方式而没有为创造性思维、猜想、探究、发现留有空间,没有真正满足学生发展的需要。而相应的对策是使学生在理解的前提下学习,鼓励他们寻找数学的意义,如"发展性建模"就是对策之一。这种策略从学生已有的非常规想法开始,逐渐使他们看清这些想法是如何得到转换和建模的,并以此为基础,最后学会以结构化的方式去建构这门学科的概念、原理、规则、方法以至整个知识体系。学生能否在不同层次概念、原理、规则之间穿梭迂回,建立相关的联系,主要取决于问题情境以及所涉及的数学知识(如有人研究证明一个简单的数学应用题甚至会涉及五种知识)。而真正落实这种教学文化的有效途径之一就是设置"学习场景",鼓励学生学会在不同环境中生存,如向周围的世界学习,了解什么样的资源可以利用,认识如何利用这些资源才会让自己的活动变得既富有成效又充满乐趣。当然这种教学文化也面临一个难题,就是怎样在为理解而设计的教学活动与为提高技能的熟练程度而设计的活动之间保持平衡。

还有一种典型的教学文化就是以评价为中心的教学文化。这种文化认为课堂活动应该包括设计、教学、评价等重要环节,而评价的意义在于提供反馈和回顾的机会,使评价的内容与教学目标一致。不同的教学文化在评价的方式上也有不同的取向。有的只使用终结性评价,即主要测量学生在某些学习活动结束时已经学到了什么;有的不仅使用终结性评价,而且更强调形成性评价(即经常在课堂情景中将评价作为改进教学、反馈信息的来源和手段)。前者试图对学习结果进行测量,对试卷、作业、练习、作文等打分,当学生知道自己的分数之后,其教学又转向另一学科或主题的学习,整天为考试成绩而忙碌;后者强调将在教学过程中观察到的结果反馈给学生或老师,并使之理解其包含的意义,可以通过讨论、论文、测验观察等途径推测和判断他们思维的发展水平或状况。学生只有在学习某个主题或单元中能够利用反馈来提高或修正他们自己的思维时,才能实现反馈的价值,真正提高学生的学习质量。形成性评价可以有多种评价方式,如理解性评价和档案袋评价等。当然,这种教学文化也面临这样一个难题,即如何把学习与评价联系起来,真正实现测量学生的推理、理解、解决复杂问题等能力的目标。可见,教学文化是一种活动文化,它激活和创造了师生之间分享资源、传递信息、理解知识、发展能力或生成新知识等方面的行动和变化。

(三) 教学文化是一种关系的文化

教学这种活动体现着一种班级组织成员之间的集体生活方式和课堂学习模式,在一个较长时间内形成的班级组织里,教学活动必然会导致一定教学集体的师生关系,并使他们的教育背景、学习信念、社会态度、娱乐活动、伦理法则和思维方式形成一定的关系。这种关系往往表现出如下一些特点:第一,具有独特的交流方式和班级话语;第二,形成特有的心路历程和学习氛围;第三,产生共同的信念和态度;第四,拥有一致的价值观和规范;第五,对自我、时空的感受或意识相对比较接近;第六,行为方式和习惯感受的趋同性;第七,对奖惩制度及其他规章制度认识和接纳的共同性等。在某种教学主体之间会体现某种集体的期望,如重视竞争和个人成绩的班级文化,就容易引导这个集体认同一种强调认知活动,互为对手和相对独立的学习关系,而重视合作和集体荣誉的班级文化,就会重视师生及同学之间的合作互助关系,关注学习共同体的形成,强调班集体成员之间的相互鼓励与共同追求,建立一种共同进取、荣辱共担的学习关系。教学文化是一种关系的文化,它通过一定的活动建立课堂内外的师生、生生之间的关系,营造了教学主体与环境之间的关系,还体现着教的活动与学的活动之间的互动关系,同时也反映了教学情境中时代变迁与教学者和学习者的关系。

(四) 教学文化是一种显性与隐性交融的文化

教学文化是一种显性与隐性交融的文化,它在传道、授业、解惑的同时,也传承、改造或创新了文化,如价值观、信念、思想、思维方式和个性习惯。教师传递的不仅仅是某一课程的信息、知识,而且也要思考以什么样的途径、方式、策略和方法才能最有效地影响学生,在什么层面上能够打动和影响学生。令学生获得满分,让家长也感到满足并不意味着学生一定学得很好,理解得很深,发展得很好。也许这正是一种"作业=读书=学习=求知"的"急功近利"教学文化的体现。可见,显性教学表现出来的结果,不一定能够真正反映隐性的文化品质，正所谓"书不尽言，言不尽意，意不尽理"就是这个道理。但教学的理念、价值观需要通过教学的语言、课程、氛围反映出来，如某位教师的教学究竟是传递知识、应试，还是培养能力、发展素质或者教书育人，可以透过这位教师的语言、行为、活动以及态度来判断。因此，高明的教师，往往善于以书论言，以术证理，以言说意，以理悟道，使自己的教学对学习者更有意义，使学生学习到更加有趣的、真实的、重要的、相关的、有价值和建设性的东西，使他们产生探究的冲动、求知的需要、质疑的好奇心以及强烈的个人责任感和社会使命感。教学没有教育性，没有灵魂，就会导致一代人的人文精神缺失，从而导致国民素质的下降甚至国家民族的灾难。一个社会的传统能否传承，思维方式能否延续，价值观能否演进，往往由教师群体与学生群体的关系所决定，亲其师而信其道，实际上就反映了关系文化的一个缩影。师生关系以及教师与家长、社区、校长、教育行政部门的关系，都会因他们之间是对抗还是支持、竞争还是合作、单打独斗还是互相依赖、单向获益还是互惠共赢的不同而反映出一个截然不同的结果。也许有人会把师生关系是等级的、控制的、约束的、专制的、单向指令的，还是平等的、授权的、疏导的、开放的、民主的、设身处地地为对方着想的，作为区分传统与现代关系文化的分水岭。一个理解教育教学规律的教师，会是一个善喻的教师，一个真正把"道而弗牵，强而弗抑，开而弗达"的思想落实到教学实践的行家。这种教师考虑学生的需要、条件以及发展的阶段和学习特征，在给学生"面子"的同时，也实现教学的认知、情感和行为等方面的目标，使学生获得智力、精神、社会和身体方面的发展。

教学的这种显性与隐性交融的文化，还表现在对社会群体与个体心理的影响，语言与非语言影响的功能，教学工作与教育事业的目标是否一致、同步、和谐，教学实践中的科学教育与人文教育的统一等方面。它不仅可以使学习者获得的显性知识和隐性知识的比例和程度不同，思维水平高低的迥异，而且也会造成学生其他素质发展方向和水平上的差异。这样的例子，不仅可以从东西方的课堂里找到，也可以从以培养素质为目标的名校与以追求应试成绩为取向的一般学校中得到印证。

由此可见，教学文化是一种长期成形的教学传统、教学思维方式、教学价值观念和教学行为习惯的类型或范式，是一种教学背景下教学者和学习者的课堂生活方式。它往往包含了与教学有关的知识、信念、价值观、艺术和道德等内容和要素。在这种文化中,正是因为有了教,才有特色,正是因为有了学,才有灵魂。

基础教育管理质量的保障与提升,取决于校长和各级领导班子是否调动全体教职员工的积极性,最大限度地发挥他们的潜能。所以,基础教育的各级领导一定要不断研究教育常规管理,带头遵守教育常规管理,才能保证教育常规管理落到实处,收到实效。从淮安市的情况来看,凡是领导带头作用发挥好,教育常规管理工作扎实的地区和学校,教育秩序就正常,教育质量就高。因此,各地区、学校一定要挖掘这方面的潜力,不断提高常规管理水平,进而保障和提高基础教育教学质量。

第七章 淮安基础教育质量保障实践研究

"十二五"以来,淮安市基础教育改革取得了显著成绩,基础教育质量获得了有效保障与提升,在江苏省教育现代化指标体系的基础上加大了建设力度,较好地满足了人民群众接受良好教育的期待。今后,淮安市将进一步加快教育领域综合改革,深化教育管理体制改革,推进管办评分离,基本建立现代学校制度;深化办学体制改革,推进公办学校多种形式办学,支持发展民办教育;深化考试招生制度改革,严格义务教育免试就近入学制度,加快中考改革步伐,扩大普通高中办学自主权;深化人才培养体制改革,推进人才培养模式和课程改革,切实增强学生的社会责任感、创新精神、实践能力;深化教师管理体制机制改革,改革教师职称评聘办法,优化绩效考核。新一轮淮安市教育改革将形成具有现代教育观念和管理理念,地方特色鲜明的淮安教育发展新格局。

第一节 淮安市基础教育质量现状分析

为深入贯彻党的教育方针、政策和各级教育工作会议精神,充分发挥基础教育在经济和社会发展中的基础性、先导性、全局性作用,近年来,淮安市不断提升基础教育的发展水平,以求更好地满足人民群众对优质、均衡、多样性教育的需求,更好地服务地方经济和社会发展。

一、教育发展基础分析

近年来,淮安基础教育在各学校和社会各界的共同努力下,以打造"学在淮安"品牌为中心,以教育现代化建设为主线,坚持事业发展与改革创新同步推进,教书育人与服务社会相互促进,着力突破瓶颈,突出内涵发展,注重公平均衡,使教育综合实力持续增强,优质教育资源不断丰富,实现区域教育的基本现代化,成为全国八个义务教育学校管理标准实验区之一。

(一)教育发展水平显著提升

"十二五"以来新扩建幼儿园168所,新增学前教育学位6万个,幼儿园生均园舍6.2平方米、生均校园12.3平方米,分别比2010年增长119.7%和82.2%;省优园比例达64.2%,比2010年增加29.3个百分点。全市学前三年教育毛入园率达98.8%,比2010年增长2.3个百分点。义务教育巩固率100%,高中阶段教育毛入学率达98.1%,比2010年增长1.1个百分点。各级各类教育规模稳步扩大,内涵式建设成效明显,办学实力进一步增强。

(二) 教育公平迈出大步伐

教育均衡发展取得实效,全市通过县域义务教育基本均衡发展国家督导认定。着力推动基本教育公共服务均等化,义务教育施教区覆盖全民。实施标准化建设工程,学校办学条件明显改善,教育信息化水平明显提高。推进集团化办学,新建校、薄弱校办学水平明显提升,校际差距逐步缩小。不断完善义务教育经费保障机制,各级各类学校生均预算内教育事业费和公用经费逐年增长。教育资助力度不断加大,实现所有学段全覆盖,在省教育资助绩效评估中获四连冠,"阳光资助"荣获全市十大亲民服务品牌。

(三) 素质教育深入实施

坚持立德树人,积极构建具有地方特色的德育体系。新增省级"周恩来班"20个,占全省总数的四分之一。推进教体结合,九类项目布点学校达220所,阳光体育运动和艺术展演受到教育部表彰。课程改革全面实施,教育特色日益彰显,学校文化建设等创新工作在全省乃至全国产生广泛影响。

(四) 教师整体素质明显提高

教师学历层次大幅上升,培育出了一批名师、学科带头人和学术骨干。全市幼儿园专任教师专科学历、小学教师专科学历、初中教师本科学历、普通高中教师研究生学历比例分别达85.28%、87.92%、88.1%、5.12%,各项指标均达到教育现代化标准。

二、教育存在问题分析

基础教育质量提升的关键是实施素质教育,全面提升学生的核心素养。当前,素质教育已经进入了一个新的发展阶段,素质教育观念已日益深入人心,并正在转化为教育系统的积极探索和生动实践。素质教育在关键环节,如德育、课程、招考制度、教师素质提高等方面开始突破,学校教育正在发生一些积极而明显的变化。尽管如此,对于素质教育的理解仍存在偏差和梯度差异,这些问题亟待突破。

（一）对素质教育仍然存在理解上的偏差

当前，学校和社会对素质教育的认识仍然存在着误解。例如，将素质教育"窄化"，认为素质教育就是课外活动，或者就是经常被忽略的音乐、美术、科技制作、劳动、心理健康课等。这一认识误区导致对课堂内学科教学的忽视，无法改变学科教学的面貌，或认为搞素质教育就是要"减负""减考"。

（二）素质教育的推进尚存在巨大的"梯度差距""区域内差异""学段负相关"

从"梯度差距"看，淮安地区无论办学条件还是思想观念相对于苏南地区都要落后一步，总体上也正呈现出求新有余、求实不足，求快求变有余、求深入不足，对外交流学习过程中迷"洋"学"洋"有余、本土意识不足。再加上应试教育的市场空间很大，素质教育的真实、扎实、全面、综合推进尚未呈现强势。农村地区在办学条件的改善上明显逊于城市，主要表现在教育观念和行为上对教育改革的敏锐度不够，开放度和创新能力相对不足，优质教育资源较少，升学竞争激烈。特别是薄弱学校教师的基本生存条件较差，这些学校在信息、人力物力财力等方面都相当稀缺，尽管在升学竞争上无优势可言，但却最看重升学大战的成败。一些依靠政府力量做大的名牌学校，原先的重点学校和示范校，与依靠名校品牌和社会资源组办的转制学校、校中校、名校办民校等构成了当前学校系统中的"优质教育资源"，成为家长竞争、择校的目标。这些学校在继续享有招生、教育经费、师资等各方面优惠政策的同时，又强势地向家长、学生收取高额费用，攫取社会资源，使得名校愈名愈富，差校愈弱愈贫，造成了学校的两极分化。正是这一人为地制造和拉大学校差距的"重点学校制度"，制造、推动着"择校热"，导致基础教育的非正常化。从小学、初中到高中，学段越高，素质教育开展的积极性和实效性就越低。小学升学压力相对轻，受应试教育侵入影响相对小，为改革提供了相对宽松的环境。但也存在改革点状分布，各举一面旗的状态。外国语学校和由高中剥离、转制的民办初中加剧了小学在升学率上的相互攀比。初中阶段升学压力加大，师资力量原本不强，加上近年来高初中快速分离，初中转制和民办风的刮起，使初中教育力量愈显薄弱。高中阶段升学竞争的激烈、对各种竞赛的迷恋、来自方方面面的巨大升学压力，使得在高中阶段开展教育改革、走素质教育道路几乎变得不可能。

（三）以素质教育为核心的改革在广大中小学尚未出现实质性突破和转型性变化

20世纪90年代以来展开的教育改革，较多地体现在学校物质条件改善、信息技术手段在教学中的推广与运用，课程改革的逐步扩大和系列化、办学体制的多元化和办学经费来源的多渠道以及对素质教育的广泛宣传上，教师的学历水平和社会地位也在提高。但是，就大多数学校而言改革尚未在核心领域实现突破，更谈不上转型性变革。素质教育往往被当作一种口号来对待，停留在口头、计划和文章上，学校的基本教学以及教育实践中广大教师的观念和行为并未发生实质性的突破，学校的办学理念与目标、组织与管理方式、运行机制与动力等方面基本上还处于传统框架之内。

当前，基础教育质量发展存在理解狭窄化和短期化的问题，部分人把基础教育仅理解为中高考的必考科目，只做短期的、可测量的考核和评比，把教学的价值定义为考试成绩的提高，把德育的成效对准文明评比，把体育、美育的成功归结为参赛得奖等。这些做法导致学校渐渐丢失了中小学教育更为根本和长远的价值，同时也肢解了学校育人的整体性和全程性。

三、教育发展形势分析

党的十八大提出"努力办好人民满意的教育"，推动我国由人才大国迈向人才强国的要求。十八届三中全会开启全面深化改革新征程，深化教育领域综合改革成为重要方面。十八届四中全会全面部署依法治国，对依法治教提出更高要求。江苏省委、省人民政府提出，全省上下必须坚定不移地把教育优先发展摆上突出战略位置，不断深化教育改革，推动教育事业在新的历史起点上科学发展，加快建设教育强省、实现教育现代化，不断增创人才和智力支撑新优势，为"迈上新台阶、建设新江苏"作出新的更大贡献。因此，"十三五"时期是淮安建设苏北重要中心城市和全面建成小康社会的关键时期，也是全面深化改革、加快转变经济发展方式的攻坚时期。《淮安市中长期教育改革和发展规划纲要（2010—2020年）》提出"优先发展、育人为本、促进公平、改革创新、提高质量、服务社会"的工作方针。在新的历史起点上深化教育综合改革，推动各级各类教育协调发展，全面实现教育现代化，是淮安教育的新使命，也是淮安教育面临的挑战。

（一）加快转变以创新驱动为核心的经济发展方式，对淮安教育提出了新要求

随着经济发展进入新常态，以创新驱动为核心积极推进传统产业由低到高、新兴产业由小到大、优势产业由大到强，"4t2"优势特色产业提质增效、齐头并进，这要求淮安教育更新人才培养观念，创新人才培养模式，从单一的人才培养标准向多规格、多类型的人才培养标准方向转变。

（二）以布局调整和功能完善为重点的苏北重要中心城市建设，对教育提出了新任务

近年来，淮安主动融入长三角国家发展战略及"一带一路"建设，努力建设辐射周边2 000万人口的苏北重要中心城市，推动工业化、城市化、外向化加速发展，打造经济发展、城乡建设、和谐构建"三个升级版"。这要求淮安教育优化资源配置，加快提升集聚与辐射作用，增强服务地方经济社会发展与交流、合作能力。

（三）以学龄人口规模变化为特征的人口发展态势，对教育提出了新挑战

随着城镇化快速推进、人口加速流动以及二孩政策的实施，淮安学龄人口规模和分布结构在"十三五"时期发生较大变化，其中学前教育人口规模将会有较大幅度增长，小学教育规模在略有下降中稍有起伏，而初中教育先增后减，高中教育则呈现先减后增的趋势。这种变化使淮安学前教育面临规模持续扩张的挑战，义务教育和高中教育则主要面临优化资源配置和布局结构的挑战。

（四）以扩大公平优质教育为焦点的多样化教育需求，对教育提出了新期待

随着经济社会的发展，人们对教育公平的关注程度持续提高，对优质教育资源的需求日益旺盛。回应与满足人民群众不断增长的对公平、优质教育的需求和期待，要求淮安教育加快缩小城乡、区域、校际、公办和民办教育间的发展差距，切实破解城乡二元结构的难题，扩大优质教育资源向城郊、乡镇辐射，提高教育的整体水平和质量。

面对新的发展形势，淮安教育需要以"四个全面"统领全局，把满足人民群众愿望与遵循教育规律结合起来，把立足市情与借鉴国际国内先进理念、经验结合起来，把教育发展与经济社会发展、人的全面发展结合起来，切实把教育摆在优先发展的战略地位，把改革创新作为教育发展的强大动力，抢抓

机遇,振奋精神,以更大的精力、更多的财力,推进淮安教育事业科学发展,为推动淮安在新起点上实现新跨越培育更多优秀人才!

第二节 淮安市基础教育质量保障规划

一直以来,淮安教育认真贯彻落实党的教育方针,以全面实现教育现代化为主题,以推进教育优质均衡发展与全面实施素质教育深度融合为主线,坚持立德树人、育人为本,强化创新驱动与特色发展、优化结构,全面提高教育服务水平,不断推进全市教育科学发展,为淮安全面建成小康社会提供坚强的智力支持和人才保障。

一、工作方针

(一)优先发展

切实落实教育优先发展的战略地位,进一步加大对薄弱学校和农村学校的财政支付力度,充分发挥政府的公共职能,财政资金优先保障教育投入、公共资源优先满足教育和人力资源开发需要。发挥市场对教育资源的配置作用,政府与市场共同担负起优先发展教育的责任。

(二)育人为本

坚持立德树人,深入推进素质教育,把促进学生健康成长作为学校一切工作的出发点和落脚点,促进学生全面而有个性地发展。关心每个学生,促进每个学生主动地、生动活泼地发展,尊重教育规律和学生身心发展规律,为每个学生提供适合的教育,着力培养学生创新精神、实践能力和服务国家、服务人民的社会责任感。

(三)优质均衡

推进高质量基础教育,坚持公平与卓越兼顾原则,大力推进优质教育均衡化,做到"学有优教"。实现分层分类指导,公共教育资源向农村地区、薄弱学校倾斜,加快缩小区域、城乡、校际教育发展差距。努力办好每一所学校,建立健全教育资助体系。推进全纳教育,切实保障特殊群体受教育权利。

(四)创新驱动

深化教育体制机制和人才培养模式等重点领域和关键环节的改革与创新,营造创新文化氛围,建立多元教育评价制度,重视培养学生的创新能力。扩大教育对外开放,整合国外创新资源,着力推进学校园际合作交流和中外合作办学。

（五）结构优化

坚持把教育结构调整作为建设教育强市的关键环节，不断完善教育体系，大力发展学前教育，稳定义务教育规模，提升高中教育质量，拓展办学空间，合理优化学校空间布局。优化教师队伍结构，促进城乡双向合理流动。合理控制公办教育与民办教育的结构，满足多样化教育需求。

二、发展目标

（一）总体目标

根据《淮安市中长期教育改革和发展规划纲要（2010—2020年）》确定的总体目标和任务，以教育现代化指标体系为引领，进一步完善政府公共服务体系，规范民办教育，融通普通高中教育与职成教育，提高教育信息化和国际化水平是淮安教育发展的总体目标。到2020年，淮安将建成制度健全、体系完备、布局合理、装备先进、师资一流，具有现代教育观念和管理理念，规模、结构、质量和效益统一，地方特色鲜明的区域教育发展新格局，教育发展水平和综合实力显著提升，全面实现教育现代化，建成学习型社会和人力资源强市。

（二）具体目标

1. 推进惠民及全民的公平教育。大幅提升教育服务均等化水平，合理配置教育资源，加快缩小教育差距，努力促进义务教育均衡发展和积极扶持困难群体，使外来务工人员子女、家庭经济困难学生、残疾少年儿童、农村留守少年儿童等受教育权益得到有效保障。

2. 推动学前教育普惠优质发展。坚持公益普惠、政府主导、内涵发展、创新推动，推进学前教育发展的战略转型。优化配置学前教育资源，健全覆盖城乡的学前教育公共服务体系。到2020年，省优质园比例达90%以上，形成与人口分布相协调的幼儿园布局结构，保证满足幼儿就近入园需要。

3. 高质量普及九年义务教育。坚持优质均衡的价值取向，强化政府统筹义务教育均衡发展的职责，不断优化教育资源配置。加快实施义务教育办学标准和教学改革行动计划，为所有义务教育阶段学生提供优质教育。到2020年，义务教育巩固率达99%以上，义务教育现代化学校比例达90%，各县（区）全部达到省义务教育优质均衡改革发展示范区建设标准。

4. 推动高中教育特色多样发展。努力培育高中阶段教育特色，整体提高办学水平和教育质量，形成优质、开放、多样的高中教育格局。到2020年，高中阶段教育毛入学率达96%以上,实现普通高中独立设置、办学规模适度,班额控制在省定标准以内,建成丰富而有特色的课程体系和学科基地,为学生个性化学习和全面发展提供多样化选择。

5. 提升学校信息化水平。各级各类学校基础设施、教育技术装备得到极大改善,信息技术应用能力明显增强。建设并完善教育信息公共服务体系,加强教育信息资源开发。进一步完善教育专网的建设,充分发挥网络资源的优势,积极推进现代化信息技术在教育教学中的运用。到2020年,国家教育信息化标准达标率90%以上。

6. 加大教育投入。确保财政教育拨款增长明显高于财政经常性收入增长,确保财政教育支出占一般预算支出的比例达到或超过省核定标准,确保全社会教育投入增长比例高于GDP增长比例。

三、工作举措

谋划和推动淮安教育发展,务必把握经济发展新常态这一宏观背景,客观分析新常态下淮安教育发展面临的新形势、新机遇、新优势,不仅要主动适应、顺势而为,更要内生动力、乘势而上。要重点推动"三大跨越":目标跨越,全面完成教育规划发展任务,加快实现淮安教育由基本现代化向全面现代化迈进、由苏北领先向江北领先迈进;路径跨越,科学编制新的教育规划方案,加快推进传统教育向现代教育转变、硬件建设向软件建设转变、规模扩张向内涵发展转变;形象跨越,全面提升"学在淮安"品牌实力,使其发展成为重要的民生品牌和城市名片,树立淮安教育的美好形象。推动"三大跨越",必须进一步提升"学在淮安"品牌建设水平,要突出"六个发展",推进六个方面工作。

(一) 更加突出转型发展,着力推进教育现代化建设

加快建设高水平的教育现代化是群众的期盼、政府的责任、教育的目标,淮安教育必须在巩固既有成果的基础上,更加注重统筹协调,更加突出内涵建设,更加契合群众意愿,打造教育现代化升级版。要加大项目建设力度,实施好义务教育阶段薄弱学校办学条件改善工程,加快标准化学校建设。按照省一类标准提升80所农村中小学装备水平,各县区要积极创建省中小学教育装备工作示范县区。继续实施校安工程新规划,新建改建校舍30万平方米,消除全市中小学D级校舍,实现义务教育学校校舍基本达到国家抗震设防标准要求。加快教育信息化进程,以智慧教育建设为抓手,大力提升"三通两平

台"建设水平,建设淮安教育城域网,抓好教学资源的开发应用,完成教育信息化三年行动计划目标任务,创建"智慧校园"10所。加大内涵提升力度,坚持立德树人,深化"周恩来班"创建,推进"五德"教育进校园,大力弘扬社会主义核心价值观,积极践行"包容天下、崛起江淮"的新时期淮安精神;出台《淮安市学校德育工作指导意见》,成立学校德育工作研究会,深化"十大教育管理模式"研究,扩大"幸福教育"研究成果,探索实施"实境德育",开展纪念抗战胜利70周年等主题教育活动,深化中小学生心理健康教育"四早"工程,办好家长学校,构建具有淮安特色、全方位、立体化的德育体系,打造"生态德育"品牌。加强教学研究,推进"十大教学模式"数字化,提炼精品教学模式,探索构建"淮式教学流派";修订中小学各学科课堂教学评价标准,引导优质师资,改进教学方式,提升课堂效益;加强教育智库建设,发挥智库作用,推进协同创新,提升教育科研综合实力和核心竞争力。加强体育艺术教育,调整优化教体结合学校布点,积极发展校园足球,遴选一批学校申报全国全省校园足球特色学校,淮阴区要力争获批全国校园足球试点县区;办好全市第二届中小学体艺文化节,编创一批具有淮安特色的优秀原创节目参加全国全省第五届中小学生艺术展演,创建体育、艺术教育特色学校各20所。加强学校文化建设,各学校要充分发挥传统优势,深入挖掘地方文化资源,提炼办学思想,培育学校精神,找准特色定位,加强研究实践,在环境文化、制度文化、课程文化、社团文化、精神文化上动脑筋、想办法、做文章,做优特色,做强品牌。加大创建推进力度。召开全市教育现代化建设现场推进会,进一步明确主攻方向,完善推进机制。加强对全市教育现代化建设的宏观监测和精准指导,按照"已达标的抓巩固、未达标的抓进度、难点指标抓突破"的思路,着力补短、补缺、补软。组织学习交流,开展专题调研,编印创建简报,及时宣传推广创建工作的创新做法、特色亮点。

(二)更加突出均衡发展,着力推进教育公平普惠

教育公平是社会公平的重要基础。要把推进基础教育优质均衡发展作为促进教育公平的重要举措,努力实现学有优教,为群众提供优质普惠的基本公共教育服务。大力促进教育资源优质化。加快学前教育改革发展,认真落实省政府关于独立办园、教师配备等政策规定,制订学前教育发展第二个五年行动计划,推进城区住宅小区现有未使用配建园的清理工作,创建30所省市级优质幼儿园,继续做好省学前教育改革发展示范区创建工作。进一步

完善义务教育均衡发展推进机制,加强乡镇中心初中、中心小学建设,切实办好每一所学校,推动城乡教育一体化。加强高中优质课程基地建设,推进四星级高中创建。大力推动集团办学规模化。将集团化办学作为放大优质教育资源、促进新建学校和薄弱学校快速发展的有效途径,认真总结推广集团化办学经验,广泛建立教育联盟、教学共同体,逐步把所有义务教育学校纳入集团化办学范围,构建集团化办学的淮安模式。教育集团龙头学校要充分发挥带动辐射作用,加强对集团成员学校的业务指导、监测评估,做到与各成员学校理念、资源、过程、成果"四个共享",加快把各成员学校建设成为管理规范有序、教育质量优良、办学特色鲜明的优质学校。大力维护教育机会均等化。完善义务教育划片招生、免试就近入学制度,保障每个适龄儿童少年拥有一个相对就近的公办学位。积极应对人口政策调整和城镇化进程加快,稳妥做好户籍流动人口、外来务工人员随迁子女的教育服务工作。认真落实国家特殊教育2014—2016年三年提升行动计划,重视和加强特殊教育学校建设,拓展特殊教育招生范围,推进残疾少年儿童随班就读,保障残疾孩子平等接受教育。严格落实义务教育和普通高中学籍管理规定,规范学籍管理,推进招生考试公平。提高国家资助政策的精准度,精准确定资助对象,确保国家学生资助、奖补等优惠政策真正落实到每个需要帮扶的学生身上,实现教育资助全覆盖。健全留守少年儿童、流浪未成年人教育关爱服务体系,呵护他们健康成长。

(三) 更加突出规范发展,着力推进依法治教

认真贯彻落实党的教育方针政策,积极推进依法治教、依法治校,以法治思维推进淮安教育科学跨越发展。强化依法行政。教育行政部门要切实增强行政管理的法治意识,认真开展行政执法业务培训,提升依法行政能力和水平。推进行政决策民主化,凡是事关教育发展和人民群众切身利益的重大决策事项,都要坚持公众参与、专家论证和政府决定相结合,都要进行风险评估。加大政务信息公开力度。加强教育督导,提高责任督学挂牌督导制度执行水平。加大教育执法力度,严肃查处教育违法行为,切实维护人民群众的利益。强化依法治校。各级各类学校要增强规范意识,办学行为要遵规守章,严格控制办学规模和班额,将义务教育学校择校生比例控制在10%以内。大力开展全国义务教育学校管理标准实验区建设工作,各地各校要加强学习培训,对照管理标准,查找不足,加快整改,积极探索义务教育学校管理的特

点和规律,加强学校章程建设,形成富有成效的工作经验,提升实验质量,建成一批示范学校,推动建立现代学校制度。要落实教代会制度,保障教职工参与学校民主管理的权利;建好"教职工之家",维护教职工合法权益。继续开展"规范办学行为百校行"活动,创建市级依法治校示范校20所。强化法制教育。大力开展学法、用法、守法活动,大力弘扬社会主义法治精神,提升教职员工的法制意识。充分发挥课堂教学在青少年法制教育中的主渠道作用,抓好法制教育课程、课时、教材、教师"四个落实",拓展法制教育平台,努力实现学校法制教育工作的系统化、制度化、规范化。推进学校法治文化建设,做好"六五"普法终期考核。

(四)更加突出创新发展,着力推进教育综合改革

改革就是解放和发展生产力。要围绕"促进人的全面发展"这一教育根本目的,加强改革试点项目、典型经验的分析研究,作出规律性把握,进一步找准深化教育改革的落脚点、突破点,破解制约全市教育发展的瓶颈问题。推进教育治理改革。以转变政府职能和简政放权为重点,积极构建政事分开、权责明确、统筹协调、规范有序的教育管理体制,完善学校内部治理结构,推进教育治理体系和治理能力现代化。深化办学体制改革,推动公办民办教育协调发展。加快转变教育发展方式,创新人才培养机制,推进学前教育优质普惠发展、义务教育优质均衡发展、普通高中特色多样发展。重点推动基础教育转型发展,更加注重学生全面发展,切实滋养学生的德行,强健学生的体魄,启迪科学的精神,培养人文的情怀,使学生成为一个完整的、幸福的、美好的人,为学生终身发展奠定坚实基础。深化课程体系改革。开齐开足国家规定的各项课程,结合淮安教育实际、学校办学优势、学生年龄特征等完善地方课程和校本课程体系,开发和使用好"文化淮安"等地方课程,开发一批主题校本课程,增强课程的层次性、多样性、选择性和可操作性。加强民族班、新疆班、国防班建设,清江中学要建设好国防教育课程基地。把配齐配足音体美专职教师、开齐开好体育艺术课程作为落实课程计划的重点,扎实推进阳光体育运动,深入推进体育艺术"2+1"项目,确保每个学生在义务教育阶段至少学会2项体育技能和1项艺术技能。积极研究应对新的高考方案,统筹安排高中三年的教学计划、课程设置、教学管理和考试安排,形成高中教育的新常态。扩大教育对外开放。开展"教育国际化推进年"活动,召开淮安教育国际化推进会,新增一批境外友好学校,广泛开展教育交流活动,学习借鉴

先进经验,加快融入国际潮流。聘请和使用好外籍教师,参与承办省教育厅在南非举办的孔子课堂,推进部分学校与德国、英国、法国以及中国台湾地区的合作办学。

(五)更加突出专业发展,着力推进教育人才队伍建设

习近平总书记指出:"一个人遇到好老师是人生的幸运,一个民族源源不断涌现出一批又一批好老师则是民族的希望。"淮安教育要加快实现跨越发展的奋斗目标,在区域竞争中抢得先机、赢得主动,必须更大力度地推进人才强教战略,建设一支"有理想信念、有道德情操、有扎实学识、有仁爱之心"的"四有"好教师队伍。加强师德师能建设。研究制定全市教师队伍发展规划,出台队伍建设工作意见。加强师德建设,学习先进人物典型事迹,引导广大教师争做忠于职守、善于治学、勇于创新、严于律己的典范。大力提升教师学历层次,坚持教师招聘学历要求,鼓励教师参加高层次学历进修。加快市、县级教师发展中心建设,大力实施教师培训计划,培训要重点向农村教师和薄弱学科教师倾斜,每年开展市级以上培训9 000人次。强化名师队伍建设,出台全市特级教师和学科带头人考核办法、特级教师工作室建设与管理办法,完善教育优秀人才梯队培养机制。继续与高校联办"533教育英才"高级研修班、特级教师高级研修班,组织开展"名师百校行"活动,加大特级教师后备人才培养力度,加强"双师型"教师队伍建设。加强校长队伍建设,组建校长研修共同体,深入实施卓越校长培养工程。深化人事制度改革。各县区要学习借鉴清江浦区人事制度改革的经验和做法,建立教师"县管校用"模式,打通教干教师交流渠道,扩大教师轮岗交流覆盖面,扩大校长办学自主权。创新教师评价机制,建立以岗位职责要求为基础,以品德、能力、业绩、贡献为导向的教育人才评价机制,探索学校、学生、教师和社会多方参与的评价办法。进一步改革分配制度,使绩效考核向关键岗位、优秀教师和农村教师倾斜,形成多劳多得、优绩优酬的激励机制。

(六)更加突出服务发展,着力推进教育支撑能力建设

新常态下,教育只有融入和服务经济社会发展,才能保持旺盛的生命力。积极构建现代职业教育体系。召开全市职教工作会议,出台加快推进现代职教体系建设的意见,扩大中职学校与省内高校分段培养试点范围,推进市开发区、淮安区两个省级职教创新发展实验区建设,创建国家中等职业教育改革发展示范学校1所、省高水平现代化职业学校6所、省四星级职业学校1

所。加快职教信息化建设,完成数字化资源评选入库工作。推进职教集团化办学,打造5个市级示范性职教集团。强化校企协同创新,建立产教联盟,启动现代学徒制试点,建好双元制职业培训中心。办好职教创新大赛、技能大赛,争取国赛省赛取得更好成绩。进一步提高技能人才培养质量,每年向地方输送各类人才1万人以上。积极完善社区教育体系。加强社区教育资源建设,完成淮安开放大学主体工程,创建省市级社区教育中心18个、省级居民学校40个,加强对社会力量举办非学历教育培训机构的管理,试行学校体育设施向社会开放。加强社区教育培训,实施"百千万"社区教育培训计划,每年完成各类培训60万人次。加强社区教育网络平台建设,建成淮安学习在线网站,培育30个示范型数字化学习社区,建设优质教育资源全民共享的终身学习云平台,为淮安市创建信息惠民国家试点城市增添亮点。积极服务中心城市建设,加强中小学"八礼四仪"、环境保护等教育,开展文明单位、节水型学校、绿色学校等创建活动,办好汉字听写大会,做好"双拥"、帮扶、教育工会、综合治理、招商引资、提议案办理等重点工作,为促进全市经济社会发展,建设"美丽淮安"作出积极贡献。

四、保障措施

推进淮安市教育改革和发展,全面提升基础教育质量水平,必须加强组织领导、落实责任、增强投入、改革创新、依法治教、强化措施,动员各方力量共同关心和支持教育发展,营造教育改革和发展的良好氛围,为加快提升淮安市基础教育教学质量提供强有力的保障。

(一)加强组织领导,提升决策水平

加强和改进党对教育工作的领导,全面贯彻党的基本路线和教育方针,坚持社会主义办学方向,保证党对教育工作的主导权;加强学校领导班子和干部队伍建设,完善教育培训、选拔任用、管理监督并重的干部管理体系,不断提高治教和治学能力;扎实推进基层党建工作创新,充分发挥基层党组织的作用;深入开展"三严三实"活动,完善教育系统惩治和预防腐败体系,坚决惩治腐败,坚决纠正损害群众利益的各种不正之风。进一步落实政府的教育责任,各级政府要树立正确的教育发展观,进一步转变职能,强化公共服务和社会管理,优先发展教育事业;严格落实问责制,把教育工作实绩列入各级党委、政府特别是主要领导政绩考核指标体系,作为干部任用的重要依据;定期向同级人民代表大会及其常委会报告教育改革和发展情况,充分听取政协和各民主党派的意见和建议；政府各部门要加强协调，强化统筹保障，齐心协力支持教育发展。加强教育决策和战略研究，发挥教育咨询委员会的作用，围绕全市教育改革发展重大问题，开展系统性的专题研究，为宏观决策提供理论支撑和咨询服务；健全政府教育决策机制，完善决策程序，推进教育决策公示、听证制度，增强决策的透明度和公众参与度；加强教育规划工作，建立规划动态调整和实施机制。

（二）增加教育投入，建立长效机制

完善教育投入机制，严格按照教育经费依法增长的法律法规要求，保证教育财政拨款增长高于财政经常性收入增长，提高财政教育支出占公共财政支出的比重，确保达到中长期发展纲要规定的目标；落实国家征收教育费附加和地方教育附加政策，专项用于教育事业；对各级各类学校校舍建设实行规费减免；扩大社会资源进入教育的途径，多渠道增加教育投入。通过税收减免、政策优惠等措施，建立和完善社会团体、企业、家庭、个人捐资教育的激励机制。优化投入分配结构，完善以办学成本为基础、与物价水平相一致的各级各类教育生均定额标准动态调整机制；重点加大对农村教师队伍建设及农村幼儿园、农村寄宿制学校、城镇薄弱学校和城市发展新区的投入；完善从学前教育到高中阶段教育15年全覆盖的政府助学体系。加强教育经费管理，建立科学化、精细化的预算管理机制，实现公共教育财政支出预算公开化、透明化；健全经费管理监督机制，完善内部审计制度，加强预算执行审计；健全学校财务会议和资产制度，规范学校经济行为，防范学校财务风险，积极探索民办学校财务监督措施，依法规范民办学校资产和财务管理。

（三）深化综合改革，改进管理制度

健全教育管理体制，完善"两级政府、两级管理"的基础教育管理体制，增强区县教育管理的统筹权，提高区县政府的教育专业化管理水平，发挥乡镇、社区在参与和支持基础教育管理中的重要作用；完善政府统筹、行业参与、社会支持的教育管理体制；增强学校自主办学权，减少对学校办学不必要的干预，充分发挥法规、规划、标准及拨款机制的引导和调控作用，推动学校面向社会自主办学，大力倡导教育家办学。深化办学体制改革，形成政府主导、社会参与、办学主体多元、办学形式多样的办学格局；整体规划公办和民办教育事业发展，促进民办学校和公办学校有序竞争、协调发展；以中小学名校集团化与幼儿园名园集团化，带动薄弱学校建设，推动优质教育资源的共享、增长和均衡化。完善招生制度改革与评价制度,完善义务教育免试就近入学办法;完善初中学业水平考试和综合素质评价制度,逐年扩大优质普通高中招生指标定向分配比例;拓展普通高中学业水平考试功能,完善综合素质评价体系;推进招生考试的信息公开和社会监督。

(四)坚持依法治教,规范学校办学

加强教育法治建设,各级政府要依法履行教育职责、积极开展教育普法工作,切实保障国家和省有关教育法律、法规、条例的有效落实,依法维护学校、学生、教师、校长和举办者的权益;依据国家和省相关法律法规,适时开展终身教育、教育督导评估、民办教育、学前教育等方面的地方立法立规工作;加强教育行政执法责任与监督制度建设,全面提高依法治教水平;加强教育监察、审计等行政监督,推进教育政务公开和校务公开;健全教育法律救济制度。加强教育规划用地供应与保护,将中小学教育用地的供应与保护纳入全市城市发展规划,并严格执行;完善教育建设用地供应机制,加大教育建设用地的储备、供应力度;严格保护现有学校规划用地,禁止将教育规划预留用地改作他用,违者应依法予以处罚。完善督导制度和监督机制,加强督学责任区和督导队伍建设,加强教育督导制度。坚持督政与督学并重、监督与指导并重,强化教育法律法规和政策情况督导检查,加强对各级各类教育质量的监督,建立监督检查结果公告制度和限期整改制度。规范学校办学行为。建立和完善符合法律规定的学校章程和制度,促进学校正确行使办学自主权,依法履行教育教学和教育管理职责,切实保障师生合法权益;出台相关规定,规范公办学校和民办学校的生源、师资竞争等行为。

(五)加强文化建设,营造良好氛围

加强教育文化建设工作。广泛宣传淮安市的教育方针政策以及规划内容,争取社会各界的广泛参与大力支持,形成理解支持教育改革发展的良好社会环境,提升各级教育宣传部门的组织策划能力,组织各级教育宣传部门深入挖掘、大力宣传教育战线的感人事迹、成功做法,以典型人物、典型经验推动教育工作。切实维护校园和谐稳定,深入开展平安校园、文明校园、绿色校园、和谐校园创建活动;完善矛盾纠纷排查化解机制,健全学校突发事件应急管理机制,依法妥善处置各种事端;健全安全保卫制度和工作机制,建立人防、技防、物防、群防体系,加强师生安全教育和学校安全管理,提高预防灾害、应急避险和防范违法犯罪活动的能力。加强校园和周边环境治安综合治理,共同维护校园安全稳定。

(六) 注重过程管理,落实规划执行

落实规划任务,对规划提出的目标任务进行分解,责任分工,制订实施方案。向社会公布改革和发展的重点任务、时间表和路线图。加强规划评估。组织对规划实施情况的中期、年度评估和跟踪监测,定期发布教育改革发展动态,及时总结各地在实施规划中的经验教训,积极推广先进经验;适时开展市民对教育满意度测评,形成社会、家长、媒体等监督教育改革和发展的有效机制。

附 录

全面推进教育现代化建设
努力办好人民满意的淮安教育
——在全市教育工作会议上的讲话

姚晓东

（2016年9月8日）

同志们：

在第32个教师节即将到来之际，市委、市人民政府召开全市教育工作会议，这是继三年前全市教育现代化建设推进会后，在进入全面建成小康社会决胜时期、教育现代化建设关键阶段召开的又一次重要会议。首先，我代表市委、市人民政府，向全市广大教师、教育工作者以及离退休老教师致以节日的问候！向长期以来关心支持淮安教育事业发展的社会各界人士表示衷心的感谢！

刚才，市教育局、财政局、清河区、金湖县分别围绕教育现代化创建作了很好的发言，展现出了良好的精神风貌；王市长作了一个全面的报告，回顾总结了全市教育现代化建设情况，对当前和今后一段时期工作进行了具体部署，目标明确、重点突出、措施扎实，我完全赞同，希望大家认真抓好贯彻落实。下面，我就加快推进全市教育现代化建设，再强调几点意见。

一、把握形势要求，以高度的历史自觉和坚定的行动自觉加快推进教育现代化

教育承担着未来之重，是每个人幸福生活、成长成才的永恒需求和一个国家、一个城市创新进步、实现现代化的动力源泉。同时，教育是时代与社会的产物，必须顺应时代要求、关切社会呼声，与时代同行、与社会契合。当前，随着"五位一体"总体布局和"四个全面"战略布局的纵深推进，教育需要不断寻求创新和突破，全面提升教育现代化水平，以教育发展的现代化引领经济

社会发展的现代化。党的十八大以来,党中央把教育事业发展摆在更加突出位置,旗帜鲜明地指出"要坚持教育为社会主义现代化建设服务",十八届三中、四中、五中全会也对教育改革发展提出了明确要求,国家"十三五"规划纲要对推进教育现代化进行了具体部署,特别是习近平总书记强调"'两个一百年'奋斗目标的实现、中华民族伟大复兴中国梦的实现,归根到底靠人才、靠教育",提出要"努力让13亿人民享有更好更公平教育",充分体现了党中央对新形势下教育事业的战略思考、对教育发展规律的深刻把握和对教育改革发展的历史担当。省委、省人民政府根据中央精神,结合全省实际提出了"确保教育现代化走在全国前列"的发展目标,在今年召开的全省教育工作会议上提出"江苏到2020年要实现'教育主要发展指标达到教育现代化水平,人民群众对教育的满意度显著提高,教育对经济社会发展的贡献度显著提高'的'一达到、两提高'目标"。这些是新时期提升淮安教育现代化建设水平的重要方向和基本原则,也是推进教育改革发展的根本指引和行动指南。全市各级各有关部门要认真学习领会、坚决贯彻落实中央和省委、省人民政府部署要求,抓紧研究推进教育现代化建设各项工作,努力在新的起点上开创淮安教育事业改革发展新局面。

"十二五"以来,经过全市上下的共同努力,淮安教育发展不断提质增效,实现了区域教育基本现代化,在全省较早通过义务教育基本均衡国家督导认定,成为全国义务教育学校管理标准八个实验区之一,教育工作受到国务院表彰,形成了有较强影响力的"学在淮安"教育品牌。2015年,我市有8个县区教育现代化监测得分超过全省平均水平,清河、清浦、开发区等3个县区得分超过苏中平均水平,淮安教育现代化建设走在了苏北前列。在充分肯定成绩的同时,我们也要清醒地认识到差距和不足,如对照省域总体现代化指标要求,我市教育体系建设还存在一些薄弱环节,教育布局有待优化,优质教育资源不够丰富,教师队伍结构不尽合理,教育信息化建设比较薄弱,教育内涵发展水平和教育教学质量有待进一步提高。特别是当前淮安已进入实现"两大目标"的决胜决战阶段,尤其需要充分发挥教育在推进地方经济社会发展中的重要引擎作用,以教兴市、以教强市。一方面,加快推进教育现代化、办好人民满意的教育是全面建成小康社会的重要目标之一;另一方面,"学在淮安"是我们重点打造的苏北重要中心城市核心功能品牌之一。因此,我们必须顺应教育发展新趋势新要求,全面提升现代教育水平,着力构筑苏北教育高地,力争2019年提前一年在苏北率先实现教育现代化省定目标,不断巩固扩大"学在淮安"品牌的影响力和带动力,进而为全面建成小康社会和基本奠定苏北重要中心城市地位提供有力支撑。

二、聚焦重点突破,奋力推动淮安教育现代化建设再上新台阶

教育现代化建设是一项系统工程,既包括办学条件和内涵水平的全面提升,也包括各级各类教育的全面协调发展。推进教育现代化建设要有急不得更慢不得的战略定力,既不能短视懈怠,也不能贪功冒进,必须紧扣关键,下大力气补短培强。

(一)紧扣提高质量这一中心

质量是教育发展的生命线。要把提升质量放在核心位置,准确把握各级各类教育发展的内在要求,致力推动各级各类教育优质均衡发展,不断提高教育发展水平。一是基础教育要力促优质特色。基础教育是为人生打基础的教育。经过多年发展,我市基础教育已经较好地解决了"有学上"的问题,但离实现"上好学"目标还有一定差距,必须根据不同阶段的教育现状,进一步明确工作重点和主攻方向。在学前教育发展上,要进一步扩大公办园和普惠性民办园覆盖面,大力推行标准班额办园,深化幼儿园课程改革,推进游戏化教学,提升保教质量。在义务教育发展上,要实施标准化管理,逐步实现所有学校达到《义务教育学校管理标准》要求;推进小学特色文化建设工程和薄弱初中质量提升工程,着力提升办学品质。在普通高中教育发展上,要加强课程基地建设,推动四星级高中与三星级高中或新建高中结对共建,到"十三五"末实现优质高中全覆盖,打造一批有影响的一流普通高中。二是职业教育要深化产教融合。职业教育的目的是为经济社会发展培养合格的技术技能人才。要加快完善现代职业技能培训体系,强化与产业功能的对接,围绕淮安优势特色产业,优化专业布局和课程设置,使职业教育更加贴近产业发展需求和企业人才需求。职业院校要坚持服务发展、促进就业的办学方向,强化与企业需求的对接,把产教融合、校企合作作为应用型人才和技能型人才的培养模式,不断提升职业院校学生的学业和就业水平;强化与城市发展的对接,全面推行企业新型学徒制,实施"淮安工匠"培养工程,在人才培养过程中大力弘扬和培育精益求精的工匠精神,为淮安产业转型升级输送更多的"能工巧匠"。三是高等教育要提升规模层次。高等教育是提升城市核心竞争力的重要资源。目前,我市高等教育院校数量、规模、层次等都有待提升,

全市上下要关心、关注和支持驻淮高校发展,推动他们提升办学层次和水平。驻淮高校要主动增强服务地方发展意识,积极对接地方发展需求,大力弘扬双创精神,强化政产学研合作,为产业集聚、转型升级培养更多应用型、创新型人才。要加强高等教育资源整合,加大综合性大学建设力度,力争在2018年前建成综合性淮安大学。全省教育工作会议指出,要引导具备条件的高校特别是独立学院迁址到苏中苏北办学。对此,我们要主动对接,积极吸引省内高校来淮办学或者与驻淮高校开展合作办学,特别是要做好江苏师范大学科文学院落户淮安相关工作,加快壮大我市高等教育的实力与规模。四是继续教育要紧跟社会发展。继续教育是终身学习体系的重要组成部分,要将其作为提升劳动者自身价值的有效途径和学习型社会建设的重要环节来抓,建立公共学习资源共享平台,让群众人人皆学、处处能学、时时可学。重点发展面向企业职工的继续教育,鼓励高校、职业院校根据企业和职工发展需求,有针对性地开设定制化、多样化的技术技能培训课程。统筹发展学历和非学历继续教育,办好开放大学等社区教育机构,鼓励社会教育培训机构有序发展,为全体社会成员业余学习、提高素养、服务社会提供便利。注重发挥互联网的远程教育培训功能,重点围绕互联网+、农村电商、家政服务、养老服务等新业态,加强职业技能培训。另外,当前我国正在加速步入老龄化社会,要大力支持老年大学等各类老年教育机构发展,为老年人继续学习提供更多机会和更好条件。

(二) 紧扣素质教育这一抓手

全面实施素质教育是教育改革和发展的战略主题,我们要准确把握教育规律和时代要求,持续用力、久久为功推进素质教育,培养德智体美全面发展的社会主义建设者和接班人。一要以坚持立德树人统领素质教育。党的十八大首次把"立德树人"写入党的报告,将其明确为现代教育的根本任务,这是党对教育本质认识的进一步深化。无论教育理念如何转变,教学内容怎么创新,都必须把立德树人要求贯穿教育各环节和全过程,把价值观培育渗透到学习生活的方方面面,让核心价值观的影响像空气一样无所不在、无时不有,引导学生确立崇高的人生目标和高尚的道德情操,形成健全的人格。淮安拥有周恩来纪念馆、八十二烈士陵园等丰富的红色文化资源,这些都是核心价值观教育的鲜活教材。要充分挖掘潜力,精心设计载体,广泛开展与学生思想、生活、发展需要相结合的教育活动,大力弘扬、宣传和践行周总理"五德"精神,在涵养学生心灵中帮助他们"扣好人生的第一粒扣子"。二要以促进全面发展落实素质教育。素质教育倡导快乐学习、全面发展。推进素质教育,必须下决心减轻课业负担,让学生有时间思考、有时间实践、有时间健体、有时间娱乐。要深入实施学生体质健康促进工程,广泛开展校园足球、体操、轮滑等阳光体育运动;推进中华优秀传统文化进校园,加强诗词、戏曲、书法传统文化教育,推动高雅艺术进校园进课堂,提升学生人文素养;优化心理健康教育,研究德育与心理健康教育相融合的教育新模式。要突出能力培养,深化创业创新教育,推广启发式教学,倡导研究式学习,注重培育学生创新思维、创新意识、创新能力,让他们从小养成热爱科学、好奇探索、动手实践的良好习惯和品质;加强实践教学,广泛组织学生参加课外活动,使学生更多地接触社会、参与实践,切实改变重知识传授、轻实践运用的现状。三要以建设优质师资支撑素质教育。教师是人类灵魂的工程师,是素质教育的直接推动者。要更加重视教师队伍建设,研究制定顺应教育发展需求、切合教师成长需要的有利政策。深化教师编制制度改革,主动策应城市化进程和全面二孩政策实施带来的城区生源持续增加的新常态,积极应对育龄女教师增加的新趋势,健全教师队伍补充更新机制,不断优化教师队伍结构。加强名师名校长队伍建设,实施好优秀校长园长培育工程,打造一批讲政治、懂教育、有情怀、善管理的优秀教育管理人才。关心和维护教师权益,改善教师待遇,在全社会弘扬尊师重教的良好风尚,使教师在岗位上有幸福感、在事业上有成就感、在社会上有荣誉感,让教师成为受人尊敬、值得羡慕的职业。

(三)紧扣促进公平这一目标

教育公平是社会公平的基础,当前最重要的任务是缩小城乡、区域、校际的教育差距。各级党委政府要切实履行责任,拿出有针对性的政策举措,不断提升群众的教育获得感和满意度。一要优化教育资源布局。主动策应城市发展趋势、人口发展形势,根据人民群众教育需求和全市教育事业发展需要,加强教育资源优化整合,适时高标准建设一批新的学校,不断扩大优质资源总量。各县区要根据全市统一部署,按照序时要求,扎实做好学校新建工作。教育部门要严格执行国家政策规定,科学规范地控制好学校规模和班额,鼓励义务教育阶段有条件的学校推行小班化教学,严格控制普通高中招生计划,逐步减少大班额,逐步消除大规模学校。二要缩小教育发展差距。继续推进义务教育学校标准化建设和改薄工作,加大对农村地区政策、资金、项目等扶持力度,促进公共教育资源向薄弱学校、农村地区倾斜,形成惠及全民的公平教育。近年来,我市采取集团化办学、名校办分校、名校托管弱校、对口帮扶、教师流动等方式,带动了一批薄弱学校和新建学校快速发展。要总结推广这些好的做法和经验,充分发挥名校的"孵化"作用,输出办学理念、学校管理和教学团队,提升农村地区、新建学校及薄弱学校办学质量水平,确保到"十三五"末全市80%以上的基础教育学校达到省定优秀标准,真正把名校办到郊区、办到乡村、办到老百姓家门口。三要保障平等受教育权利。坚持教育公平性与普惠性相结合,保障不同群体依法享有平等接受教育的权利,提升基本公共教育服务均等化水平。完善义务教育划片招生、免试就近入学制度,条件成熟的地区试行幼儿园服务区制度。关心关爱留守儿童少年,加强心理辅导和人文关怀,办好农村寄宿制学校。稳妥做好户籍流动人口、流动人口随迁子女等教育服务工作,呵护他们健康成长。落实国家特殊教育三年提升行动计划,推进全纳教育,实现残疾儿童义务教育全覆盖,充分满足残疾人接受学前和高中阶段教育的需求。完善政府助学体系,推进家庭经济困难学生精准资助,让每一个孩子都能上得了学、上得好学。

(四)紧扣改革创新这一动力

全面深化改革是时代的主旋律。淮安教育的发展得益于改革创新,推进教育现代化仍需持续深化各项教育改革,不断提升教育发展活力。一要健全办学机制。进一步落实好"以县为主、县乡共管"的学前教育管理体制,"以县为主、城乡一体"的基础教育管理体制和"市县为主、政府统筹、行业参与、社会支持"的职业教育管理体制,加快落实幼儿园法人登记制度。加强公办民办教育协调发展,加快形成政府主导、社会参与、办学主体多元、办学形式多样、充满生机活力的办学格局。民办教育是国民教育的重要组成部分,是公办教育的有益补充,各县区要科学合理控制公办教育与民办教育比例,加强民办教育管理,提升办学质量,在教育需求较为集中的城区,积极吸纳社会资本,新建优质民办初中,满足人民群众多样化的教育需求。二要推进智慧教育。信息化的快速发展,互联网技术的广泛运用,深刻改变着教育的理念和方式,对教育治理提出了新的要求。要深入研究信息时代对教育的根本性影响,积极发展具有淮安特色的智慧教育体系,建好用好淮安教育专网,提升"三通两平台"建设水平,加快构建智慧教育基础环境。优化智慧教育资源服务,加快优质数字资源的共建共享,形成人人享有优质教育资源的信息化学习环境。提升智慧教育应用能力，推进智慧教育应用融合，充分运用云计算、大数据、物联网等信息技术推动教育改革发展，培育一批智慧教育名师、创新团队和名师工作室，提高信息化在推进教育公平、提高教育质量、建设学习型城市中的效能。三要扩大教育开放。早在20世纪80年代，邓小平同志就指出，教育要面向现代化、面向国际、面向未来。我们要围绕企业、城市、人才三个国际化的要求，扩大教育对外开放，大力推进教育国际化，坚持"走出去"与"引进来"相结合，推动学校、师生间的国际交流，广泛学习借鉴先进教育理念，积极引进国内外优质教育资源，探索多种形式的合作办学模式，不断提升淮安教育的层次和水平。要积极参与共建"一带一路"教育行动，加强与沿线国家和地区的紧密合作，以教育合作促进经贸合作、人文交流，提升城市国际化水平。

三、强化组织领导，切实为加快推进教育现代化提供有力保障

推进教育现代化是一项事关全局和长远的重大历史任务，与社会、家庭、学校都有着非常密切的关系，离不开方方面面的参与和支持，全社会要积极行动起来，给予教育现代化建设最大理解、最大支持，通过全市上下的共同努力推动教育现代化宏伟蓝图变成美好现实。

（一）完善责任体系

各级党委政府要切实履行好主体责任，坚持教育优先发展战略不动摇，加大教育经费保障力度，把推进教育现代化纳入地区经济社会发展总体规划。各县区要咬定目标任务，认真落实本次会议签订的责任书内容，定好序时、排好项目、落实经费，全力以赴加以推进。要建立健全推进教育现代化建设的领导机制、考核机制和问责机制，及时研究教育改革发展的新情况、新问题，切实解决推进过程中的矛盾和困难。进一步加强教育系统党的建设，认真开展"两学一做"学习教育，充分发挥党组织在教育改革发展中的领导核心作用，牢牢把握党对学校意识形态工作的领导权。

（二）加强统筹规划

推进教育现代化必须坚持问题导向，把准方向、精准发力。要增强超前谋划能力，准确把握教育发展的新形势新要求，加强针对性调查研究，及时发现和解决实践中存在的矛盾和问题。要增强改革创新能力，掌握好改革的力度和节奏，既积极探索又审慎稳妥，确保教育改革方向正、效果好。要增强决策执行能力，吃透中央和省委、省政府精神，把上级关于教育的决策部署与淮

安教育和各校实际相结合,做到执行有力、成效明显。要增强依法治教能力,用法治思维、法治方式推进教育改革发展,确保在法治的轨道上推进教育现代化建设。

(三)凝聚工作合力

推进教育现代化必须充分调动各方力量。市创建工作领导小组要加强面上监测、评价、督促和指导,各相关部门和单位要牢固树立"一盘棋"思想,高标准、高质量完成自身创建任务,真正拧成一股绳、心往一处使。家庭是孩子成长的摇篮,是人生的第一所学校,要积极参与和配合学校做好科学育人工作,以良好家风引导孩子健康成长。博物馆、图书馆、展览馆等要积极开展公益性教育活动,为孩子们提供更多更好的精神食粮。新闻媒体要加大宣传力度,引导全社会树立科学的教育观、成长观、用人观,积极营造关心教育、支持教育的浓厚氛围。投资教育、捐资办学,是惠及子孙、回报社会、功德无量的高尚事业,要鼓励更多企业家、社会人士投资兴办教育,引导更多社会资源投向教育,营造推动教育改革发展的良好氛围。

国运兴衰,系于教育;三尺讲台,关乎未来。教师是教育发展的第一资源,只有高素质的教师才能发展高质量的教育、建设高水平的教育现代化。借此机会,我对全市广大教师提几点希望:一要坚守不忘初心的理想信念,牢记为人民服务宗旨,铭记习总书记的"四有"嘱托,始终忠诚于人民的教育事业。二要树立勇于担当的教育情怀,忠于职责使命,潜心教书育人,为学生的终身发展竭诚服务,为民族的伟大复兴坚守职责。三要永葆勤廉敬业的职业操守,为人师表、心存大爱、淡泊名利、勤勉敬业,以高尚的师德风范和人格魅力教育感染学生。四要锤炼精湛高远的学识本领,严谨笃学,博采众长,不断更新教育观念、丰富知识素养、创新教育行为、提升教育品位。五要弘扬矢志卓越的价值追求,积极创新创优,改革教学方法,提升工作效能,创造一流业绩。

同志们,教育承载着淮安的前途与未来,寄托着全市人民的希望与期盼。我们要以对历史、对人民高度负责的态度,振奋精神、创新实干,努力创造教育现代化建设新成绩,交出"办好人民满意教育"新答卷,为推动淮安更高层次科学跨越发展作出新的更大贡献!

深化改革创新　矢志攻坚突破
奋力谱写淮安教育事业科学跨越发展新篇章
——在全市教育工作会议上的讲话

王红红

（2016年9月8日）

同志们：

在第32个教师节即将来临之际，市委、市人民政府召开全市教育工作会议，主要目的是：深入贯彻全省教育工作会议和市委六届十次全会精神，认真总结"十二五"以来的全市教育事业发展情况，分析形势，查找问题，明晰思路，研究部署今后一个时期的教育工作任务，动员全市上下不断加快教育改革发展步伐，努力走出一条具有淮安特点的教育现代化建设之路，着力唱响"学在淮安"教育品牌。等一会，姚书记、惠市长将发表讲话，大家要认真贯彻落实。下面，我先讲几点意见。

一、充分肯定"十二五"以来的教育现代化建设成果

"十二五"以来，市委、市人民政府将教育事业摆在优先发展的突出位置来抓，深入贯彻落实中长期教育规划纲要，持续推进教育现代化建设，教育综合实力和服务水平明显提升，主要发展指标位居苏北前列。

（一）教育体系日趋健全

15年基础教育普及度明显提升，学前三年教育毛入园率、义务教育巩固率、高中阶段教育毛入学率分别达98.3%、99.1%、98.3%，与"十一五"末相比分别提高2.6、0.1、1.3个百分点。职业教育体系加快完善，获批18个本科分段培养项目专业点，4所职校进入国家改革发展示范校行列。高等教育规模扩大，淮阴卫校成功升格为江苏护理职业学院，高等教育毛入学率达54.87%，比"十一五"末高15.6个百分点。高等教育、职业教育累计向地方输送10多万名技能型人才。继续教育网络基本建成，新建淮安开放大学新校区，建成9个省级社区教育实验区、7个社区教育学院和一批社区教育中心。

（二）教育质量稳步提升

建立教育质量标准体系，着力创新人才培养模式，学生学业水平不断提

升,义务教育质量监测成绩进入全省前列。在高考生数逐年递减的情况下,二本以上录取数连续 8 年超万人,录取率稳步攀升,名校录取数苏北领先。职教创新、信息化等大赛成绩居全省前列。课程改革全面实施,建成 45 个省级中小学课程基地。坚持立德树人导向,"生态德育"特色鲜明,红色德育、国防教育在全国产生影响,省级"周恩来班"数量占全省 1/3。教体融合做法在全省推广,阳光体育运动和艺术展演受到教育部表彰,校园足球工作在全省做经验介绍。

(三) 教育公平明显改善

以缩小城乡、区域、校际差距为重点,建立健全城乡一体化发展机制,基本公共教育服务均等化水平快速提升,通过义务教育基本均衡国家督导认定。突出学前教育、农村教育等重点薄弱环节,累计新改扩建 168 所幼儿园,提升 180 所农村学校教育装备水平,建立 52 个基础教育集团,带动 200 多所新建学校和薄弱学校加快发展,80% 以上中小学生实现在优质学校就读。发挥基层"五老"作用,依托家长学校等阵地,搭建特殊家庭子女教育平台,受到中央关工委的充分肯定。弱势群体教育关爱帮扶体系不断健全,进城务工人员随迁子女入学享受同城待遇,教育资助实现所有学段全覆盖,荣获省教育资助绩效评估"五连冠"。

(四) 教育改革有序推进

以厅市战略合作协议和各类示范区创建为抓手,在办学体制、人才培养机制、现代学校制度、教师管理体制等方面积极探索、先行先试,一批改革试点项目取得突破,获批全国义务教育学校管理标准实验区,清江浦区成为全国教师"区管校用"改革试验区。总结形成淮式教学流派,"十大教学模式"和"十大教育管理模式"在全市推广。对内、对外开放度明显扩大,淮安恩来枫叶国际学校、南京外国语学校淮安分校等合作办学资源持续增加,28 所市内学校与 55 所境外学校建立友好(姊妹)学校关系或达成合作项目,在苏北率先引进德国"双元制"模式建成市专业技术培训中心。

(五) 教育保障落实有力

在经济下行压力较大的情况下,想方设法克服困难,坚持教育投入优先考虑、教育经费优先安排,五年累计投入财政教育经费 358 亿元,年均增长 16%,各级教育预算内生均教育经费基本达到省定标准。连续多年将省优质幼儿园建设、中小学校舍安全、农村中小学装备提升工程纳入为民办实事项目,市财政安排专项资金予以奖补。实施人才强教工程,培育出一批名师、名校长和骨干教师,全市现有 8 名人民教育家培养对象、108 名在职特级教师、680 名市级以上学科带头人。组织开展"最美教师""功勋教师""十大师德之星"评选活动,尊师重教传统进一步发扬,全社会关心、支持、参与教育的氛围日益浓厚。

教育事业发展极大地提高了全民素质,为加快全面小康社会和苏北重要中心城市建设作出应有的贡献。教育事业的繁荣发展,离不开各级党委、政府的关心重视和社会各界的大力支持,更倾注了广大教育工作者的聪明才智和辛勤汗水,饱含着全市教育战线同志们的不懈努力和创新创造。借此机会,我谨代表市人民政府,向全市教育战线上的广大干部职工表示衷心的感谢和崇高的敬意!

教育,牵涉千家万户、关系国计民生,来不得一丝一毫的懈怠和大意。在看到成绩的同时,我们也要清醒地认识到当前工作中存在的问题和不足:一是部分县区财政性教育投入不足,教育现代化监测成绩在低位徘徊,区域、城乡、校际的教育教学差距还比较大,大规模、大班额现象较为普遍。二是学前教育资源较为紧缺,基础教育阶段教师队伍的学科、性别、年龄、职称等结构性矛盾较为突出,职业教育与行业企业结合不紧,吸引力有待增强,终身教育较为薄弱,信息化水平有待提升。三是随着城市化进程加快,教育资源出现结构性紧缺,资源配置和学校布局有待优化,优质教育资源不足,"择校热""入园难"等问题有升温趋势。我们要坚持底线思维,紧扣经济社会发展最迫切的需求、人民群众反映最突出的问题、教育事业发展最薄弱的环节,理性分析、精准发力,矢志攻坚,全力推进教育现代化建设不断向前发展。

二、准确把握今后一个阶段教育现代化建设的目标要求

"十三五"是我市全面建成小康社会的决胜阶段和奠定苏北重要中心城市地位的决战阶段,需要更好地发挥教育的基础性、先导性、全局性作用,以教育现代化促进人的现代化,支撑和带动经济社会健康跨越发展。

当前和今后一个时期,全市教育工作的总体要求是:全面贯彻党的十八大和十八届三中、四中、五中全会精神,深入学习李强书记视察淮安时的讲话精神,以市委六届十次全会精神为指导,牢固树立和自觉践行新发展理念,以立德树人为根本任务,以提高质量为核心,以促进公平为重点,以改革创新为动力,以建设人力资源强市为导向,努力兴办公平普惠、优质多样、特色鲜明、充满活力、人民满意的一流教育,全面实现从"学有所教"向"学有优教"的跨越,为"打造增长极,共筑崛起梦",建设"强富美高"新淮安提供充足的智力支持和人才保障。

今后五年,教育现代化建设的具体目标是:按照今年新修订的江苏省教育现代化监测指标体系,清河区要确保年内实现创建目标,清江浦区、金湖县、淮安经济技术开发区要确保2017年完成创建任务,洪泽区要确保2018年完成创建任务,淮安区、淮阴区、涟水县、盱眙县要确保2019年完成创建任务。力争到2019年,以市为单位全面完成新一轮教育现代化创建任务,教育事业实现"一达到、两提高"(即教育主要发展指标达到省定教育现代化水平,群众对教育的满意度、教育对经济社会发展的贡献度显著提高),切实唱响"人人学有其所、人人学有所得、人人学遂其愿"的"学在淮安"品牌。

教育是温润似水、岁月留痕的事业,需要不忘初心、久久为功。在具体工作中,要把握三项原则:一是要坚持把教育优先发展作为战略任务。教育是百年大计,抓教育就是抓全局,就是抓长远。特别是在经济发展新常态下的今天,各县区各部门要确保教育优先发展力度不松、投入不减。要把兴学育才作为发展之基,始终坚持教育优先,做到无论财政收支压力有多大,对教育的支持力度不减,向教师队伍倾斜的政策不变,建设教育强市的决心不动摇,大力推进学前教育普惠发展、义务教育均衡发展、普通高中教育优质发展、职业教育创新发展、高等教育内涵发展、社会教育快速发展。二是要坚持把统筹推进和协调发展作为工作导向。策应国家最新计划生育政策、快速城镇化和人口流动趋势,根据不同学龄段人口基数变化情况,合理布局各级各类教育资源。在实施教育项目时优先向农村倾斜,在调配师资时优先考虑农村学校,在教研培训活动中优先安排农村教师。加大对职业教育、继续教育的支持力度,引导行业企业参与职业教育,以有力的抓手推动学习型社会建设,加快构建覆盖城乡的现代教育体系。三是要坚持把办好人民满意教育作为目标追求。积极回应群众对教育的期盼,着力在做大优质教育资源、随迁子女入学升学、教育扶贫帮困方面下功夫,努力消除"择校热"、大班额、大规模学校现象。将改革创新作为破解教育难题的重要途径,在招生制度、办学体制、人才培养机制等方面改革创新,在依法治校治教、产学研结合和教育对外开放等方面大胆实践,不断增强全市教育事业的内生发展动力,让教育改革发展成果更多更公平地惠及广大人民群众。

三、以质量为核心进一步提升教育现代化建设水平

深入推进教育现代化建设,要坚持把提高质量作为核心,紧紧围绕立德树人这一根本任务,推动全市各级各类教育办出特色、办出水平。

(一)注重统筹谋划,推动协调发展

一要优化教育布局。"十三五"时期,我市学前教育适龄人口总体上将保持递增,义务教育先增后减,高中教育先减后增。不同县区教育适龄人口规模各有变化,总体上呈增加趋势,并加速向城区集中,给本就紧张的教育体系带来新的压力。近期,市里正组织对《淮安市城区中小学及幼儿园布局规划(2011—2030年)》进行修编,将调整优化学校布点,为新建学校预留发展空间。各县区也要抓紧调整中小学及幼儿园布局规划,正确处理就近入学与规模办学之间的关系,合理确定各类学校服务半径,保证学校布局与城镇化建设、新农村建设和学龄人口居住分布相适应。二要丰富资源供给。今后五年,全市要新建、改扩建112所幼儿园,增加33所小学、16所初中和6所普通高中,才能提供必要容量、满足基本需要。市政府正在调研,近期将制定出台中心城区教育设施配套建设意见,明确市、县区两级在发展基础教育中的责任。市直义务教育学校将尊重历史、保持现状不变,不再扩大规模和新建校区。达到一定规模的新建住宅小区,配建幼儿园和义务教育学校,由县区政府负责,开发企业共同承担义务,这一块规划、国土、住建部门要把好关。对市政府明确的教育建设项目,各县区各部门要按照职责分工抓紧推进实施,确保按期投入使用。要建立健全教育发展保障机制,在经费安排、教师配置等方面向农村和薄弱地区倾斜,提升基本公共教育服务均等化水平。三要补齐体系短板。当前,学前教育、职业教育是我市教育领域的两大短板。各县区要高度重视学前教育资源短缺和质量不高问题,对照《3—6岁儿童学习与发展指南》,大力实施学前教育第二个五年行动计划,健全保教质量评价体系,探索建立服务区制度,增加公办幼儿园教师编制,提高待遇水平。到2020年,全市学前三年毛入园率要达到98.5%以上。各县区要大力引导行业企业参与职业教育建设。力争到2020年,全市创建10所省市级现代化示范性中职校、2所省市级优质特色中职校、2所国家和省示范性高职校、10个省市级示范性职教集团,不断增强职业教育吸引力。

(二)筑牢公平基石,推动普惠发展

一要完善招生制度。学前教育要逐步实现就近入园,义务教育阶段实行

免试就近入学,热点高中招生指标继续实行均衡分配。明年起高中招生要严格按计划按规定班额执行,严禁超计划招生。基础教育学校必须按照省定标准办学,逐步解决大规模、大班额问题。今后,幼儿园平均服务人口要控制在1.5万左右,90%以上的幼儿园办园规模不得超过12班,90%以上的小学、初中和普通高中规模分别不得超过8轨、12轨、16轨,适度班额比例达85%以上。二要改善办学条件。继续实施中小学装备水平提升工程,所有新建学校均要按照省定标准建设,到2020年所有学校都要达到省定一类要求。尽快建成启用淮安教育城域网,大力推进教育信息化"三通两平台"建设。到2020年,优质资源"班班通"覆盖率、网络学习空间"人人通"覆盖率、省级教育资源服务平台覆盖率要分别达到100%、90%、100%,60%以上中小学建成智慧校园。改善寄宿制学校办学条件,确保寄宿学生居食无忧。三要加快改薄步伐。充分发挥优质公办学校的"孵化"功能,继续通过建立校区、分校、教育共同体、集团化办学、对口帮扶等方式扶持薄弱学校。各县区要对照标准找差距,想方设法补短板,不断丰富各级各类优质教育资源的有效供给。到2020年,省市级优质幼儿园比例要达到90%以上,所有义务教育学校均达到省定办学标准,所有高中学校均达到省优质标准。同时,要完善教育资助体系,高度关注家庭经济困难学生、农村留守少年儿童、流动人口随迁子女三类特殊群体,确保每一个学生顺利完成学业。到2020年,全面普及免费特殊教育。

(三)坚持立德树人,推动全面发展

一要注重道德养成。要树立适应社会发展需求的学校发展质量观和学生成才观,把培育和践行社会主义核心价值观融入教育全过程,加强理想信念教育、优秀传统文化教育、生态文明教育和法治教育,形成爱祖国、爱学习、爱劳动的长效教育机制。要刚性推动素质教育,坚持"全面实施",每一所学校都要把实施素质教育作为一种自觉行动;做到"面向全体",关心关注每一个孩子的健康成长;力求"全面育人",促进学生身心和谐、德智体美全面发展。要开足开齐国家规定课程,利用周恩来总理故乡和革命老区等丰富资源,开发具有乡土气息的校本课程,发挥地域文化的涵养作用,在春风化雨中培养学生的爱国主义情怀、集体主义观念和社会主义信念。二要提升综合素养。探索推行"微课""翻转课堂"等新型教学模式,将合作和探究等教育理念贯穿其中,全面提高学生智能素养。继续实施学生体质健康促进工程和体育艺术"2+1"工程,巩固扩大教体融合效果,加大校园足球普及力度,提高学生体质健康水平。整合心理健康教育资源,完善心理危机干预机制。切实减轻中小学生过重的课业负担,让学生有更多时间自主学习成长。三要加强实践锻炼。各县区要支持学校建设综合性素质教育实践基地,积极探索"家校共育"素质教育模式,完善学校、家庭、社会"三位一体"的素质教育网络。要深化"周恩来班"创建活动,适度扩大规模,完善评价体系。要强化网络素养教育,重视和发挥新媒体在学生素质教育中的重要作用。要加强中小学校素质教育特色建设,新建100所小学特色文化建设示范学校和50所初中素质教育示范学校。

(四)深化改革创新,推动内生发展

一要深化管理体制改革。当前,个别县区把学校当作行政部门来看待,管得过于具体。个别学校内部还存在泛行政化现象,治理结构亟待理顺。各县区要推进简政放权,推动管办评分离,在进人用人、职称评聘、项目管理、经费使用等方面下放权力,减少对学校的行政审批、检查评比。各级各类学校要强化内部治理,坚持依法治教、依法治校,把下放的权力承接好使用好,坚决杜绝"一管就死、一放就乱"现象。要健全完善绩效工资制度,优化奖励性绩效工资分配办法,激发师生教学相长的积极性。二要深化办学体制改革。客观地说,在公办教育保基本、促公平的前提下,兴办民办教育有利于满足群众多样化的教育需求,对推进教育事业发展具有"鲶鱼"效应。部分县区民办教育发展取得一定的效果,也存在一些需要提升的地方。下一步,要坚持规范管理和主动引导并重,加快建立分类管理制度,研究制定非营利性、营利性民办学校差别化扶持政策,推动民办教育健康有序发展。要建立健全政府主导、社会参与、办学主体多元、办学形式多样、充满生机活力的办学体制,加快形成以政府办学为主体、全社会积极参与、公办教育和民办教育共同发展的格局。三要扩大对外交流步伐。广泛搭建对外交流合作平台,办好南非孔子课堂,兴办一批中外合作办学项目和示范性中外合作学校,力争参与国际合作交流中小学校比例达到15%以上。支持驻淮高校依托优势学科举办中外合作品牌专业。抓住省委、省人民政府支持高校到苏北发展的政策机遇,提升南林大南方学院办学层次,力争引进1所以上高校来淮合作办学。鼓励职业院校引进国际先进职业教育模式和国际通用职业资格证书。继续吸引知名教育集团来淮开办国际学校。

（五）策应社会需求，推动科学发展

一要大力发展职业教育。要深化产教融合、助推供给侧结构性改革，使职业教育成为经济发展的驱动力、民生改善的加速器、人生出彩的"金钥匙"。要加快中职、高职、应用型本科、专业学位研究生教育贯通培养步伐，推进中职学生免除学杂费，让未能升学的经济困难家庭初高中毕业生都能接受职业教育，促进技能富民、就业安民。市有关部门要定期发布专业结构与产业结构吻合度报告，指导职业院校优化专业布局。各职业院校要灵活调整专业设置，主动对接产业需求、职业标准和生产过程。各县区要鼓励行业企业与职业院校深化合作，积极引导市内行业龙头企业牵头组建覆盖全产业链的职业教育集团。二要扶持推动高等教育。市有关部门要与驻淮高校合作，定期发布我市高校毕业生就业和重点产业人才供需年度报告。要与驻淮高校建立常态化联系机制，主动对接，服务帮办。各驻淮高校要结合我市人才规划、需求预测和就业情况，坚持有所为有所不为，动态调整学科专业，重点发展与我市优势主导产业、现代服务业相关的学科专业，培养符合需求的实用型人才，提高毕业生本地就业率。要加强与本地企业在科研成果转化、技术攻关、新产品研发等方面的合作，为产业和企业发展提供智力支撑。要利用自身优势，为我市与其他地区高校、科研院所搭建联系桥梁，为科技创新注入更多活力。三要健全完善继续教育。成立市继续教育服务指导中心，年底建成投用淮安开放大学新校区，切实完善社区大学、社区学院、社区教育中心和居民学校四级社区教育网络。建好淮安学习在线网站和终身教育资源网上超市，开发一批具有地方特色的网络学习课件和终身教育课程。建设终身教育学分银行和个人终身学习账户。到2020年，全市从业人员继续教育年参与率达60%以上，城市、农村居民以及老年人社区教育活动年参与率分别达60%、40%和20%以上。要用足用好现有教育资源，特别是图书馆、实验室、体育馆、课程基地等，不仅要在系统内实现数据互通和资源共享，还要积极有序向社会开放，通过各种方式将人才吸附在淮安，发挥教育延伸溢出效应，带来更多的"人口"和"人才"红利。

（六）打造一流团队，推动持续发展

一要优化教师队伍结构。重点要优化教师队伍的年龄、性别、学科和城乡结构，增加音体美等紧缺学科和幼儿园师资数量，探索实行"教师走教制"，让优秀专职教师跨校任教，解决当前薄弱学科师资缺乏问题。积极开展乡村教师定向培养、男幼儿教师免费培养，探索建立小学男教师培养计划。推进县域义务教育学校教师和校长交流制度化、常态化、公开化，每年交流比例要达15%以上。加大优秀人才引进力度，积极与高校开展在职教师学历进修合作，重点提高小学教师本科率和高中教师研究生率。加强职业院校教师实践锻炼，提高职业院校"双师型"教师比例。二要搭建专业成长平台。建立健全特级教师、特级教师后备、学科带头人、骨干教师、教坛新秀五个层次的梯队培养机制。完善五年一周期的中小学教师全员轮训制度，落实教师培训经费，促进广大教师终身学习、专业成长。健全市、县区、校三级教师培训体系，推进市教师发展学院和县区教师发展中心建设，各县区2019年年底要按照省级示范标准全部建成教师发展中心。实施淮安市中青年优秀校长（园长）培育工程，促进全市校（园）长队伍水平整体提升。三要保障广大教师权益。各县区要科学核定公办学校教师编制，完善补充与退出机制，区域内实行编制统筹调剂，保证学校正常运转和发展。完善教师"县管校用"机制，健全配套政策，简化办理流程，切实解决"编制受阻""待遇缩水"等问题。要制定教育人才奖励与考核办法，充分发挥示范带动作用，不断扩大名师队伍。改进教师职称评聘制度，完善教师工资常态增长与绩效考核机制，重点要提高幼儿教师待遇，力争聘用幼儿教师收入不低于当地城镇职工平均工资水平，充分调动广大教师投身教育改革发展的积极性、主动性和创造性。

四、确保全市新一轮教育现代化建设取得实际效果

推进教育现代化建设是一项系统工程、民生工程，需要集聚人力财力物力。各县区各部门要增强只争朝夕的紧迫意识，以创新的思路、扎实的举措、务实的作风，有力有效做好各项工作。

（一）强化组织协调

各县区要以重教为先，加强对教育现代化建设的整体谋划和安排，完善实施方案，优化创建举措，主攻教育体系建设、教育规划布局、教师队伍建设等关键领域和薄弱环节，多出经验、多出典型、多出亮点，确保如期实现创建目标。各级教育部门要切实发挥牵头抓总作用，及时研究新情况新问题，重点在指导、争取、协调上下功夫，拿出务实举措，集聚更多力量推动教育事业发展。其他各部门要以助教为荣，牢固树立大局意识和"一盘棋"思想，主动参与、积极配合，争做教育改革的促进派，为教育事业发展创造良好的条件和氛围。

（二）强化各项保障

要健全以政府投入为主、多渠道筹措教育经费的体制，进一步优化结构、精准投入、提高效益，把经费更多地投向教师和学生，投向教学改革、人才培养和教师队伍建设，特别是要强化对"短板"问题、农村薄弱学校和家庭困难学生的投入，真正把有限的资金花在"刀刃"上。要激发社会参与教育现代化建设的活力，积极推进政府购买基本公共教育服务，鼓励支持兴办非营利性民办学校，引导行业企业等社会力量深度参与职业院校办学，倡导有识之士捐资助学，形成人人关心教育事业、个个支持教育发展的强大合力。

（三）强化督查考核

今天，市政府与各县区签订了目标责任书，还将出台《县区科学跨越发展考核体系中教育现代化建设目标考核实施办法》，各县区各部门要层层压实责任，层层传导压力，切实形成齐抓共管的良好局面。要紧扣省教育现代化指标体系的目标要求，调整优化监测评估办法，科学开展监测评估工作，建立评估结果公开发布和集中反馈制度，充分运用监测评估成果，发挥其决策咨询和服务作用，引导和促进教育现代化建设。要健全教育督导工作体制机制，完善月度、季度督查方案，加强动态监测和评估指导，定期编发工作通报，对交办问题落实不力、工作进展严重滞后的责任单位和责任人，要严格追究责任，确保各项任务落到实处。

同志们，办好人民满意教育，责任重大，使命光荣，任务艰巨。我们要按照市委、市政府的统一部署，进一步坚定信心、合力攻坚，提高标杆、跨越争先，不断开创我市教育现代化建设的新局面，为"打造增长极，共筑崛起梦"、加快全面小康社会和苏北重要中心城市建设作出新的更大贡献！

勇于责任担当　凝聚智慧力量
奋力推动全市普通高中教育卓越发展
——在全市普通高中教育教学工作会议上的讲话

张元贵

（2015 年 9 月 28 日）

同志们：

今天,我们召开全市普通高中教育教学工作会议,主要任务是,交流和总结上一学年全市高中工作,分析当前高中教育面临的形势挑战,研究部署下一阶段工作任务,动员全市普通高中系统的广大教职员工进一步勇于责任担当,凝聚智慧力量,奋力推动全市普通高中教育卓越发展。下面,我讲四个方面意见。

一、同心协力,苦干实干,全市普通高中教育取得新的成绩

近年来,全市普通高中教育以改革创新为动力,以提高质量为核心,以服务社会为使命,积极推进办学机制、学校管理和教育教学改革,在优质普及、深化改革、内涵发展、质量提升等方面取得显著成绩。

（一）事业发展水平迈上新台阶

一是普及水平不断提高。今年全市普通高中招生 2.45 万人,普通高中阶段毛入学率预计为 55.9%。二是优质资源持续扩大。楚州中学创成省四星级高中,涟水金城外国语学校创成省三星级高中,全市四星级普通高中达到 14 所,占比 50%；三星级以上普通高中达 27 所,比例达到 96.4%,全市有 96% 的高中学生在优质学校就读。三是重点工程加快实施。清江中学等学校校安工程顺利完工,洪泽中学新校区投入使用,师院附中等一批学校改扩建工程正在抓紧实施。高中装备条件得到改善,全市高中普通教室、专用教室和数字化平台全部达到标准化要求。

（二）教育教学改革取得新进展

一是办学机制改革深入推进。集团化办学不断深化,淮州中学与淮阴中学开展合作办学。淮阴区完成农村三所高中进城办学工作,师生全部安排到城区优质高中学习和工作。范集中学与南京宁海中学结对共建不断深入,马

坝中学与南通白蒲中学开展联盟办学,车桥中学、洪泽二中等学校在多元办学方面进行了有益探索。二是学校管理改革深入推进。市教育局开展"规范办学行为百校行"活动,加强教育督导,建立跟踪督导、定向督导、区域相互督导制度。各县区进一步落实校长负责制,扩大学校在人员聘任、课程设置、教学改革等方面的权利。淮安中学、淮海中学在学校管理上引入竞争机制,实践"一校两部""一级多部"管理模式。三是招生制度改革深入推进。实行网上填报志愿、网上录取、征求志愿等举措,提高普通高中招生工作透明度。严格执行招生计划,控制规模和班额。坚持将热点高中招生计划的70%平均分配到区域内所有初中,定向降分录取,并享受统招生待遇。

（三）教育内涵发展收获新成果

一是队伍建设得到加强。各县区各学校大力激发教师成长源动力,广泛开展培训活动,全市高中教师自我发展意识显著增强,教干管理能力显著提高,教师专业素质显著提升,2014—2015学年,全市有20名老师在省基本功竞赛和优课竞赛中获一等奖。二是教育科研深入开展。教育科研更接地气,开展"高中百项微型课题"研究,分片教研、联动教研、"研训一体化"等形式有力提高了教育科研的实效性。上一学年,全市高中教师在省级以上刊物发表论文413篇,省级以上获奖807篇,出版教育类书籍31本。目前,全市高中教师在研省级以上课题47项,在研市级课题93项。三是特色建设稳步推进。全市高中学校坚持多样化、个性化发展,淮阴中学的"担当教育"、清江中学的"国防教育"等在全国有影响,楚州中学的"红色教育"、涟水中学的"国学教育"、郑梁梅高中的"生命教育"、淮州中学的"民族教育"、盱眙中学的"乡土教育"等特色项目取得良好育人效果。各校积极开展学生社团活动,全市高中已建学生社团628个,金湖中学的"信息社"、洪泽中学的"文学社"、师院附中的"淮海剧社"等达到较高专业水准。

（四）教育教学质量得到新提升

一是教学效益得到提升。市教研室各学科教研员深入全市所有高中课堂,上一学年累计听课1 109节,指导或开设示范课187节,开设各类讲座123场。一批优质高中充分发挥教学改革龙头作用,全市已创建省级高中课程基地14个,淮阴中学、清江中学等课程基地建设在全省有影响。清河中学、清浦中学等学习借鉴名校办学经验,课堂教学质量不断提高,学生自主学习动力得到激发。二是学生素质得到提升。各校切实加强社会主义核心价值观教育,开展励志教育和文体活动,既让学生目标"加压",也为学生心理"减压",学生人生观、世界观普遍积极向上,身心素质良好。2014 年我市高中学生体质健康监测成绩全省领先,中小学生总体心理健康指数达 88.06%,比 2013 年提高 0.14 个百分点。三是高考成绩得到提升。今年高考,在参考人数比 2014 年减少 4 042 人的情况下,二本以上录取 11 108 人,连续第 7 年超过万人,比去年增加 316 人;录取率达 37.73%,位居苏北第一,比去年增加 5.5 个百分点;其中,体育类录取 283 人,居全省第一;艺术类录取 3 060 人,列全省第二;清华、北大录取 22 人,位居全省前列;淮阴中学考取清华、北大及南大多数均列全省同类学校第一。清江中学、盱眙中学等为全市高考成绩的攀升作出了突出贡献,淮州中学新疆班学生二本以上达线率继续保持 100%。

以上成绩的取得,是市委市人民政府正确领导和社会各界大力支持的结果,更是全市教育工作者,特别是高中教育工作者奋力拼搏的结果。在此,我代表市委教育工委、市教育局向在座的全体同志,并通过你们向长期工作在全市高中教育战线的老师们,表示最衷心的感谢和最崇高的敬意!

二、认清形势,提高认识,增强办好普通高中教育的危机感和责任感

今后一段时期,是贯彻落实党的十八大精神,加快推进苏北重要中心城市建设和全面建成更高水平小康社会的关键时期,也是我市全面深化教育领域综合改革,全面实现教育现代化的攻坚阶段。客观分析淮安普通高中教育面临的形势,机遇与挑战并存。一方面,必须充分把握淮安普通高中教育面临的"三大机遇"。一是国家全面深化改革进入新阶段,为普通高中教育发展提供政策支持。十八届三中全会开启改革的新征程,深化教育领域综合改革成为重要方面,为我市教育改革指明方向;十八届四中全会全面部署依法治国,对依法治教提出更高要求,有利于推进依法治教、规范办学。二是淮安经济社会发展进入新阶段,为普通高中教育发展提供坚实保障。我市已经达到省定 2003 版全面小康社会标准,市委提出倾力保障改善民生,坚持教育优先发展,有利于全市普通高中教育进一步加大投入、跨越发展。三是我市高中教育发展进入新阶段,为普通高中教育发展创造有利条件。市委市政府将教育现代化建设作为全面小康社会建设和"民生幸福工程"建设的重要指标,全市普通高中近几年形成了丰富的办学经验,积累了厚积薄发的发展优势,保持着苏北领先的良好态势,有利于我市双管齐下推进普通高中硬件建设、软件建设。另一方面,必须充分认识淮安普通高中教育面临的"三大挑战"。一

是质量提高的挑战。人民群众对教育的要求在动态发展,"上好学"已经取代"有学上"成为新的要求。我市普通高中教育质量与省内先进地区相比,还有一定差距,创新人才培养不足,内涵发展有待提升;与苏北其他城市相比,特色亮点还不够多,领先幅度还不够大。与淮安发展"两大目标"要求相比,我市普通高中人才培养质量还需进一步提升。二是布局优化的挑战。在普通高中学校资源总量上,我市严重不足,部分县区普通高中教育资源短缺,不能满足人民群众教育需求。规模上,少数高中规模过大,不利于科学管理和质量提升;一些三星级高中生源萎缩,发展缓慢。城区普通高中布局不尽合理,未能跟上城市发展需要。三是资源均衡的挑战。县区发展不够均衡。三星级以上高中数量最多的县区有6所,最少的县区仅有2所;今年高考,各县区二本以上达线数、达线率还有一定差距。学校发展不均衡。个别高中办学观念陈旧、学校管理粗放、教育质量下滑,与兄弟学校发展差距逐步拉大。普通高中阶段教育作为基础教育的出口,肩负着培养学生升学的重要使命,党委政府、人民群众和社会各界期待很高,我们必须既要充分认识面临的困难挑战,更要积极把握发展机遇,主动作为,积极作为,满怀信心面对新形势新挑战,奋力推动淮安普通高中教育卓越发展。

三、明确目标,抓住重点,推动普通高中教育走向卓越

推动淮安普通高中教育卓越发展,就是要打造一批遵循规律、依法治校,理念先进、条件一流、师资优良、管理精致、文化底蕴深厚、内涵丰富,学生发展充分、学业优秀,教师职业幸福、事业成功,成为素质教育典范、教育改革样板、对外交流窗口,具有很高群众认可度和社会知名度的高水平优质学校。当前和今后一段时期,淮安普通高中教育要以推动学校卓越发展为主攻目标,重点加强六个方面工作:

(一)突出统筹优化,推进普通高中教育发展科学化

确立科学正确的发展方向,是普通高中教育走向卓越的重要基础。一要优化资源配置。各县区要根据经济社会发展进程、城市建设发展规划和人民群众教育需求,积极谋划好高中学校布点,控制超大规模学校数量,关心关爱办学条件一般的学校,适时高标准建设新的学校。各学校要严格执行招生计划,落实规定要求,按照科学管理需要,控制好班额。学校建设要结合学校文化发展方向、以生为本的理念和信息技术发展等内容,对校园美化、绿化、配置等进行论证设计,特别要精心建设好文化景点,将校园建成精品校园。二

要更新办学理念。认真研究教育国际化、信息化等发展方向,以学生发展、教师幸福为办学追求,遵循青少年身心发展规律、教育规律、学校办学规律组织教育教学活动,让我市高中教育发展跟上时代潮流,跟上人民群众不断提高的优质教育需求,让追求卓越成为淮安高中教育的共同目标,让努力办好高水平优质学校成为淮安高中教育的共同行动。三要规范办学行为。规范是对规律的自觉遵循,是对人性的高度尊重。各级教育行政部门和各学校要学法懂法,坚持依法治教、依法治校,切实规范课程设置,规范学校内部干部、教师、工勤等岗位设置,规范教育教学过程,规范绩效分配办法,规范职务职称晋升流程,严格按照法律法规要求办好教育。要坚持依法用工,有条件的学校要积极开展服务外包,减少临时用工。市教育局将加大检查指导力度,继续开展"规范办学百校行"活动,让规范成为淮安高中教育的鲜明旗帜。

(二)突出制度引领,推进普通高中教育管理精细化

加强办学管理,是普通高中教育走向卓越的主要抓手。一要加强学校常规管理。教育无小事,事事皆育人;学校无大事,做好每件事。各校要在现代教育理念的指导下,形成学校愿景、发展规划,形成有计划、有步骤、有价值追求的一件件小事,强化管理,抓好落实,将学生一日常规、教育教学活动等管理做到精致。要健全科学的学校管理制度,让每位教职员工都成为学校规范不折不扣的践行者。二要加强学业成绩监测。各校要重视非毕业年级学生学业成绩的提升,每次考试都要做好统计分析,加强跟踪提高。市教研室要做好全市层面的学业成绩监控,特别要针对高三年级定期开展调研测试,多维度进行数据分析,为各地各校诊断学科教学、优化备考策略提供科学依据。要组织市县教学骨干对全市普通高中进行教学视导,与各校共商教学和管理工作。三要加强教育督导评估。市、县(区)教育督导部门要切实担负起"促进公平、提高质量"的重要使命,充分发挥监督、指导、评估和反馈功能,既要"督政",更要"督学",主动配合省教育厅做好星级高中复审;要坚持高标准、严要求,因势利导、科学引导、善当向导,及时发现问题,提出合理建议,推动体制改革、机制变革,为淮安普通高中教育卓越发展出谋划策、做好服务。

(三)突出德才兼备,推进普通高中教师队伍专业化

建设一支优秀的教育人才队伍,是普通高中教育走向卓越的基本前提。一要优化队伍结构。主动应对教师队伍成长、发展和优化的挑战,想方设法解决教师队伍建设中存在的缺编、结构失衡、职业倦怠等问题。各县区教育

行政部门要完善普通高中教师队伍补充机制,坚持标准,做好教师招聘工作;积极开展县域范围内教师轮岗交流,根据各校实际需要做好教师调剂。各学校要把好教师入口关,谨慎聘用自聘教师;推进岗位分流、优化组合,将不能胜任教学要求的教师调整到非教学岗位。二要强化培训培养。要持之以恒培养好管理队伍和教师队伍"两支"队伍,提高师德修养,提升业务水平,引导每一位教师修炼教师形象、精炼教师生活、锤炼教师专业,成为师德高尚、热爱教育、富有爱心、善待学生、充满智慧的教师。继续实施"卓越校长培养工程",各位校长要努力形成自己的教育主张、教育思想和教育哲学。要搭建好教师发展平台,激发教师发展的内驱力,关注关心帮助青年教师成长,用正确的教育价值观引领他们发展,让他们具备高尚的师德和优秀的师能,加快成为教育教学骨干和学科带头人。要突出名师队伍培养,重点培养对淮安有情结、对教育有热爱的教师成为名师,让他们事业在淮安、奉献在淮安、情感在淮安、扎根在淮安。三要深化教学研究。全市高中教研员要努力成为"教师的教师",为广大教师树立德技双馨的榜样;要在提高"研究、诊断、指导"能力上下功夫,既重视打磨"参赛课",更应多听"平常课",评课要采取三分说优点,七分道不足的"倒三七"方式,在不加预约、不事粉饰的平常课中发现带有普遍性的问题;要凝练教研活动,每次活动精心策划,每个发言认真准备,每场学科活动和学术讲座要充分体现教研专家的高层次。要推进"高中百项微型课题"研究,以前沿教学理论指导一线教师解决教学实际问题。要加强我市高中优秀教学模式的总结和推广,不断提高课堂教学效益。要改进教研方式,重视网络教研,建立高中网络教研共同体,开展网上晒课评课活动。

(四)突出面向全体,推进普通高中学生成长充分化

促进每个学生充分发展,是普通高中教育走向卓越的核心追求。一要坚持正确的素质教育观。陈玉琨先生说,"没有优秀的高考成绩,这个学校就没有今天;但是这个学校如果只有优秀的高考成绩,学生其他方面素质没有得到发展,就没有学生的明天"。要充分认识综合素质优秀的孩子文化成绩不会差,正确处理好素质教育和升学教育的关系。各校要进一步将促进学生全面发展放在首位,坚持立德树人、德育为先,加强励志教育,开展好校园阳光体育活动,推广校园足球运动,培养好学生的身体素质、健康体魄、健全人格和良好的学习、文明、生活习惯以及全面扎实的基础素质,让优秀的学业成绩成为对孩子全面适切培养水到渠成的自然结果。二要坚持正确的学生发展

观。坚持面向全体，关心每个学生，让每个学生在能力范围内得到发展。特别不能放弃高中入学成绩较差的学生，要培养他们良好的道德品质和行为习惯，给他们更多的褒奖和成功的体验，让他们看到希望。要重视学生的全程发展，将高中阶段教育教学看成整体，通盘考虑，系统安排，让学生在每个阶段都得到很好发展。三要坚持正确的人才培养观。学生的充分发展，既要有扎实全面的基础素质，更要有鲜明独特的个性特长。普通高中教育在帮助学生提高基础素质的同时，要激发学生的自我发展意识，让学生在自我教育、自我服务中学会责任担当，形成个性特长。要为学生个性特长发展创造条件，做到课程门类齐全、活动丰富多彩，教师要积极发现、发掘和培养学生的兴趣和特长，让学生个性充分彰显。

（五）突出文化育人，推进普通高中学校发展内涵化

形成引领发展的学校文化，是普通高中教育走向卓越的最高境界。文化是学校赖以生存发展的重要根基和血脉，学校文化是流淌在师生心中的一股清泉，既是一种气势，也是一种气魄，更是一种气韵。三流学校人管人，二流学校制度管人，一流学校文化管人。教书育人、管理育人、服务育人、环境育人，归根到底是文化育人。一要弘扬校园正气。"学校是净土，社会才有希望。"要在师生中深入开展社会主义核心价值观教育，引导每一位教师员工弘扬和践行先进的学校文化，让公平、公正、正义成为学校的主流价值观，让"校兴我荣、校衰我耻、振兴学校、我的责任"成为所有师生员工的座右铭，让学校的核心文化精神内化为全体师生员工的价值追求和自觉行动，在学校形成积极向上的良好氛围。二要凝练校园精神。"改变一所学校首先要改变它的校园精神"。各校要以美好的愿景激发和调动教职工积极性，将学校的命运和教师的命运、前途、未来联系在一起，提振学校发展精气神，凝聚追求卓越正能量。三星级高中要以创建四星级高中为动力，四星级高中要以更加高远的目标鼓舞师生信心，集聚发展力量。三要注重人文关怀。坚持科学适切的制度管理和充满温馨的人文关怀有机统一，关心关爱每一位师生员工。要坚持教师为本，尊重教师，关心教师，满足教师合理要求，发现教师特长，发挥教师作用，为教师工作做好服务保障，激发教职工的工作积极性；要平等待人、宽容待人，尊重职工人格，培育员工自尊自信、理性平和、积极向上的良好心态，增强员工主人翁意识。要坚持学生为本，尊重学生人格，鼓励教师学会欣赏学生、关爱学生，构建和谐的师生关系。

(六）突出特色打造,推进普通高中教育发展品牌化

形成有重大影响的办学特色,是普通高中教育走向卓越的重要标志。各校要在特色发展上再接再厉,让特色形成品牌,在全省有位置,全国有影响。一要做强特色德育。各校要加强特色德育研究与实践,推进传统文化、红色文化、法制文化、廉洁文化等进校园,开发具有本土特色的德育教材,建设与高中学生年龄、文化、心理等特征以及学校整体特色一致的特色德育理念、德育内容、德育方法和德育模式。要加强品牌德育活动的策划和组织,进一步深化"周恩来班"创建、特色社团建设、心理健康教育"四早"、优秀家长学校建设等工程内涵,打响一批特色活动品牌。二要做好特色课程。以现代课程建设为渠道,进一步深化课程改革,在严格执行国家课程计划、开好规定课程的同时,积极开发市县两级地方课程,加大校本课程开发和使用力度,做优做精校本课程,努力在课程的开设开发中生成地方和学校特色教育。全市14个省级高中课程基地要加强内涵建设,形成鲜明的办学特色。三要做优办学模式。积极应对社会用人标准、高校选人机制和高考政策的变化,围绕创新人才培养,努力探索普通高中卓越发展的办学模式。推进信息化办学,建设"未来教室",打造"智慧课堂",提升教学效益。推进国际化办学,有条件的县区要积极创办高中国际学校,各校要主动广开渠道、引进资源,积极与国内外名校共建合作项目。推进集团化办学,淮阴中学、清江中学等龙头高中要进一步弘扬责任担当,发挥品牌学校的示范、引领、辐射作用,用自身力量带动一批学校,引领集团学校高水平发展。

四、凝聚合力,强化保障,营造有利于普通高中教育卓越发展的良好氛围

加强普通高中教育,促进普通高中卓越发展,需要方方面面的参与和支持,形成推动卓越发展的强大合力。

一要抓好教育投入。办好普通高中,是市、县(区)两级政府的共同职责。各县区教育行政部门要主动争取政府财政支持,落实好生均公用经费;要通盘优化辖区普通高中发展,在经费配置上考虑到每一所学校;要完善教师收入稳定增长机制,重点改善农村教师待遇。要倡导社会助学,引导企业、社会团体及个人面向高中设立奖学金和助困金,鼓励各校对经济特困学生给予优惠,给残疾学生提供便利。

二要抓好行风建设。切实加强党风建设,认真贯彻落实中央和省市委新形势下从严治党部署,发挥基层党组织战斗堡垒作用和党员干部先锋模范作用；切实加强廉洁教育，加强学校财务、工程项目等重点部位管理，加强教育审计和监察。切实加强作风建设，抓好中央和省市委作风建设各项规定的执行，党员干部要争做"三严三实"的表率。切实加强行风建设，严格落实国家政策规定，重视师德师风教育，树立淮安普通高中教育的良好形象。

三要抓好安全稳定。进一步完善学校安全责任、监管和保障体系，推进"三防"建设和校园食品、校车运营、学生运动等安全管理。加强安全教育，推进安全知识进课堂、安全演练常态化。深化平安校园创建，加强校园及周边安全隐患排查与整治，净化学生成长环境。认真做好信访工作，积极稳妥地处理好信访突出问题和矛盾。

四要抓好教育宣传。坚持正面导向，广泛报道高中教育的优秀典型和改革的成功做法，扩大淮安普通高中教育的知名度和影响力。要回应群众关切，每项政策的出台都要及时做好准确解读。要高度重视媒体、网络舆情的引导和处置，通过网络跟帖、网友见面会等形式，做好解释疏导，把握教育的话语权和舆论的主动权，努力营造全社会关心支持高中教育改革发展的良好环境。

一个好校长，一所好学校。校长是学校办学的灵魂和核心，借此机会，我对全市普通高中校长提几点希望：一要有先进的理念，在思想上做领航。思想是行为的指南，理念是行为的先导。校长要有自己的教育思想，并且善于把教育思想转变为清晰的办学思路、明确的发展战略和独特的办学模式。二要有开阔的视野，在发展上会思考。校长抓发展要有前瞻性，善于总结反思，引导师生形成学校发展的共同愿景。要抓住制定"十三五"规划契机，因校制宜做好学校发展规划。三要有全面的素养，在业务上当行家。校长要带头加强自身建设，具有先进的教育理论、较高的管理技能，带领领导班子加强学习，推动校级领导专业化发展。四要有创新的思维，在举措上善突破。校长要有自己的独特眼光，能审时度势，找准学校的立足点和突破口，解决制约学校发展的瓶颈问题，以一往直前的创新精神和能力带领学校发展。五要有民主的作风，在管理上讲艺术。校长要有大公无私的民主素养、深刻的人文理性和深切的人文关怀，有较强的亲和力，团结全校师生，成为学校发展的领跑者。六要有吃苦的精神，在行为上成楷模。校长要勤政廉政，吃苦在前，率先垂范，做好榜样，引领师生员工，激发团队力量，带领师生员工不断超越，走向卓越。

同志们,习近平总书记说,"我们的人民热爱生活,期盼有更好的教育。"当前,普通高中教育正处于转型发展的关键时期,让我们进一步振奋精神,团结拼搏,以更加严格的要求、更加务实的作风,推动淮安普通高中教育卓越发展,为我市加快建设全面小康社会和苏北重要中心城市作出新的更大贡献!

担当新使命　谋求新跨越
全心全意办好人民满意的淮安教育
——在 2016 年度全市教育工作会议上的讲话

张元贵

（2016 年 2 月 1 日）

同志们：

今天，我们召开 2016 年度全市教育工作会议，主要任务是认真学习贯彻党的十八届五中全会和全国全省教育工作会议、市第六次党代会第五次会议精神，总结 2015 年教育工作，回顾"十二五"教育发展历程，科学谋划"十三五"教育改革发展，部署 2016 年全市教育重点工作，动员全市广大教育工作者担当新使命、谋求新跨越，加快教育现代化建设进程，推动"学在淮安"品牌高位发展，全心全意办好人民满意的淮安教育。下面，我讲五点意见。

一、真抓实干，奋力进取，2015 年全市教育工作收获新成果

过去的一年，全市教育工作以教育现代化建设为统领，着力深化改革、促进均衡、提升质量，取得了新的成绩。

（一）教育现代化建设推进有力

校安工程和农村中小学装备水平提升工程顺利完成，加固和重建校舍 30 万平方米，全市 589 幢共 15.1 万平方米 D 级校舍全部消除，按照省一类标准提升了 80 所农村中小学装备水平。圆满完成年度教育现代化监测工作，我市监测得分为 72.07 分，较上年提高 10.33 分，增幅居全省各市之首；有 6 个县区得分高于全省平均分，其中清河区高于苏南平均水平，开发区、清江浦区、金湖县高于苏中平均水平。市政府召开教育现代化建设座谈会，会办难题，部署任务。曹卫星副省长来淮调研教育现代化建设工作，对我市成绩给予肯定。

（二）教育公平得到切实保障

义务教育改薄覆盖所有县区，农村办学条件显著改善。义务教育坚持免试就近入学，热点高中 70% 招生计划分配到辖区初中学校，3 593 名外来务工人员子女享受"同城待遇"。开展留守儿童教育工作调研，农村寄宿制学校建设得到推进。成立市特殊教育指导中心，实现残疾儿童义务教育全覆盖。全

面落实各项资助政策,全市没有一个孩子因贫失学。组织13所市区优质学校挂钩帮扶10个重点中心镇的23所学校,组织特级教师赴19个乡镇开展"幸福教育乡村行"活动,淮阴师院与开发区、淮阴中学新城校区与淮安工业园区实验学校开展教育共建,市外实小、淮安小学分别领办淮阴区1所学校。

(三) 教师整体素质明显提升

认真开展"三严三实"专题教育活动,深化"五德"教育,实施"两为"专项整治,全系统党员干部作风进一步转变。举办庆祝第31个教师节系列活动,评选产生淮安首届"最美教师""功勋教师"。确定首批特级教师工作室24个,评选第三批市级学科带头人680名。组织教师出国培训160多人,市级以上教师培训1.3万人次,在全省率先试点体艺师范生农村顶岗实习。全市教师交流达3 733人次,比2014年增加1 290人次,各县区教师交流比例均超过15%。大力推进教研员推门听课,视导常规课堂逐渐成为常态。

(四) 素质教育实施再创佳绩

着力打造生态德育品牌,创建市级周恩来班160个。组队代表江苏参加全国军事训练营竞赛,获得第二名。连续第三年举办"市长杯"校园足球比赛,26所学校被认定为全国首批青少年校园足球特色学校,我市在全省做经验介绍,《光明日报》头版进行报道。举办全市第二届中小学生体艺文化节,参加全省展演荣获1个特等奖、8个一等奖。创成市级体育、艺术、科技教育等特色学校共79所、书香校园10所,12所中小学被认定为江苏省首批书法特色学校,建成12个省级基础教育课程基地。普通高考在参考人数比2014年减少4 042人情况下,二本以上录取11 108人,比上一年增加316人,录取率居苏北第一;清华、北大录取22人,位居全省前列。

(五) 教育服务能力不断增强

"平安校园"建设成效明显,校园安全"三防"建设、防控水平不断提高。现代职教体系加快构建,创成2所省高水平现代化职业学校,获批18个本科分段培养项目专业点,新增8个省级特色专业、3个省级技能教学研究基地,5所中职学校启动现代学徒制试点,向地方输送技能人才万余人。社区教育和高等教育发展提速,创建13个省市级社区教育中心和1个高水平农科教基地,省政府支持筹建综合性淮安大学、批准成立江苏护理职业学院。顺利完成"五城同创"各项年度任务,教育系统被市委市政府表彰为"文明行业",市教育局荣获"淮安市五一劳动奖状"。

（六）创新创优成效更加显著

县域义务教育发展基本均衡顺利通过国家抽查，省教育厅给我市发来感谢信，市委市政府主要领导予以批示肯定。启动建设国家和省中小学责任督学挂牌督导创新县区，全市所有中小学全部挂牌到位。全国义务教育学校管理标准实验区建设取得阶段性成果，我市在全国会议上做经验介绍。教育交流合作再添成果，我市与江苏第二师范学院（省教育科学院）签订教育战略合作协议，与江苏开放大学共建淮安开放大学；承办江苏省第二届幸福教育论坛，会同中国教育报刊社组织2次"幸福教育西部行"活动；借助驻淮高校智力资源，科学编制"十三五"教育规划；承办南非孔子课堂，5名教师入选首批外派教师，成功举办第五届"新马·清江杯"国际高中篮球邀请赛。

二、抢抓机遇，群策群力，"十二五"全市教育改革发展迈上新台阶

"十二五"时期，在市委市政府的正确领导下，淮安教育坚持以办好人民满意教育为宗旨，以教育现代化建设为主线，以打造"学在淮安"品牌为导向，注重公平普惠、均衡发展、内涵提升，全市教育发展不断提质增效，实现区域教育基本现代化，在苏北率先通过义务教育基本均衡国家督导认定，成为全国八个义务教育学校管理标准实验区之一，教育工作受到国务院表彰。回顾"十二五"发展历程，我们成功实现了"四个转型"：

（一）实现了教育基本现代化向建设全面现代化的转型

五年来，全市教育经费总投入达419亿元，其中投入100多亿元新建改建中小学、幼儿园500多所，按省优园标准新建扩建的168所幼儿园增加学前教育学位4万个。全市校安工程累计投入75.2亿元，改造校舍381.8万平方米。2013年，市委市政府召开教育现代化建设推进会，开启新一轮教育现代化建设。近两年全市建成教育现代化先进学校209所、先进乡镇（街道）67个，2015年我市教育现代化建设进度已经超过规划目标要求。

（二）实现了教育基本均衡向促进优质普惠的转型

2014年，我市义务教育发展达到国家基本均衡水平。2015年全市学前三年教育毛入园率、义务教育巩固率、高中阶段教育毛入学率分别达98.8%、100%、98.1%。大力推进教育集团化办学、城乡结对共建和教师交流，52所优质学校带动200多所新建学校和薄弱学校加快发展。"十二五"期间，全市省优质园、省三星级以上普通高中、省四星级职业学校分别增加163所、9所和7所，比例分别达到39.8%、96.4%、71.4%。建立教育关爱体系，留守儿

童、进城务工人员子女、残疾孩子的教育权益得到保障。重视农村学生上下学交通安全,市政府向县区赠送 300 辆农村学校专用校车。教育资助体系不断完善,实现教育资助绩效评估"省优五连冠"。

（三）实现了注重改善办学条件向并重发展硬件和内涵的转型

"生态德育"成功实践,省级"周恩来班"数量占全省总数的 1/3,红色德育、国防教育等在全国产生影响。"六五普法"顺利完成,创成市级依法治校示范校 106 所。课程改革全面推进,教体结合布点学校达 261 所,阳光体育运动和艺术展演受到教育部表彰。教师队伍整体素质显著提升,名师队伍不断壮大,全市现有在职省特级教师 92 人,中小学正高级教师 24 人,人民教育家培养对象 8 人。深化教育教学创新,形成"十大教育管理模式"和"十大教学模式",建成省级中小学课程基地 45 个。学生学业质量不断提升,义务教育质量监测成绩进入全省前列;高考二本以上录取数每年均超过万人,录取率保持苏北第一;职教创新、信息化等大赛成绩全省领先,技能大赛成绩苏北领先。

（四）实现了关注教育自身发展向主动服务社会的转型

主动对接地方产业发展,职业学校共备案专业 198 个,创成省级品牌特色专业 37 个;9 所中职学校创成省高水平示范性学校,3 所职业学校进入国家改革发展示范校行列,五年共向地方输送技术技能人才 6 万多人。社区教育资源持续丰富,每年开展社区培训 60 多万人次。"学在淮安"品牌成为城市名片,《中国教育报》头版头条刊载《"学在淮安"成百姓口碑》。教育考试、招商引资、援疆援藏、双拥、扶贫、节能、工会、团队、妇儿、关心下一代等工作都取得新的成绩,受到广泛好评。在省教育厅组织的第三方问卷调查中,人民群众对淮安教育满意度达 85.38%。

总结"十二五"成绩的取得,我们积累了宝贵的发展经验,始终做到"四个坚持":一是始终坚持围绕中心、服务大局。高举教育现代化建设旗帜,集聚各方智慧和力量,新建扩建了一批优质学校,培育产生了一批品牌学校,加快建构优质的国民教育体系和完善的终身教育体系,不断拓宽教育服务领域,提升了教育服务经济社会发展的能力和水平。二是始终坚持以人为本、民生至上。紧扣群众不断增长的优质教育需求,大力实施一批教育民生工程,全面深化教育教学改革,一着不让提升教育质量,坚定不移促进教育公平,集中精力保障校园安全,让群众共享教育发展成果。三是始终坚持依法治教、规范办学。以法治思维推动教育改革发展，推进全国义务教育学校管理标准实验区建设，深入开展教育专项与综合督导，促进了办学行为更加规范、教育行为更加科学、教学过程更加高效。四是始终坚持固本强基、提升能力。扎实开展党的群众路线和"三严三实"教育实践活动，全面加强教育系统党风廉政建设，切实锤炼优良作风行风，重视科研兴教，强化教师培训培养和名师梯队建设，完善教师交流轮岗制度，深化人事分配制度改革，历炼出一支优秀的教育人才团队。

以上成绩的取得，是全市各级党委政府重视关心的结果，是各有关部门和社会各界大力支持的结果，更是全市广大教育工作者团结奋斗、开拓创新、扎实工作的结果。在此，我代表市委教育工委、市教育局向长期关心支持教育事业发展的各级领导和社会各界人士、向今天参会的全体同志并通过你们向全市教育战线的广大教职员工表示衷心的感谢和崇高的敬意！

"十二五"时期，淮安教育取得了显著成绩，但与江苏教育现代化指标体系相比，与人民群众接受良好教育的期盼相比，还存在一些问题和不足。在全市教育整体发展上，办学条件仍需改善，教育投入和经费保障水平有待进一步提高；优质教育资源仍显不足，教育资源配置和学校布局有待优化；教育体制机制、人才培养模式等重要领域和关键环节的改革尚未取得实质性突破，教育改革有待深化。在县区教育发展上，各地教育发展不平衡，县区之间教育现代化监测成绩差距较大；各地城区公共教育服务供给压力较大，部分县区城乡差距、校际差距较为突出，大班额现象不同程度存在。在各级各类教育发展上，学前教育、职业教育和社区教育是教育体系建设的薄弱环节，学前教育资源总量不足，保教质量水平不够高，职业教育特色与吸引力有待增强，社区教育资源还显不足；基础教育教师队伍的学历、学科、性别、年龄、职称等结构性矛盾依然存在，整体素质需要进一步提升。这些矛盾和问题，需要我们高度重视，认真研究解决。

三、着眼长远，科学布局，推动"十三五"淮安教育实现新跨越

"十三五"时期是淮安全面建成小康社会的关键时期，是奠定苏北重要中心城市地位的决战阶段，也是我市实现教育现代化的决胜阶段。党的十八届五中全会提出以"创新、协调、绿色、开放、共享"五大理念推动"十三五"发展，全国全省教育工作会议和市第六次党代会第五次会议，都对落实"五大发展理念"作出重要部署。科学谋划淮安教育"十三五"发展，必须认真贯彻中央

和省市委决策,以"五大发展理念"统筹安排好各项工作。从落实创新发展理念看,要认识到"抓创新就是抓发展,谋创新就是谋未来",增强教育创新意识,提高教育创新能力;创新教育体制机制,扩大学校办学自主权;创新教育理念和人才培养模式,加快构建体系开放、机制灵活、渠道互通、选择多样的人才培养体制。从落实协调发展理念看,要突出统筹兼顾,正确处理好教育与经济社会、城市与乡村、不同类型教育之间的关系,稳定发展规模,优化教育布局,调整教育结构,做大做强优势,补齐补强短板,推动全市城乡区域、各级各类教育同步协调发展。从落实绿色发展理念看,要转变教育发展方式,坚持硬件建设与内涵发展并重,推动教育可持续发展;加强生态价值观教育,培养具有良好环保意识和行为习惯的新一代淮安人,推动全社会形成绿色发展方式和生活方式,为推进美丽淮安建设作出贡献。从落实开放发展理念看,要加强教育对外开放和对内开放,拓展开放领域,提升开放水平,创新开放举措,大力引进国内外优质教育资源,加强与其他地区的教育交流与合作,鼓励社会力量和民间资本提供多样化教育服务,努力办出高水平的现代教育。从落实共享发展理念看,要大力促进基本公共教育服务均等化,健全国民教育体系和终身教育体系,扩大优质教育资源覆盖面,全面提高教育质量,完善弱势群体教育关爱帮扶体系,让每个孩子平等接受优质教育,使淮安人民在教育改革发展中有更多获得感。

"十三五"时期,淮安教育发展的指导思想是:全面贯彻党的十八届五中全会和习近平总书记系列重要讲话精神,深入实施教育规划纲要,认真落实国家和省"十三五"教育事业发展规划,以教育现代化为统领,以立德树人为根本,以提高质量为核心,以促进公平为重点,以改革创新为动力,以服务经济社会发展为导向,办好公平普惠、优质多样、充满活力、人民满意的淮安教育,大力彰显人人学有其所、人人学有所得、人人学遂其愿的"学在淮安"品牌特色,努力构筑苏北教育高地,为淮安全面建成小康社会和苏北重要中心城市提供强有力的智力支持和人才保障。主要目标是:2019年全面实现教育现代化,各县区教育现代化单项指标实现程度达到80%以上,综合得分超过90分,满意度达到80%以上;到2020年,实现我市中长期教育规划纲要确定的目标要求,形成体系完备、优质均衡、布局合理、特色鲜明的区域教育发展新格局,教育发展水平和综合实力显著提升,建成苏北领先的学习型社会和教育强市。

实现"十三五"淮安教育发展蓝图,我们要重点实施好"十大工程":一是学前教育普惠发展工程。实施第二期学前教育五年行动计划,大力发展普惠性幼儿园,按省优园标准新建、改扩建100所幼儿园,探索幼儿园服务区制度,到2020年,90%以上幼儿在公办园或普惠性民办园就学,全市学前三年教育毛入园率达98.5%。二是义务教育学校省定标准全面达标工程。对照省义务教育学校办学标准和教育现代化要求,加大校园建设和教育装备投入力度,重点改善农村学校和薄弱学校的办学条件,大力推进标准班额办学和小班化教学,到2019年,所有县区达到省定义务教育优质均衡发展要求。三是普通高中卓越发展工程。加强优质高中资源建设,新建6所左右达到四星级标准的普通高中,建成一批有优势、有特色、有影响力和竞争力的重点学科,到2020年,实现三星级以上优质高中全覆盖,打造3至5所在全省乃至全国有影响的一流普通高中。四是现代职教人才培养基地建设工程。重点建设服务地方产业的专业群、产教融合的实训基地、高水平双师型教师团队,现代学徒制为主的校企协作育人模式,到2020年,分批建成25个左右与我市主导、新兴和特色产业深度对接的现代职教人才培养基地。五是淮安大学创建工程。支持驻淮本科院校在关键核心指标上达到大学标准,实现淮安人民大学梦。六是社区教育网络体系建设工程。加快以淮安开放大学为龙头的社区教育办学体系建设,到2020年,建成4个省级社区教育示范区,80%的社区教育中心达到市级以上标准,全民终身学习网络覆盖率达90%。七是素质教育特色化工程。开发具有淮安地方特色的校本课程,实现校本课程全覆盖;实施学校品质提升工程,建成以"恩来精神"和"江淮文化"为特色的两大素质教育体系。八是教育领军人才培养工程。出台教师队伍建设意见,推动名师梯队发展,到2020年,全市有教坛新秀、县级骨干教师1万人,市级学科带头人1千人,在职省特级教师、正高级教师200人,省内名校长20人。九是教育国际视野培育工程。设立1个海外教师培训基地,每年选派200名教师或管理人员出境培训;新增3~5个中外合作办学项目,兴办1所优质国际课程高中,职业院校20%的专业课程与国际通用职业资格证书对接;到2020年,15%的中小学缔结国(境)外友好学校。十是教育综合改革工程。深化教育管理体制改革,加快现代学校制度建设;深化办学体制改革,推进公民办教育协调发展;推进人才培养模式创新,完善各级各类学校考试招生办法;深化教师管理改革,全面实行5年一周期的中小学教师资格注册制度,改革教师职称评聘办法,优化绩效考核。

四、统筹协调,全面推进,确保 2016 年全市教育改革发展取得新突破

今年是"十三五"的起始之年,全市教育系统要认真落实市委市政府决策部署,科学谋划、统筹安排,改革创新、乘势而上,扎实做好全年的各项工作,为"十三五"发展开好局、起好步。具体要着力推动以下六个方面取得新的突破:

(一) 着力推动教育现代化建设取得新突破

教育现代化建设是推进教育改革发展的关键所在。省委省政府确定全省 2020 年全面实现教育现代化,省政府要求淮安力争 2019 年完成创建。要在 4 年内实现教育现代化建设综合得分超过 90 分,77 个单项指标实现度达到 80% 以上,时间紧迫、任务艰巨,全市教育系统要共担重任、各负其责,找准方向、精准发力,全力打造教育现代化建设升级版。一要明确年度目标。今年要再创教育现代化先进学校 60 所、先进乡镇(街道)10 个,推动清河区全面达成省教育现代化示范区建设标准,其他县区力争超过规划进度要求。清浦区、淮阴区、淮安区、涟水县、洪泽县、金湖县、盱眙县和市经济技术开发区 2016 年教育现代化监测得分要确保分别达到 86.37、78.47、80.45、79.27、84.39、85.32、78.68 和 87.94 分,各县区满意度调查保持在 80% 以上。二要主攻薄弱指标。对照省教育现代化指标体系,我市尚有 59 个监测要点未达目标值,其中 18 个监测要点达成度不到 50%。这些薄弱指标与教育部门密切相关的有 42 个,需要党委政府及相关部门的大力支持有 17 个。各县区要认真贯彻落实《市教育局关于加快提升教育现代化指标体系中内涵发展等方面指标建设水平的意见》,履行教育部门之责,竭尽教育部门所能,自主推进 23 个薄弱指标,协同推进 19 个薄弱指标,抓住关键点,找准突破口,扩大增长点,全面提升各项指标发展水平。三要重抓核心要素。加快构建优质的终身教育体系,协调推进各级各类教育发展,着力补强学前教育、职业教育和社区教育。启动实施第二期学前教育五年行动计划,按省优园标准新扩建 20 所幼儿园,创建 30 所省市级优质园。健全现代职业教育体系,着力增强中等职业教育吸引力。建好淮安开放大学,完善开放大学办学系统,推动学分银行建设,推动学校体育设施向社会公众开放;加强社区教育机构标准化建设,全市创建 3 个省级社区教育示范区,各县区的省示范性社区教育中心比例要达到 50%,市级居民学校比例要达到 90%。继续推进学校教育装备标准"二进一",按省一类标准提升60所中小学装备水平,创建1个省级、2个市级教育装备示范县区。全面推进智慧教育,建成淮安教育城域网,提升"三通两平台"建设水平,创建26所智慧校园。四要深化监测评估。认真开展教育现代化建设监测评估,准确评判全市及各县区教育现代化的"达成度",实时反映各县区建设进程和努力程度,引导和促进各地各校采取有效措施,不断提高教育现代化建设水平和创建成效。建立监测结果公开发布、集中反馈、强化运用三项制度,将监测结果纳入对县区和学校的年度目标考核,充分发挥好监测的功能和效用。

(二)着力推动教育质量提升取得新突破

质量是教育事业的永恒主题。党的十八届五中全会和今年的全国全省教育工作会议,都强调要"全面提高教育质量",我们必须把提高教育质量摆在更加重要的战略位置。一要更新教育理念。进一步牢固树立正确的教育质量观,坚持面向全体,为每个学生提供适切的教育,让他们在能力范围内得到充分发展;将促进学生全面发展放在首位,培养好学生的健康体魄、健全人格和良好的学习、文明、生活习惯以及全面扎实的基础素质,让优秀的学业成绩成为对学生全面实施素质教育水到渠成的自然结果。二要深化素质教育。坚持立德树人、德育为先,深入开展社会主义核心价值观教育、"中国梦"主题教育和学校国防教育,深化以"五德"教育为特色的"周恩来班"创建。加强法治教育,启动"七五"普法工作。传承和弘扬中华优秀传统文化和现代文化,创建书香校园10所、诗香校园8所。开展好校园阳光体育活动,加强心理健康教育,促进学生身心健康、积极向上,创建省市级体育传统项目学校20所、省级健康教育促进金牌学校5所,确保《国家学生体质健康标准》测试数据上报率达100%,合格率达92%以上。加强青少年校园足球工作,完善校园足球三级联赛机制,新增校园足球布点校100所。加强省农村学校艺术教育实验县区建设,开展中小学生艺术素质和中小学校艺术教育工作测评,办好全市第三届中小学生体艺文化节,创建省市级艺术教育特色学校20所。加强课程体系建设,开齐开好国家规定课程,积极开发以"恩来精神"和"江淮文化"为特色的素质教育地方课程、校本课程,建立"课程超市",广泛开展社团活动,为学生发展兴趣、彰显个性创造更加宽广的空间。加强劳动教育,组织学生参加社会实践活动。切实减轻学生过重的课业负担,还给学生休息和健体的时间,还给学生更多的自主发展时间。三要创新培养模式。完善创新教育课程体系,努力搭建教育体验和特长展示平台,激发学生的自我发展意识,让学生在自我教育、自我服务中增长智慧、学会担当,在提高基础素质的同时发展个性特长。基础教育要健全创新人才培养机制,为学生选择性学习提供机会,试行"走班"选修上课,满足学生个性发展需要,建立和完善系统有效的学生综合素质评价机制。职业教育要推进中高职衔接试点,深化产教融合、校企合作,开展现代学徒制试点,组建产教协作联盟,总结推广校企合作示范组合;拓展德国双元制培训中心等职教国际化合作项目,引进一批国际通用职业资格证书。

(三)着力推动教育公平普惠取得新突破

教育是重要民生,关系千家万户。必须坚持以促进教育公平为重点,保障基本公共教育服务均等化。一要促进教育机会公平。完善义务教育划片招生、免试就近入学制度,条件成熟的地区要试行公办幼儿园和普惠性幼儿园服务区制度。关心关爱留守儿童少年,加强心理辅导和人文关怀,办好农村寄宿制学校。稳妥做好户籍流动人口、流动人口随迁子女等教育服务工作,呵护他们健康成长。落实国家特殊教育三年提升行动计划,推进残疾少年儿童"随班就读""送教上门"。完善扶困助学体系,推进家庭经济困难学生精准资助,确保应助尽助,从2016年秋季学期起,逐步对建档立卡的家庭经济困难学生实施普通高中免除学杂费。二要促进资源配置公平。在校园建设上,义务教育阶段要深化标准化和改薄项目建设,适时高标准建设新的学校,特别要关心关爱办学条件一般的学校,完成改薄项目100个;高中阶段要加强优质资源建设,创建1所三星级以上普通高中、3所省高水平现代化职业学校,生态新城、涟水县、盱眙县今年分别按省四星级普通高中标准开工建设1所高中,淮阴区、淮安区、开发区分别启动新建1所普通高中,今年完成立项、规划、选址、征地等相关准备工作,保证明年开工建设。在办学规模上,义务教育要严格执行规范,控制班额,鼓励有条件的学校推行小班化教学;普通高中要严格控制招生计划,逐步减少大班额,逐步消除大规模学校;淮阴区、淮安区、涟水县、盱眙县等要加快解决基础教育大规模大班额问题。在发展模式上,要继续推进和优化集团化办学,推进市区优质学校与23所重点中心镇学校挂钩帮扶,做好城乡学校结对共建,加强捆绑考核。在师资配置上,要贯彻落实国家和省乡村教师支持计划,将支教表现与职称评聘和绩效考核挂钩,各县区要确保义务教育阶段教师交流比例不低于15%。继续开展好"幸福教育乡村行"名师送教活动。三要促进规则公平。严格落实义务教育、普通高中和中等职业学校学籍管理规定,规范学籍管理,推进招生考试公平。继续将热点高中70%的招生计划分配到辖区内初中学校,公平公正地做好招生工作。科学研制我市《小学生毕业水平测试标准》,规范实施《中考指导意见》,探索学校、学生、教师和社会多方参与的评价办法,积极稳妥推进考试招生制度改革。

(四)着力推动教育综合改革取得新突破

改革是发展的活力源泉和不竭动力。要持之以恒深化教育综合改革,力争在重要领域和关键环节取得突破。一要推进体制机制改革。完善各级各类教育管理体制,加快落实公办幼儿园独立法人资格。深化教育人事制度改革,全面实行中小学教师资格注册制度。深化办学机制改革,开展现代学校制度建设,进一步健全家庭、社会和学校教育有机结合、相互促进的长效机制,推进各级各类学校章程建设,完善学校内部治理结构。深化行政审批制度改革,简化审批流程,规范审批行为,方便群众办事,方便学校办学,最大限度地释放教育活力。支持和规范民办教育分类发展,完善管理和服务体系。二要推进课程教学改革。优化课堂教学,深化"十大教学模式"研究,凝练淮式教学模式,引导教师加强"常态课"建设。优化课程设置,学前教育阶段要坚持幼儿为本,推进课程游戏化;义务教育阶段要落实好省特色文化和质量提升项目,突出培养学生全面扎实的基础素质,启动市级学业质量监测;普通高中教育要建好用好课程基地,积极应对高考改革,优化育人模式,提升教育质量,确保2016年二类本科达线数有较大提升;职业教育要贯彻省职业学校主干专业核心课程标准,做好学生学业水平测试工作,启动建设9个现代职教人才培养基地。三要推进教育对外开放。办好南非孔子课堂,强化外派教师后备队伍建设。建设一批友好学校,与国外友好城市开展师生互访。鼓励和支持学校引进国际优质课程,提升学校办学水平。建好用好淮安教师加拿大培训基地,开展教师引智培训和境外培训,自组国际交流研修团。试行以购买服务的方式,送外教到乡村学校授课。深化我市与南开大学、江苏第二师范学院(省教育科学院)、江苏开放大学等教育战略合作。加强与省内外发达地区的教育交流与合作,全年新增26所参与国际合作交流学校。积极引进优质教育资源来淮办学,建好南京外国语学校淮安分校。加强教育援疆援藏,办好在淮新疆班。

(五)着力推动教师队伍建设取得新突破

教师是教育发展的第一资源。加快淮安教育事业发展,必须依靠高素质的教师队伍。一要强化价值引领。提请市政府出台《关于加强教师队伍建设的意见》,建立以岗位职责要求为基础,以品德、能力、业绩、贡献为要素的教育人才评价机制,形成鼓励教师扎根基层、敬业奉献、创造业绩的鲜明导向,引导每一位教师修炼自身形象、精炼教育生活、锤炼专业能力,成为热爱教育、师德高尚、富有爱心、善待学生、充满智慧、业绩显著的教师,规范评优表彰行为,评选表彰一批优秀教师。改革教师激励机制,优化职称评聘制度,完善分配制度,绩效考核要向关键岗位、优秀教师和农村教师倾斜。二要优化队伍结构。主动应对教师队伍成长、发展、优化的挑战,想方设法解决编制不足、结构失衡、职业倦怠等问题。各县区要完善教师队伍补充更新机制,坚持标准做好教师招聘工作,把好教师入口关;积极统筹县域范围内教师配置,根据各校实际需要做好教师调剂,盘活用好现有教师资源。各学校要推进岗位分流、优化组合,将不能胜任教学要求的教师调整到非教学岗位。要进一步提高各级各类专任教师学历达标率,重点提高小学教师本科比例和高中教师研究生比例。三要加强培训培养。建设淮安市教师发展学院,统筹开展各级各类教师培训,培训人员向农村教师和薄弱学科倾斜,全年开展市级以上培训9 000人次以上。各县区要按省示范性标准加快建设教师发展中心,洪泽县、金湖县和市经济技术开发区要在今年完成创建。加强梯队建设,完成"雏燕奋飞"行动计划,启动淮安教师发展"十百千万"工程,实施"中青年优秀校长(园长)培育工程"。关心帮助青年教师成长,组织青年教师教学基本功大赛,让他们加快成长为教育教学骨干和学科带头人。突出名师培养,积极参与"江苏人民教育家培养工程"和"卓越教师培养计划",组织推荐参评省中小学正高级教师和第十四批中小学特级教师,重点培养对淮安有情结、对教育有情怀的教师成为名师,让他们事业在淮安、情感在淮安、奉献在淮安。加强教研员队伍建设,全面实施教研员"推门听课"制度,各县区要配齐配优学科专职教研员,全市教研员要努力成为"教师的教师",为广大教师树立德能双馨的榜样。

(六)着力推动教育品牌建设取得新突破

品牌既是实力,更是形象。要加强品牌建设研究,不断拓宽路径、丰富内涵,为"学在淮安"品牌建设提供更多新的要素支撑。一要建设先进向上的校园文化。文化是学校赖以生存发展的重要根基和血脉。要弘扬校园正能量，让公平、公正、正义成为淮安校园的主流价值观，让"振兴学校、我的责任"成为淮安师生的座右铭，在全系统形成积极向上的良好氛围。要凝练校园精气神，以美好的愿景激发和调动教职工积极性，提振师生精神，激发责任意识。要注重人文关怀，认真实施教职工代表大会制度，关心关爱每一位师生员工，尊重教师，关心教师，满足教师合理要求，发现教师特长，发挥教师作用，为教师工作做好服务保障；鼓励教师学会欣赏学生、关爱学生，构建和谐的师生关系。二要实施科学规范的教育管理。研究制定依法治教实施意见，推动各级各类学校切实规范课程设置、岗位设置、教学过程、绩效分配办法、职务职称晋升流程，严格按照法律法规要求办好教育，创建市级依法治校示范校82所。高水平推进全国义务教育学校管理标准实验区建设，开展《义务教育学校管理标准》科学内涵、核心思想、实践路径等专题研究，确保全市90%以上的中小学达到合格校标准，推动全市中小学健全科学的管理制度，将学生一日常规、教育教学活动等管理做到精致，让每位教职员工都成为管理标准不折不扣的践行者，形成在全国有影响的学校管理淮安经验。健全教育督导制度体系，做好国家和省中小学责任督学挂牌督导创新县区创建工作，继续开展"规范办学百校行"活动，让规范成为淮安教育的鲜明旗帜。三要打造师生幸福的品牌学校。紧紧围绕教育国际化、信息化等发展方向，以做幸福教师、育幸福学生为追求，遵循青少年身心发展规律、教育规律、办学规律，深入开展品牌学校建设研究与实践，大力弘扬关注师生成长的担当教育、幸福教育等品牌建设经验，形成品牌学校建设千帆竞发的良好态势，打造一批遵循规律、依法治校、理念先进、条件一流、师资优良、管理精致、文化底蕴深厚、内涵丰富、学生发展充分、学业优秀、教师职业幸福、事业成功，成为素质教育典范、教育改革样板、对外交流窗口，具有很高群众认可度和社会知名度，在全国全省有位置、有影响的高水平优质学校。

五、勇于担当，奋发有为，保障淮安教育事业科学发展开启新征程

美好前景照亮未来，成就事业路在脚下。开启淮安教育发展新征程，全市广大教育工作者恰逢其时、使命光荣。我们一定要勇于担当、全力以赴，推动淮安教育行而稳健、行而致远、行而更强。

（一）强化党的建设，进一步增强发展凝聚力

一要坚持不懈抓好党风廉政建设。认真学习和全面贯彻《廉洁自律准则》《纪律处分条例》，严守政治纪律和政治规矩，增强党员在党意识。落实市纪委六次代表大会第五次会议精神，抓好教育系统的"小五长"专项整治工作，坚持把纪律挺在前，严肃查处"四风"和腐败问题，对苗头性、倾向性问题，及时通过警示教育、约谈提醒等方式加以警醒。二要持之以恒抓好基层组织建设。深入实施党建创新工程，指导基层党组织结合实际，着力建设"三强六有"党组织，建成服务意识强、服务作风好、服务水平高的党组织领导班子，培养出带头服务、带领服务、带动服务的党员队伍，充分发挥党组织战斗堡垒和党员先锋模范作用。三要驰而不息抓好作风建设。巩固和深化反对"四风"成果，党员干部要更加自觉践行"三严三实"，做到在谋发展上有副"望远镜"，在惠民生上有副"显微镜"，在作风建设上有副"放大镜"，绝不沾染半点尘埃，做到想干事，能干事，干成事，不出事。

（二）强化责任担当，进一步提升教育执行力

一要弘扬追求卓越的奋进之风。倡导实干争先的价值追求，持续掀起比学赶超、创先争优热潮。各地各校要高标准确立年度发展目标和工作要求，各级干部要在发展一线比身手、比作为、比贡献，将追求卓越落实到具体工作之中，用卓尔不凡的发展成果实现争先跨越。二要弘扬脚踏实地的务实之风。树立科学的发展观，强化创新、协调、绿色、开放、共享的发展理念，用科学的思维、有效的策略，破解发展难题，推动事业发展。树立正确的政绩观，以"功成不必在我"的胸怀多做谋长远、打基础的事情。树立积极的事业观，坚持不等不靠、主动发展，积极争取党委政府和相关部门在教育政策、教育投入等方面的关心和支持。三要弘扬雷厉风行的落实之风。持续提升一抓到底的执行力，对各项教育决策部署狠抓落实、快速推进，对承担的工作任务一着不让、紧张快干，对遇到的困难问题想方设法、全力破解，做到定了干、干必成。领导干部既要身先士卒，站在前面、冲在一线，又要做好压力传递，调动广大教师积极性，营造同心同向、众志成城的干事氛围。

（三）强化环境营造，进一步扩大社会影响力

一要建设安全稳定的和谐校园。完善责任明确、制度健全、机制完善、基础牢固、保障有力的学校安全责任、监管、保障体系，深入开展平安校园创建。推进三防设施"343"达标计划，各县区要有70%以上的学校高标准达标。完善安全隐患、矛盾纠纷排查化解制度，加强突发事件应急管理。强化安全教育、安全防范和学校及周边治安综合治理，继续开展省平安校园建设示范县

区创建活动。二要形成风清气正的政风行风。进一步优化服务手段,提升服务质量,切实解决好联系和服务群众"最后一公里"问题,让人民群众呼有应、困有帮,门好进、事好办。继续加强教育行风建设,规范教育收费,严格教育审计,严肃查处教育乱收费、学校违规收费补课和教师有偿家教等行为。对违规问题,坚决动真碰硬,持续释放执纪必严、违纪必究的强烈信号。三要营造积极向上的舆论氛围。加强教育宣传,善于把握主流和趋势、尺度和时效,深度分析,主动发声,更有针对性地做好舆论引导。教育宣传部门要深入挖掘、大力宣传教育战线的感人事迹、成功做法,以优秀人物、典型经验引领教育发展,争取社会各界的广泛理解,形成关心支持教育改革发展的良好社会环境。

同志们,习总书记强调,"更好的教育是人民对美好生活向往的重要内容,是实现一切美好期盼的重要基础"。办好人民满意教育的淮安蓝图已经绘就,让我们在市委市政府的正确领导下,进一步强化责任担当,奋力开拓创新,加快实现教育现代化,为建设"强富美高"新淮安作出新的更大贡献!

面向未来服务大局
奋力开创淮安教育现代化建设新局面
——在全市教育现代化建设推进会上的讲话

曲福田

（2013年9月）

老师们、同志们：

在第29个教师节即将来临之际，今天市委市政府召开全市教育现代化建设推进会，体现了淮安尊师重教的优良传统和推进教育现代化的坚定决心。这次会议的主要任务是，深入贯彻落实党的十八大精神和全省教育现代化建设推进会、市委六届三次全会要求，认真总结全市教育事业发展成效，深入分析面临的新形势新任务，研究部署加快教育现代化建设的各项举措，奋力开创教育现代化建设新局面，切实为促进全市科学跨越发展奠定重要基础。省教育厅对这次会议高度重视，沈健厅长亲自莅淮指导。待会，省教育厅沈厅长、市委姚书记将分别作重要讲话，我们要认真学习领会，全面贯彻落实。现在，我先讲三点意见。

一、充分肯定全市教育现代化建设取得的阶段性成效

教育是民族振兴和社会进步的基石。市委市政府历来高度重视教育事业发展。2008年，启动"江苏省教育现代化建设先进县（区）"创建工作，并提出打造淮安职教品牌。2010年，颁布实施《淮安市中长期教育改革和发展规划纲要（2010—2020年）》和《淮安市"十二五"教育事业发展规划》，对教育现代化建设作出全面部署。2011年，出台推进全市学前教育发展实施意见和五年行动计划。2012年，市政府与省教育厅签订了积极推进淮安教育事业发展的战略合作协议，目前有19个项目得到省教育厅支持；大力实施民生幸福行动计划，加快构建终身教育体系；制定出台《关于进一步加大财政教育投入的意见》，要求各级政府切实为推进教育现代化提供资金保障。目前，全市已有7个县（区）创成"江苏省教育现代化建设先进县（区）"，今年将完成第一轮教育现代化创建任务，标志着我市教育事业进入了新的发展阶段。

五年来，围绕实现教育基本现代化的总体目标，全市各级各有关部门同心协力、开拓创新、扎实工作,教育现代化建设取得了显著成效。教育基本现代化创建累计投入财政性资金近百亿元,新建、扩建中小学和幼儿园491所,超额完成校安工程三年规划任务,全市中小学装备条件达到省Ⅱ类标准,城乡学前三年幼儿入园率、义务教育阶段巩固率、初中生毕业升学率等主要指标均超过省教育基本现代化目标值。一是优质资源配置逐步均衡。学有优教持续推进,近五年新增省级优质幼儿园119所、省三星级以上高中学校16所,全市中小学全部建成校园网,在优质学校就读的中小学生占比超过80%。城乡教育差距逐步缩小,组建86个基础教育集团,带动近200所农村学校、城区薄弱学校发展,6个县(区)通过"全国义务教育发展基本均衡县(区)"省级评估。二是教育教学特色日益彰显。探索总结"十大教育管理模式"和"十大教学模式",淮式教学流派初步形成,义务教育质量监测成绩进入全省前列。学校特色发展纵深推进,创成体育、艺术、文化、科技等特色学校200多所,成功承办2013年全国校园体育健身项目现场展示活动,"阳光体育运动"受到教育部表彰。品牌学校影响力不断提升,淮阴工学院、淮阴师范学院分别成为硕士专业学位研究生试点单位和培养单位,淮安生物工程学校、市高职校、淮阴商校成为国家职业教育改革发展示范校,淮阴中学、清江中学、市实小和一附小、周恩来红军小学等一批学校全省有名气、全国有影响。三是师资队伍素质全面提升。实施了素质提升"三百计划",组织开展小学及幼儿园"百位名师课堂展示"、初中"教研进百校"、高中"百项微型课题研究"活动,2012年我市夺得省青年教师基本功大赛一等奖11个。注重强化师资培训,近五年组织市级以上教师培训3万多人次,出国培训500多人,与北大、清华合作举办两期教育英才高级研修班。各级各类教师学历水平大幅提升,名师队伍不断壮大,现有全国职教名师2名、省人民教育家培养工程培养对象5名、在职省特级教师89名、市级学科带头人361名、市"533英才工程"培养对象624名。四是服务大局能力显著增强。围绕服务人的全面发展,终身教育体系加快构建,创建省级社区教育培训学院6个、社区教育实验区8个,建成省市级社区教育中心80个、居民学校160个。围绕完善助学救困体系,每年投入2亿多元,资助家庭经济困难学生17万人次,2012年向县(区)发放校车300辆,累计建成农村中小学寄宿制学校298所。围绕促进经济发展,淮阴师范学院、淮阴工学院等高校加强生物技术、凹土利用等领域科研攻关,建成校企共建产学研基地23个,有效促进了地方特色优势产业发展;近五年来全市大中专院校共向社会输送各类人才近 10 万名,"爱家乡、有技能、肯吃苦、会创新"的淮安技能型人才特质基本形成,教育成为我市对外招商的重要品牌。

这些成绩的取得,是省教育厅精心指导的结果,是各级党委、政府重视重抓的结果,是各部门、社会各界大力支持的结果,更是全市广大教育工作者开拓创新、辛勤耕耘的结果。借此机会,我代表市委市政府,向全市教育战线上的广大干部职工表示崇高的敬意和节日的问候,向长期关心支持教育事业发展的社会各界人士表示衷心的感谢,向受到表彰的优秀教师和教育工作者表示热烈的祝贺!

二、准确把握新一轮教育现代化建设面临的形势和任务

当前,全省教育现代化建设正由区域教育基本现代化向省域教育总体现代化迈进,到 2020 年教育发展达到发达国家平均水平,主要指标达到国际先进水平。我市在实现区域教育基本现代化之后,根据全省统一部署,将进入新一轮教育现代化建设阶段,重点推进传统教育向现代教育转变,硬件建设向软件建设转变,规模扩张向内涵发展转变,传统管理向现代教育治理转变。新一轮教育现代化建设目标更高、任务更重、时间更加紧迫,我们必须认清新形势、把握新要求,切实增强责任感和紧迫感。从全省发展大局看,新一轮教育现代化建设是一项必须完成的硬性任务。今年 5 月份,省政府召开了全省教育现代化建设推进会,教育部袁贵仁部长到会并作重要讲话,省委罗志军书记作出重要批示,李学勇省长、曹卫星副省长对新一轮教育现代化建设作出了全面部署。到 2020 年实现全省教育总体现代化,是省委省政府着眼"两个率先"作出的重要战略部署,我们要不折不扣地完成各项目标任务,确保不拖全省的后腿。从各地推进情况看,新一轮教育现代化建设面临着不进则退的逼人态势。苏南地区正在跨市连片开展教育现代化示范区建设,苏中已有多个市、县(区)被列为省教育现代化示范市或县(区),苏北各地也在竞相推进教育现代化发展。目前,我市只有清河区列入省教育现代化示范区,而且区域教育基本现代化创建中还有一些工程和项目尚未建成投入使用,需要加快跟进。在新一轮教育现代化建设的热潮中,我们唯有正视差距、迎难而上,方能加快发展、跨越争先。从我市教育发展看,新一轮教育现代化建设任务十分艰巨。对照新一轮江苏教育现代化建设指标体系,我们在办学思想观念、教育内容方式、管理保障水平等方面还有一定差距,区域、城乡、校际的教育教学水平还不够均衡,终身教育体系有待完善,教育改革需要深入推进,教育质量还有较大的提升空间。这需要我们在今后的工作中,不断地更新理念、创新举措,以更加扎实的作风,深入推进教育现代化建设。从全市经济社会发展看,新一轮教育现代化建设是推进跨越赶超的重要引擎。经济竞争实质是人才竞争,社会进步需要教育引领,民生改善教育是重头戏。加快实施市委六届三次全会提出的创新驱动战略,要求我们必须始终坚持教育优先发展,加快推进教育基本现代化向教育总体现代化迈进,力争早日建成苏北教育高地和人力资源强市,以率先实现的教育现代化支撑全市经济社会的现代化。

全市新一轮教育现代化建设的总体要求是:坚持以党的十八大精神为指针,紧紧围绕全面小康社会和苏北重要中心城市建设两大目标,按照"江北领先、全省先进、特色显著"的努力方向,认真落实国家、省、市中长期教育改革和发展规划纲要(2010—2020 年),深入实施创新驱动战略,着力提升各级各类教育发展水平,努力办好人民满意的教育,加快发展更高水平、更具活力、更加优质、更有特色的淮安教育,放大"学在淮安"品牌效应,全力构筑苏北教育高地,为推动全市科学跨越发展作出积极贡献。主要目标是:到 2020 年,构建体系完备的终身教育,形成惠及全民的公平教育,提供更加丰富的优质教育,健全充满活力的体制机制,实施富有成效的社会服务,总体实现省定教育现代化指标体系要求。按照这一目标,坚持科学规划、分步实施、梯次推进:第一阶段,到 2015 年,全市对照省定指标体系,综合得分达 40 分左右,清河区率先实现省定指标基本要求。第二阶段,到 2018 年,综合得分达 80 分左右,淮安经济技术开发区、清浦区、洪泽县力争于 2017 年实现省定指标要求,金湖县、盱眙县、淮安区于 2018 年实现省定指标要求。第三阶段,到 2020 年,单项指标实现程度达到 80%,综合得分达 90 分,所有县(区)均达到省定指标要求。

三、奋力开创更高水平教育现代化建设新局面

全市教育现代化建设的蓝图已经绘就,各地各有关部门和各级各类学校要认真落实省、市关于推进教育现代化建设的实施意见,坚持不懈地抓重点、破难点、解热点,不断提升教育现代化建设水平。

(一)坚持优先发展,着力提升教育基础保障能力

落实教育优先发展战略,是实现教育现代化的根本保障。要将教育现代化建设纳入县(区)和相关部门的跨越发展实绩考核体系,确保教育优先各项

政策落到实处。一要加大财政教育投入。进一步优化财政支出结构,以提高各级各类教育生均经费标准和生均财政拨款标准为重点,提高财政教育支出比例,确保教育经费符合"三增长"要求。充分发挥财政性资金的引导作用,鼓励更多的企业和社会力量出资办学、捐资助学,不断拓宽教育经费筹集渠道。强化经费使用管理和绩效评估,厉行勤俭节约,切实提高教育经费的使用效益。二要大力改善办学条件。各地要积极实施中小学校舍安全工程新三年规划(2013—2015年),确保完成269.5万平方米的B、C级校舍改造任务。加大教育装备建设和信息化推进力度,加快薄弱学校教育装备更新升级,加强学校标准化运动场地建设;建立教育信息化基础设施动态更新机制,开发更多更好的数字教育资源,推动优质数字教育资源普及共享,以教育全过程的信息化带动教育现代化建设。三要优化教育资源配置。各地要根据学龄人口变化、城市化进程和新农村建设规划,建立健全城乡一体的教育发展机制,在经费安排、学校建设、教师配置等方面向农村倾斜,构建覆盖城乡的基本公共教育服务体系。抓紧研究出台城区教育设施配套建设的相关意见,确保《淮安市中心城区中小学及幼儿园布局规划(2011—2030年)》落实到位,特别是新建小区要按规定配套建设幼儿园。今后在城市规划方案审批和规模小区竣工验收中,要书面征求地方教育主管部门的意见。健全校长和教师合理流动机制,使专任教师包括骨干教师每年在县(区)域内流动15%以上。开展城乡结对帮扶,深化教育集团化办学,充分发挥品牌学校示范带动作用,助推薄弱学校加快发展。

(二) 坚持协调发展,不断健全完善现代教育体系

一要高质量高水平普及学前教育。各地要按照学前教育改革发展示范区建设要求,切实强化政府公共服务职能,按照小学教育标准的1/2以上安排学前教育生均公用经费,并确保财政性学前教育经费在同级教育经费中占比达到5%以上;进一步扩大普惠性幼儿园资源,着力办好镇村公办幼儿园;按照省定1:16师生比要求,核定公办幼儿园事业编制,逐步配足配齐幼儿教师和保育员。到2014年淮安经济技术开发区、淮安区、清河区、清浦区、洪泽县、金湖县确保创成省学前教育改革发展示范区,其他县(区)要在2015年完成创建任务。到2015年全市成规模幼儿园达到500所左右,其中70%达到省级优质园标准;到2020年初步建立"幼儿园服务区"制度,省级优质园占比达到90%。二要优质均衡发展义务教育。各地要围绕加强示范区创建和学校

标准化建设,抓紧制定实施意见,明确创建目标、工作内容和序时进度。今年洪泽县、清河区要积极申报省义务教育优质均衡改革发展示范区,2015年前清浦区、淮安经济技术开发区、金湖县要完成示范区创建任务,2018年前所有县(区)完成创建任务。三要多样化发展高中阶段教育。普通高中教育要深化课程教材和教学方式方法改革,提升学校办学水平和学生综合素质,进一步培育特色品牌、发展特色项目,形成多渠道升学、多样化成才的办学模式,到2015年全市建成特色高中15所,普通高中全部达到省三星级以上标准。职业教育要积极推进创新发展实验区建设,逐步建立完善普职互通、中高职衔接、学历教育与职业培训并举的现代职教体系,确保到2020年实现高水平现代化职业学校和创新发展实验区两个全覆盖。四要加强高等教育内涵建设。以人才培养为基础,进一步优化学科和专业设置,注重培养学生的创新能力、实践能力。以科学研究为支撑,加强协同创新体系建设,推进高校科技创新和成果转化,打造一批全省一流的成果转化研发基地和产业引领阵地。以文化传承和创新为底蕴,形成特有的办学理念和校园文化氛围。要抢抓国家和省支持苏北高等教育发展的机遇,进一步挖掘和整合我市高等教育资源,积极筹建淮安综合性大学。五要推进继续教育开放互动。广泛开展城乡社区教育,积极推行市民终身学习卡制度,加快淮安开放大学建设,着力构建"人人皆学、处处能学、时时可学"的终身教育服务平台。紧贴城乡居民学习需求,重点实施以稳定和促进就业为导向的技能培训,确保到2020年城市社区登记失业人员和外来务工人员培训率分别达80%和60%。

(三)坚持优质发展,大力提升素质教育能力和水平

一要树立全面发展的育人观。坚持把社会主义核心价值体系融入教育全过程,积极构建从小学到大学有效衔接的德育体系,创新学校德育方式方法,坚持教书育人、环境育人、实践育人、文化育人。强化体育、艺术教育,广泛开展阳光体育运动,做好体质健康测试,促进学生身心全面发展。切实加强校园安全教育与管理,增强学生安全意识和自我防范能力。二要树立以生为本的教学观。开齐开足开好国家规定课程,积极开发校本课程,逐步形成具有淮安地方特点和校本特色的课程文化。加强中小学课程基地建设,不断扩大省级课程基地总量。深化课堂教学研究与变革,更加注重因材施教,积极运用启发式、探究式、讨论式、参与式教学方法,创设适合学生成长需要的课堂,不断提升课堂教学的质量。三要树立科学正确的质量观。坚持把促进

人的全面发展和适应社会需要作为衡量教育质量的根本标准,建立科学的质量评估和监控机制,出台《淮安市中小学课堂教学评价标准》,完善普通高中综合素质、学测水平评价办法,实行教育质量公告制度,引导各地各学校科学提质量、全面育英才,每年创建一批省级素质教育示范学校。

(四)坚持服务发展,促进教育与经济社会良性互动

一要提高职业教育贴近度。加强现代化职业学校和专业建设,围绕地方产业发展打造和培育一批品牌特色专业。推动校企一体化办学,深化人才培养模式改革,办好技能、创新、创业、信息化和文明风采大赛,着力培养学生的职业道德、职业技能和就业创业能力,每年向地方输送1万名左右的技能型人才。二要提高高等教育贡献度。鼓励驻淮高校围绕淮安"4+2"现代产业体系及现代服务业、现代农业发展,主动对接大市场、服务大项目、贴近大企业,增强高校发展、人才培养与地方经济发展的关联度。支持高校与科研院所、行业企业、经济开发区共建产学研联盟和合作基地,加强淮安留学人员创业园、软件园以及省市级重点实验室、工程研发中心等平台建设,努力实现技术与资本有效融合、成果与市场紧密对接。三要提高教育民生满意度。围绕推动民生事业发展,增强基础教育的公共服务功能,确保学前教育就近入园、义务教育免费就近入学、优质高中70%以上招生指标均衡分配到区域内初中学校。进一步完善进城务工等流动就业人员子女上学的政策,保证他们能在全日制公办学校接受义务教育。完善教育资助体系,确保每一个孩子不因贫失学。加强农村寄宿制学校建设和管理,建立健全留守儿童服务体系,促进健康快乐成长。加强特殊教育学校建设,切实保障残疾孩子平等接受教育。要为引进的高端人才、在淮企业高管等子女提供周到的就学服务,积极助推全市招商引资和招才引智工作。

(五)坚持创新发展,切实增强教育发展动力活力

一要深入推进教育综合改革。加快管理体制改革,进一步落实好"以县为主、县乡共管"的学前教育管理体制、"以县为主、城乡一体"的基础教育管理体制、"市县为主、政府统筹、行业参与、社会支持"的职业教育管理体制。加快办学体制改革,健全政府主导、社会参与、主体多元、形式多样、充满生机活力的办学格局。加快现代学校管理制度改革,探索建立适应不同类型教育和人才成长的学校办学模式,不断健全以学生发展为本的现代学校法人治理结构和学校内部制度系统。二要创新教育人才培养机制。完善以质量和贡

献为导向的教师评价和激励保障机制,把师德考核结果作为教师聘用、评优评先的重要依据,特别是对长期在农村基层工作的教师,要在工资待遇、职务职称、评先评优等方面实行倾斜。改进师资培训方式,建设一批县级教师发展中心,实行每5年一周期的教师和校长全员培训制度,建立"双师型""一体化"的职业教育教师培养培训体系。深入实施"211名师培养工程",力争通过五年努力,培养200名特级教师、教授级中学高级教师等高层次人才,1千名市级学科带头人和1万名骨干教师。积极开展名师工作室创建活动,给予政策和经费支持,提高特级教师待遇,充分发挥名师的引领示范作用。三要加快教育国际化步伐。大力实施教育对外交流合作计划,积极搭建平台,形成长效机制,支持优秀教师到世界名校和科研机构学习深造。鼓励有条件的学校探索利用国外优质教育资源,办好一批中外合作办学项目和合作学校,到2015年全市所有四星级高中都有1所以上的境外友好学校,进一步拓宽教育国际化视野,提升教育现代化水平。

同志们,推进教育现代化建设,办好人民满意的教育,责任重大,使命光荣,任务艰巨。我们要认真贯彻全省教育现代化建设推进会的总体要求,按照市委市政府的统一部署,在省教育厅的关心指导下,坚定信心、合力攻坚,提高标杆、跨越争先,不断开创我市教育现代化建设新局面,为加快全面小康社会和苏北重要中心城市建设作出新的更大贡献!

扎实推进教育现代化
努力办好人民满意教育
—— 全市教育工作会议上的讲话

朱亚文

（2013年1月）

同志们：

今天，我们召开2013年度全市教育工作会议，主要任务是认真学习贯彻党的十八大及市第六次党代会第二次会议精神，总结2012年、部署2013年全市教育工作，动员全市广大教育工作者认清形势，抢抓机遇，攻坚克难，确保全市实现基本教育现代化，努力办好人民满意教育，进一步打响"学在淮安"品牌。下面，我讲几点意见。

一、2012年全市教育工作取得显著成绩

2012年，在市委、市政府的正确领导下，我们圆满完成了年度工作目标任务，市教育局受到国务院表彰。

（一）突出合力攻坚，教育现代化创建收获新成果

重大项目顺利实施。市委市政府将2012年定为"教育现代化建设攻坚年"，盱眙县创成省教育现代化先进县，清浦区、淮安区通过验收，淮阴区、涟水县创建全面提速；市政府与省教育厅签订教育合作协议，全年向上争取项目22个。全市新扩建中小学158所、幼儿园48所，校安工程三年规划任务完成指标居全省前列，中小学信息化和装备现代化水平明显提高。新增优质高中3所、优质幼儿园60所。教育质量持续攀升。高考二本以上录取率苏北第一，清华、北大录取人数居全省前列，市委市政府专门发来贺信。职校创新、创业、信息化教学大赛全省领先，国际发明展成绩居全国地级市前列。队伍素质得到优化。全市招聘教师1 192名，参加市级以上培训教师近万人次，自组境外培训团2期。夺得省青年教师基本功大赛11个一等奖，位于全省前列。20名教师被评为省第十二批特级教师，淮阴区张彩霞老师荣登"中国好人榜"。

（二）突出特色发展，教育品牌影响力有了新提升

"学在淮安"品牌初步形成。成功举办"学在淮安"与苏北重要中心城市

建设高层论坛,中国教科院袁振国院长作主旨报告,"学在淮安"品牌建设经验得到推广。学校特色发展纵深推进。22所学校申报学校文化建设优秀单位,创成体艺、科技特色学校94所,新增国外友好学校18所,34个创新项目实施成效显著。教育教学经验备受关注。评选出市"十大教育管理模式"和"十大教学模式"。出版《强教之路》第二卷和《课堂回归:教学形态透析与示例》。市委市政府领导6次批示肯定教育工作,中央电视台等媒体多次报道我市教育特色亮点工作。

(三)突出创先争优,教育自身建设展现新形象

深入学习贯彻党的十八大精神。各地各校通过组织报告会、座谈会等形式多样的学习活动,促进十八大精神入脑入心。扎实推进基层党建。开展"基层组织建设年"等活动,教育工委直属党组织100%晋位为"好"。认真落实党风廉政建设责任制,构建起具有教育系统特色的惩防体系。切实加强行风建设。着力规范办学行为,依法治教水平显著提高。"四项排查"和行风评议活动深入开展,教育系统成为全社会维护稳定的积极力量。

(四)突出服务大局,教育社会贡献度获得新提高

致力服务经济建设。创成7个省级品牌特色专业,建立76个校企合作项目、20多个企业冠名班。评选了市首届"十大技能之星""十大创新之星",为地方企业输送实习生和技能人才近2万名。致力服务民生建设。五个县(区)通过"全国义务教育发展基本均衡县(区)"省级验收。学有所教全面落实,进城务工人员子女、留守儿童得到切实关爱。教育资助扩面增量,全年投入2.52亿元资助学生15.6万名。向县(区)赠送300辆农村小学生专用校车。致力服务社会发展。创建市级社区教育中心12个,筹资100多万元完成各项帮扶任务,72件提议案办结满意率100%,创成平安校园275所,双拥、节能工作受到市委市政府表彰,文明创建、依法行政、工会、妇儿、关工委等工作取得新成绩。

以上成绩的取得,是市委、市人大、市政府、市政协重视关心的结果,是社会各界大力支持的结果,更是全市广大教育工作者团结奋斗、开拓创新、扎实工作的结果。在此,我代表市委教育工委、市教育局向长期关心支持教育事业发展的各级领导和社会各界人士、向今天参会的全体同志并通过你们向全市教育战线的广大教职员工表示最衷心的感谢和最崇高的敬意!

二、准确把握当前教育改革发展面临的新形势、新任务

2013年是全面贯彻落实党的十八大精神的开局之年,是淮安全面建成小康社会的攻坚之年,也是教育现代化建设承前启后的关键之年。推动全市教育又好又快发展,必须充分认清面临的机遇和挑战。一要在全面学习贯彻党的十八大精神中审视淮安教育。一方面,党的十八大将教育放在改善民生和加强社会建设之首,教育优先发展的重要地位更加巩固,贯彻落实十八大精神,国家和省市必将以更多的投入、更有力的政策措施推进教育的科学发展;另一方面,落实十八大报告提出的"努力办好人民满意教育"的目标要求,我们还要花大力气解决人民群众关注的"入园难"、教育发展不够均衡、素质教育有待深化等问题,以实实在在的发展成效赢得人民群众的认可。二要在日趋激烈的区域竞争中审视淮安教育。一方面,淮安教育的发展已经积累了良好基础,具有较强的综合实力和竞争优势,省市教育合作深入推进,对我市教育的支持力度将不断加大,为淮安教育在全省进位争先创造了有利条件;另一方面,省委省政府确定2013年全省实现基本教育现代化,同时开启新一轮教育现代化建设,对接省教育现代化建设指标体系,我们的办学思想观念、教育内容方式、管理保障水平等还有较大差距,面对苏南苏中先行启动,苏北地区竞相发展的紧迫态势,加快发展、奋力赶超是我们唯一的出路。三要在全市经济社会建设的不断提速中审视淮安教育。一方面,近几年来淮安经济社会发展步伐不断加快,全市教育健康持续发展的基础将更加坚实;另一方面,在市六次党代会第二次会议上市委刘永忠书记提出用"富、强、美和城市美誉度、群众满意度"衡量新淮安建设成效,对我们做好全市教育工作、实施好市委市政府提出的打造"学在淮安"品牌的重大决策,提出了新的更高的要求,我们必须确立"江北领先、全省进位、特色显著"的更高发展定位,加快全市教育现代化建设步伐,进一步深化"学在淮安"品牌内涵,优化发展路径,切实凝聚起更有勇气、更加自信、更具活力的强大正能量,推动全市教育改革发展不断取得新的突破。

今年全市教育工作的指导思想是:认真贯彻落实党的十八大精神,坚持以科学发展观为统领,以教育规划纲要为指导,以教育现代化建设为主线,努力办好人民满意教育,着力打响"学在淮安"品牌,全力实现"转型发展增实力、改革发展激活力、均衡发展惠民生、特色发展扩影响、服务发展提成效"的发展目标,奋力开创全市教育改革发展新局面。转型发展增实力,就是打好

基本教育现代化创建收官战,推动基本教育现代化向教育现代化转变。改革发展激活力,就是深化管理体制、办学体制改革,逐步理顺普通高中和义务教育管理体制;加强教育教学改革,基本形成淮式教学流派。均衡发展惠民生,就是扎实推进义务教育全国基本均衡县(区)和省优质均衡改革发展示范区建设,缩小区域、城乡、校际发展差距;切实保障学有所教,努力维护教育公平。特色发展扩影响,就是加强"学在淮安"品牌建设,实施普教、职教创新工程,创建一批体艺、文化、科技特色学校。服务发展提成效,就是强化人才支撑,着力培植淮安技能人才品牌,向地方企业输送数以万计的技能型人才。

三、着力开创教育现代化建设新局面

(一)打好基本教育现代化创建收官之战

淮阴区、涟水县创建省教育现代化先进县(区),事关教育发展大局,务必要创则必成、创则必优,确保以县(区)为单位全部实现基本教育现代化。已完成创建任务的县(区),要主攻相对薄弱环节,拉长发展短板,增强综合实力。一要进一步推进教育优先发展。切实保证"三个优先",积极争取各级政府和财政部门的支持,建立财政教育投入的长效机制,依法加大教育投入,完成省定的财政教育投入目标,落实各级各类教育生均公用经费政策,落实教师培训进修的经费,落实重大工程项目资金,用好管好各项教育经费。二要进一步加快项目实施。认真实施好教育民生实事项目,完成城区10所学校校园改造升级工程,新建40所优质幼儿园;全面完成校安工程三年规划任务并通过省级验收;实施中小学装备升级工程,加强实验室、图书馆(室)标准化建设,创建一批省级装备现代化实验学校;实施教育信息化建设工程,加快推进"网络学习空间人人通",创建10所市级"数字化校园",启动职教信息化建设。淮阴区、涟水县要建立健全项目建设责任制和倒逼机制,确保所有项目如期完成。三要进一步强化教育督导。抓好督政工作,完善县(区)督导评估和考核工作方案,突出考核教育投入、教育经费管理、改善办学条件等方面,促进县级政府切实履行好发展教育的主体责任。抓好督学工作,开展普通高中素质教育、职业教育、学前教育等督导工作,促进各类教育健康发展。

(二)打好教育现代化建设开启之战

新一轮教育现代化建设要求更全面、内涵更丰富。我们要在巩固全市基本教育现代化建设成果的基础上,及时启动新一轮教育现代化建设。一要找准发展方向。准确把握江苏教育现代化指标体系,学习了解8个一级指标、16

个二级指标和48个监测点,瞄准"八个度"的发展要求,重点要提升教育的普及度、公平度、质量度、开放度、保障度、统筹度、贡献度和满意度。二要加强调查研究。坚持"沉下去,走出去"相结合,摸清本地教育发展情况,学习借鉴发达地区教育现代化建设经验,广泛研讨论证,明确推进策略、时间表、路线图和任务书,探索出切合淮安实际的教育现代化建设之路。三要推进改革创新。稳妥实施一批改革试验项目,逐步理顺普通高中、义务教育管理体制,积极构建现代学校制度。加快推进教育对外开放,鼓励有条件的学校建立国外友好学校,开展中外合作办学,不断拓宽中小学教师和管理者出国培训的渠道。积极转变教育发展方式,推进传统教育向现代教育转变,硬件建设向软件建设转变,规模扩张向内涵建设转变,传统管理向现代教育治理转变,最终实现包括教育思想、教育制度、教育内容、教育方法在内的整体转换和全面进步。

四、着力构建更加优质的终身教育体系

市委市政府实施经济社会发展"十大行动计划"明确要求"加快构建终身教育体系"。一要建设优质均衡的基础教育。加快发展学前教育,落实学前教育五年行动计划,加快改革发展示范区创建;不断扩大学前教育资源总量,新建小区配套建设幼儿园,支持集体与社会团体举办公益性幼儿园,新创省市级优质幼儿园30所,省优比例达60%以上;加快办园体制改革,引导并鼓励独立办园;加强幼儿园常规管理,努力提高保教质量;有条件的县(区)试行学前一年免费教育。优质均衡发展义务教育,贯彻落实省政府《关于深入推进义务教育优质均衡发展的意见》精神,今年淮阴区、淮安区、金湖县、涟水县要通过国家义务教育发展基本均衡县(区)验收,洪泽县通过省义务教育优质均衡改革发展示范县(区)验收;各地要按照省定标准,积极创建一批义务教育现代化学校;规范布局调整工作,未经论证批准不得随意撤并农村义务教育学校;控制办学规模,实行标准班额办学,降低择校比例,试点空余学额摇号招生。优质特色发展高中教育,加强优质资源建设,新创省三星级以上普通高中2所;实施办学特色创建工程,促进每一所普通高中结合自身特点,科学定位、提升品质、办出特色;指导具备条件的普通高中和大学合作开展课程有效衔接、培养创新人才试点;进一步推进中考招生制度改革,扩大热点高中定向招生比例,认真执行新招收的初中择校生不再享受热点高中定向生待遇政策。重视发展特殊教育,保障残疾儿童平等接受教育的权利,支持县

(区)特校举办学前班,市特校举办高中班。二要建设面向人人的职业教育。加强职教基础能力建设,不断提高国家示范校创建水平,启动高水平现代化职业学校和高水平示范性实训基地建设。加强专业建设,建设一批对接地方主导、新兴和特色产业的品牌特色专业。深化省职教创新发展实验区办学模式改革。推进校企一体化办学,培育一批校企合作示范组合。积极推进中职"2.5+0.5"、五年制高职"4.5+0.5"人才培养模式改革。办好技能、创新、创业、信息化和文明风采大赛,提升学生的综合素质和职业能力。三要建设全面开放的社区教育。完善社区教育管理机制,整合开发各类教育资源,加快建立"人人皆学、时时能学、处处可学"的终身教育平台,逐步形成四级终身教育网络。启动建设淮安开放(社区)大学,创建省级社区大学和社区教育学院各1所,省市级社区教育中心10个,创建学习型组织100个。

五、着力提升教育教学质量

坚持以素质教育为主题,创设适合学生个性成长、全面发展的教育教学环境,努力让每个孩子都能成为有用之才。一要树立全面发展的育人观,进一步强化立德树人。切实加强青少年思想道德教育,坚持把社会主义核心价值体系融入教育全过程,全面开展"我的中国梦"主题教育活动,培养社会主义合格公民。积极构建从小学到高中有效衔接的德育体系,创新学校德育方式方法,坚持教书育人、环境育人、实践育人、文化育人。深化体育、艺术教育,广泛开展阳光体育运动,确保中小学生每天在校锻炼1小时;组建市中学生阳光体育运动队、田径队、篮球队、排球队和足球队参加省里比赛;实施全市中小学生体质健康促进行动计划,全面开展体质健康测试,深入实施体艺2+1项目,让学生掌握一两项运动技能,学会使用一两种乐器,培养一两项艺术爱好。积极创新教育管理,充分发挥"周恩来班"创建、"担当教育""幸福教育""自主成长"等教育管理模式的示范引领作用。巩固关工委常态化建设成果,关心呵护下一代健康成长。二要树立以生为本的教学观,进一步推进课程与教学改革。开齐开足开好国家规定课程,积极开发校本课程,着力培育10个精品校本课程,逐步形成具有淮安地方特点和校本特色的课程文化。加强课程基地建设,新创11个省级初中、高中课程基地,建设一批小学课程基地。成立重点教学模式研究会,积极推广市"十大教学模式"成功经验,引领课堂教学变革,更加注重因材施教,更加注重运用启发式、探究式、讨论式、参与式教学方法,创设适合学生成长需要的课堂,不断提升课堂教学效益,基本形成淮式教学流派。组织评选10项精品教学改革成果。加强学科教研基地建设,制定《淮安市中小学学科教研基地章程》,开展特色教研活动评选。三要树立科学正确的质量观,进一步强化评价的引导作用。坚持把促进人的全面发展和适应社会需要作为衡量质量的根本标准,建立科学的质量评估和监控机制,研制《淮安市中小学课堂教学评价标准》,完善普通高中综合素质、学测水平评价办法,试行教育质量公告制度,引导各地各学校科学提质量、全面育英才,引导家长和社会树立正确的教育观和质量观,创成一批首届省级素质教育示范学校。

六、着力建设一支高素质的教育人才队伍

认真贯彻落实省政府《关于加强教育人才队伍建设的意见》精神,努力造就一支品德高尚、业务精湛、结构合理、充满活力的教育人才队伍。一要扩大教育人才队伍规模。按照标准逐步补足配齐幼儿教师和保育员。逐步实行城乡统一的中小学教职工编制标准,配齐配足义务教育学校特别是农村学校音乐、体育、美术等学科教师,补充高中薄弱学科教师。进一步提高职业学校"双师型"教师和兼职教师的比例。二要加大人才培训培养力度。切实加强师德建设,建立健全师德考评和奖惩制度,评选第二届"感动淮安教育十大人物",推选一批"最美教师",评选一批市级师德标兵和师德建设示范校。精心组织各类培训活动,继续举办"533教育英才"高级研修班,选派120名中小学教师出国进修,完成市级以上教师培训7 000人次。鼓励支持县(区)成立教师发展中心,加强中小学教师发展示范学校建设。着力推进名师名校长工程,今年评选第二批市级学科带头人350名左右,建设一批名师工作室,实施名校(园)长培养计划,促进他们专业化发展和办学能力提升。加强名师梯队建设,注重发挥特级教师的示范引领作用,加快青年教师成长步伐。探索建立校(园)长任职资格准入制度和职级制。鼓励教师参加高层次学历进修,不断提高普通高中、职业学校研究生学历教师的比例。今年将按照省教育厅统一部署,首次开展小学、幼儿园教师正高级职称评审。三要推进人才资源均衡配置。建立县域内义务教育学校校长和教师交流制度,校长在同一学校任满2届参加交流,教师每年按照不低于15%的比例进行交流。建立吸引优秀人才到农村任教的新机制,健全城乡教师支教、挂职的长效机制,申报评选特级教师、学科带头人和评聘高级职称原则上要有在农村学校或薄弱学校任教2年以上的经历。四要完善教师待遇保障机制。健全符合教师职业特点、体

现岗位绩效的工资分配激励约束机制,按规定为教师缴纳社会保险费和住房公积金,着力提高幼儿教师待遇,督促民办学校及时兑现教师工资待遇,不断增强广大教师的职业幸福感。

七、着力增强教育服务社会发展能力

坚持以实施"教育强市"战略为指向,推动教育服务经济社会发展取得新成果。一要主动服务经济与民生建设需求。进一步加大淮安技能人才品牌建设力度,重点打造对接地方主要产业的"十类专业",为本地企业培养1万名"爱家乡、有技能、肯吃苦、会创新"的高素质技能型人才。充分利用职教资源,完成农村实用技术培训60万人次、退役士兵培训1 000人、农村劳动力转移培训1.5万人。健全学生资助体系,全面执行各项资助政策,努力实现"应助尽助"。完善进城务工人员子女、农村留守学生、流浪未成年人等弱势群体关爱体系。二要主动服务城市要素集聚需求。进一步放大品牌学校效应,实施名校发展策略,深化教育集团办学机制,以86个品牌学校为龙头,培育一批优质学校;加快学校内涵和特色发展,新创体艺、科技、文化特色学校100所,努力建设一批全省全国有影响的名牌学校,形成名校发展群。进一步放大品牌教育效应,筹办"学在淮安"研讨会,编写出版《学在淮安》,不断扩大"学在淮安"的知名度和影响力。三要主动服务"美丽淮安"建设需求。努力在加强行风软环境建设中优化教育形象。严格规范招生收费和办学行为,深入开展中小学幼儿园行风民主评议活动,扎实做好"四项排查"工作,认真办理各类信访件和提案议案。努力在维护学校安全稳定中优化教育形象。加强校园安全防范,落实人防、物防、技防措施及各项制度,定期排查影响学校安全稳定的突出问题,全面推开教育系统重大事项稳定风险评估工作;加强校车运营监督,确保安全行驶;实施学校食品放心工程,年底城区、农村供餐高于300人的A级食堂比例分别达到60%、40%。努力在加强宣传信息工作中优化教育形象。广泛宣传教育系统贯彻党的十八大精神的重要举措和取得的最新成果,不断拓宽信息的广度和深度,重点撰写一批高质量、有价值的信息,供领导决策参考。努力在开展文明创建活动中优化教育形象。积极开展和谐校园、文明校园、平安校园、依法治校示范校、节能示范校等各类创建活动;召开全市语言文字工作会议,加快"城市创优、乡镇达标"创建进度;加强教育系统精神文明建设,努力让教育成为"美丽淮安"建设的亮丽名片。

八、着力提高教育系统党的建设科学化水平

按照十八大对党的建设提出的新要求,切实加强和改进教育系统党建工作,为推动全市教育又好又快发展提供坚强保障。一要切实加强思想政治建设。扎实推进学习型党组织建设,完善学习考评制度,引导党员干部认真学习十八大和新党章精神,深入学习实践科学发展观,坚持用理论武装头脑,不断加强党性锻炼和党性修养,永葆党员先进性纯洁性。二要切实加强作风建设。严格落实中央、省委、市委出台的关于改进工作作风、密切联系群众的八项、十项、十二项规定,制定具体的贯彻落实措施,切实转变作风,改进文风会风,厉行勤俭节约。深入开展以为民务实清廉为主要内容的党的群众路线教育实践活动,扎实开展"三进三帮"活动,深入基层群众,解决实际困难。三要切实加强党风廉政建设。习近平总书记在十八届中纪委二次全会上强调:"反腐倡廉必须常抓不懈,经常抓,长期抓,必须反对特权思想、特权现象,必须全党动手。"要深入开展"五德"教育活动,认真落实党风廉政建设责任制,积极构建完善的惩防体系,加强权力内控机制建设,深化党务公开、政务公开、校务公开,"将权力关进制度的笼子里",更加有效地监督制约权力运行。四要切实加强干部队伍建设。着力深化干部人事制度改革,努力建设一支德才兼备、素质优良的干部队伍。切实加强自我修炼,争做"四为"干部,要朝气蓬勃敢为,不惧困难,不怕险阻,向着美好的目标奋进;要本领过硬能为,敢于创新,勇于创优,努力成为本职工作的行家;要运用科学善为,解放思想,与时俱进,巧妙破解发展难题;要作风优良有为,坚守理想,担当负责,不断创造教育发展新成果。

同志们,2013年将是淮安教育发展史上极为重要的一年,发展任务十分繁重,美好目标催人奋进。我们要在市委市政府的坚强领导下,进一步振奋精神,锐意进取,扎实工作,奋力实现基本教育现代化,坚定不移朝着努力办好人民满意教育阔步前进,为建设富庶美丽幸福新淮安作出新的更大贡献!

淮安市《义务教育学校管理标准(试行)》评估办法

各县(区)教育局,开发区、工业园区、生态新城、盐化新区社会事业局,市直各中小学:

为深入推进全国《义务教育学校管理标准(试行)》实验区工作,提高我市义务教育学校管理水平,根据《淮安市〈义务教育学校管理标准(试行)〉实验区工作方案》的要求,制定本评估办法。

一、评估原则

1. 依据标准

遵照全国义务教育学校管理标准的 6 个方面管理职责、22 项管理任务,将 92 条管理要求细化为具体的评估标准作为评估依据。评估只设定合格要求(或一票否决),不设上限,留有空间,鼓励创新。

2. 等级评估

评估结果以等级形式呈现,分别为优秀、合格、欠合格、不合格,依次用 A、B、C、D 表示。达到标准即为合格(B),有充分依据证明优于标准的为优秀(A),与评估标准稍有欠缺而又有具体整改计划的认定为欠合格(C),不符合标准或有一票否决项的为不合格(D)。结果表达形式为"xAyBzC",不可"以优抵劣"。

义务教育学校管理合格校:83B9C 以上。

义务教育学校管理示范校:46A44B2C 以上,且 A 等涵盖22 项管理任务。

3. 促进发展

评估价值取向为激励学校发展,评估与反馈、整改、提高相结合,关注学校管理的评估结果更重视学校管理的发展变化,关注学校管理的显性表达且重视学校管理的内在品质提升。根据义务教育学校的不同特点,实行评估重点内容动态调整和进阶复评机制,三年为一个复评周期,每年评估相应学段约 1/3 学校。

二、评估细则

详见《淮安市〈义务教育学校管理标准(试行)〉考核评估细则》(见附件2)

三、评估流程

1. 学校自评与申报

各学校根据实验进展情况,对照评估细则,逐一自评等级,并准备相关材料和现场,填报淮安市《义务教育学校管理标准(试行)》(合格校/示范校)评估申报表(见附件1)。

2. 县级初评与反馈

县区教育行政部门组织相关人员深入申报学校,依据管理职责和评估标准,采取问卷、访谈、现场考察、随堂听课、查阅资料等方式,对学校自评等级进行逐一认定,并给出书面评估意见。符合合格校和示范校标准的学校,统一由县级教育行政部门汇总上报市教育局。

3. 市级评估与反馈

市教育局组织专家组,对县区教育局上报的合格校和示范校进行抽检,评估方法与县级评估方法一致。

四、评估要求

1. 管理标准涉及学校管理的各个方面,各学校和教育行政部门要高度重视评估工作,实行一把手负责制,明确分管领导和牵头部门,制订详实具体、简便有效的申报和评估计划,并认真加以落实。

2. 杜绝申报过程中的弄虚作假和形式主义现象,以过程性材料和现场考察为主,不增加学校额外工作负担。

附件:

1. 淮安市《义务教育学校管理标准(试行)》(合格校/示范校)评估申报表

2. 《淮安市〈义务教育学校管理标准(试行)〉考核评估细则》

2015 年 11 月 10 日

淮安市义务教育学校管理标准(试行)
(合格学校/示范学校)

申 报 表

县(区)：_____

学　校：_____

淮安市教育局

申报学校基本情况

学校名称				学校类别	
学校地址				区域性质	
学生数	小学		班级数	小学	
	初中			初中	
教职工总数			专任教师数	小学	
				初中	
校长			手机		
申报联系人		联系方式	手机		
			电子邮箱		
申报类别	合格学校				
	示范学校				
学校自评综述	（不够请另附页）				

注："学校类别"为小学、初中、九年一贯制、十二年一贯制、完全中学"区域性质"为城区（含县城）、乡镇、村庄。

自评汇总表1

指标条目	学校自评等次	县(区)评估等次	指标条目	学校自评等次	县(区)评估等次	指标条目	学校自评等次	县(区)评估等次	指标条目	学校自评等次	县(区)评估等次
1			24			47			70		
2			25			48			71		
3			26			49			72		
4			27			50			73		
5			28			51			74		
6			29			52			75		
7			30			53			76		
8			31			54			77		
9			32			55			78		
10			33			56			79		
11			34			57			80		
12			35			58			81		
13			36			59			82		
14			37			60			83		
15			38			61			84		
16			39			62			85		
17			40			63			86		
18			41			64			87		
19			42			65			88		
20			43			66			89		
21			44			67			90		
22			45			68			91		
23			46			69			92		

学校自评结论	总评：_____A_____B_____C_____D 　　　　　　　　　　　　　　学校盖章： 　　　　　　　　　　　　　　时间：　年　月　日
县(区)教育行政部门评估结论	总评：_____A_____B_____C_____D 　　　　　　　　　　　　县(区)教育行政部门盖章： 　　　　　　　　　　　　　　时间：　年　月　日

自评汇总表2

管理任务	管理要求	评估标准
一、平等对待每位学生	1. 维护学生平等入学权利	（1）公开招生入学工作信息，及时、准确、规范公开本校招生范围、招生计划、招生程序、招生时间、招生结果等相关信息。 （2）学校要依据地方规定的进城务工人员随迁子女接受义务教育的有关要求，依法接收随迁子女入学，并帮助他们解决实际困难。
学校自评等次		
自评概述材料目录		
县级评估等次		
评估意见	（如评估意见为"A"，必须说明学校的亮点、特色做法） 评估人（签字）：　　　年　月　日	

《义务教育学校管理标准（试行）》自评表1（样表）
淮安市《义务教育学校管理标准（试行）》考核评估细则

管理职责	管理任务	管理要求	评估标准（B级）	考核方式
一、平等对待每位学生	（一）维护学生平等入学权利	1. 根据国家法律法规和教育行政部门的相关规定，落实招生入学方案，公开范围、程序、时间、结果，保障适龄儿童少年平等接受义务教育的权利。	（1）公开招生入学工作信息。及时、准确、规范公开本校招生范围、招生计划、招生程序、招生时间、招生结果等相关信息。 （2）学校依据国家法律法规和教育行政部门相关规定，接收外来务工人员随迁子女接受义务教育，并帮助他们解决实际困难。	问卷调查查阅资料
		2. 坚持免试就近入学原则，不举办任何形式的入学或升学考试，不以各类竞赛、考级、奖励证书作为学生入学或升学的依据。	（1）学校根据教育行政部门划定的招生范围招生。择校生比例低于招生总数的10%并逐步减少。 （2）学校不组织或变相组织任何形式的考试、不举办或参与举办各种培训班选拔生源。 （3）公民办学校均按当地教育行政部门规定时间进行招生，不得提前招生。	问卷调查查阅资料
		3. 实行均衡编班，不分重点班与非重点班。编班过程邀请相关人员参加，接受各方监督。	（1）均衡分班，不设快慢班、重点班、实验班、特长班等特殊班级。 （2）均衡配置校内教育资源，将教师相对均衡配置到不同班级。 （3）编班过程公开公正。	问卷调查查阅资料
		4. 实行收费公示制度，严格执行国家关于义务教育免费的规定。	（1）收费公开透明，常年在校园及网上公示，接受社会监督。 （2）不在规定之外向学生推荐教辅材料，不要求或变相要求学生统一购买教辅材料。	问卷调查现场考察查阅资料
	（二）建立"控辍保学"工作机制	5. 执行国家学籍管理相关规定，使用全国中小学生学籍信息管理系统做好学籍管理。	（1）执行国家学籍管理相关规定，使用全国中小学生学籍信息管理系统做好学籍管理。 （2）学校应当为学籍管理提供必要的保障条件，配备或指定学籍管理员，学籍管理员应当实行先培训后上岗，并保持相对稳定。	查阅资料
		6. 执行学生考勤制度，每天统计学生到校、上课信息，实行缺勤跟踪。	（1）学校要根据本校具体情况制定考勤制度，并严格执行。 （2）学校要执行学生晨报制度，每天统计学生到校、上课信息，并及时与家长通报相关信息。	查阅资料

续表

管理职责	管理任务	管理要求	评估标准（B级）	考核方式
一、平等对待每位学生		7. 及时将学生辍学情况书面上报主管部门，在义务教育年限内为其保留学籍，在学籍系统中进行标注。	（1）建立辍学报告制度，规范辍学报告的流程、明确报告责任人。 （2）对于确认要辍学的学生，要填写辍学报告书等书面材料，及时将情况上报主管部门。 （3）学校要给辍学学生提供再次入学的机会，在义务教育年限内为其保留学籍，并在学籍系统中进行标注。	查阅资料
		8. 主动联系辍学学生家长，针对辍学原因，积极帮助学生返校。	（1）主动联系辍学学生家长或监护人，针对辍学原因，积极采取措施帮助学生返校。 （2）必要时联系地方政府或付诸法律手段，共同帮助学生返校。	查阅资料
	（三）满足需要关注学生的需求	9. 制定保障教育公平的制度，通过宣传栏和校园网等多种形式进行宣传，不让一名学生因学习、家庭、身体、性别等因素而受到歧视。	（1）保障教育公平制度健全，并通过多种形式宣传到位。 （2）无歧视、体罚学生现象，对弱势学生的帮扶有成效。	查阅资料
		10. 坚持合理便利原则满足适龄残疾儿童随班就读需要，并为其学习、生活提供帮助。	（1）接纳适龄残疾儿童入学，为其选定合适的教师和班级，建立专门的随班就读学生档案，一人一案，进行个别化管理。 （2）学校要针对特殊学生特点，指定专门教师进行个别指导，帮助随班就读学生适应普通班级的环境。	查阅资料
		11. 创造条件为有特殊学习需要的学生建立资源教室，配备专兼职教师。	（1）创造条件为有特殊学习需要的学生建立资源教室。 （2）配备专兼职教师，与相关专家结对，共同开展资源教室工作。	现场考察查阅资料
		12. 为需要帮助的儿童提供情感关怀，优先满足留守儿童寄宿需求，寄宿制学校可通过购买服务等形式配备服务人员。	（1）配备心理辅导室，配齐专兼职心理教师，开展心理咨询和心理辅导，为需要帮助的儿童提供情感关怀，有记载。 （2）开展留守儿童关爱活动，建立留守儿童档案。 （3）寄宿制学校优先满足留守儿童寄宿需求。	现场考察查阅资料

续表

管理职责	管理任务	管理要求	评估标准（B级）	考核方式
二、促进学生全面发展	（四）提升学生道德品质	13. 加强爱国主义教育、理想信念教育、优秀传统文化教育、公民意识教育、生态文明教育等，让学生熟记并践行社会主义核心价值观。	（1）学校全面开展爱国主义教育、理想信念教育、优秀传统文化教育、公民意识教育、生态文明教育等主题教育活动。 （2）学生熟记并践行社会主义核心价值观。	问卷调查查阅资料
		14. 贯彻落实《中小学生守则》，让学生内化于心，外化于行。	（1）通过各种教育活动，帮助学生理解、内化《中小学生守则》。 （2）广泛开展"在校做个好学生，在家做个好孩子，在社会上做个合格小公民"的活动，将学校行为规范、家庭行为规范、社会行为规范联系起来，促进学生全面发展。 （3）学生总体健康阳光、大方得体、知礼仪，有较好的校风、学风。	现场考察查阅资料
		15. 发挥各学科独特育人功能，统筹课程资源，落实全员责任，体现综合育人。	（1）德育网络健全，团队组织、班主任、学科教师等德育职责明确。 （2）加强师德建设，树立"人人都是德育工作者"的观念。 （3）将德育工作纳入全体教职员工的考核机制。	查阅资料
		16. 创新德育形式，开展适合的社会实践和公益活动，增强学生的社会责任感。	（1）创新德育形式，设计恰当的活动主题、活动内容和活动形式，有计划、有目的、循序渐进地培养学生的社会责任感。 （2）学校要选派政治素质好、责任心强、业务水平高的教师从事学生社会实践的组织指导工作，计算工作量，纳入教师绩效工资统筹管理。	现场考察查阅资料
		17. 在学校各个环节分层开展养成教育，培养学生良好行为习惯和健康生活方式。	（1）将养成教育作为学校德育的重要组成部分写进学校德育工作计划。 （2）学生养成健康生活方式和良好行为方式。	现场考察查阅资料
		18. 落实《中小学心理健康教育指导纲要》，将心理健康教育贯穿于教育教学全过程。配备专兼职心理健康教育教师，根据学生身心发展特点，科学开展心理辅导。	（1）学校要将心理健康教育纳入学校教育规划，有心理辅导室。 （2）配备专兼职心理健康教育教师，并对全体教师进行心理知识与心理技能培训。 （3）根据学生身心发展特点，科学开展心理辅导。	现场考察查阅资料

续表

管理职责	管理任务	管理要求	评估标准(B级)	考核方式
二、促进学生全面发展	（五）帮助学生学会学习	19. 营造良好的学习环境和氛围，激发和保护学生的学习兴趣，培养学生的学习自信心。	(1) 加强学校常规管理和校园文化建设，营造良好的学习环境和氛围。 (2) 开展丰富的课内外活动，激发和保护学生的学习兴趣，培养学生的学习自信心。	现场考察查阅资料
		20. 遵循学生的认知规律，帮助学生掌握科学的学习方法，养成良好的学习习惯。	(1) 指导学生掌握科学的学习方法，帮助学生养成良好的学习习惯。 (2) 教师在备课过程中充分联系学生的生活实际和经验，教学活动要贴近学生生活实际，符合学生认知规律。	现场考察查阅资料
		21. 引导学生独立思考和主动探究，培养学生良好的思维品质。	(1) 开展教育研究，培养学生独立思考和主动探究的习惯，提高学生思维品质。 (2) 改革课堂教学，更多地采用自主学习、合作学习等教学方法，给予学生更充足的自学、研讨时间。	随堂听课查阅资料
		22. 采用灵活多样的教学方法，因材施教，培养学生终身学习的能力。	(1) 改革课堂教学，采用自主学习、合作学习等方法，给予学生更多的自学、研讨时间。 (2) 教师充分研究学生，教法灵活、因材施教，注重对学生学习能力的培养。	问卷调查查阅资料
	（六）增强学生身体素质	23. 确保学生每天锻炼1小时，开足并上好体育课，使每个学生掌握两项体育运动技能，养成体育锻炼的习惯。	(1) 开齐开足体育课，每个学生能够掌握两项体育运动技能。 (2) 开展大课间、课外体育活动，确保学生在校每天锻炼1小时。	问卷调查现场考察查阅资料
		24. 制订并实施阳光体育运动方案，积极开展体育活动。每年举办全员参与的运动会。	(1) 制订阳光体育运动实施方案，明确工作任务，落实工作责任。 (2) 面向全体学生，每年举办不少于1次的体育节、运动会等校园文化体育活动。	查阅资料

续表

管理职责	管理任务	管理要求	评估标准（B级）	考核方式
二、促进学生全面发展	（六）增强学生身体素质	25. 落实《国家学生体质健康标准》，定期开展学生体检或体质健康监测，重点监测学生的视力和营养状况，及时向家长反馈。建立学生健康档案，将学生参加体育活动及体质体能健康状况等纳入学生综合素质评价。	（1）定期对学生进行全面的体质测评，重点监测学生的视力和营养状况，完成《国家学生体质健康标准》测试工作，上报率与向家长反馈率均为100%。 （2）每年组织一次学生体检，建立学生健康和身体素质档案并纳入学生综合素质评价。	查阅资料
		26. 配齐体育教师，加强科学锻炼指导和体育安全管理。有效利用体育场地和设施器材，满足学生体育锻炼需要。	（1）按照《江苏省中小学教育技术装备标准》Ⅰ类标准配备体育装备，满足学生体育锻炼需要。 （2）配齐体育教师，加强科学锻炼指导和体育安全管理。	现场考察 查阅资料
		27. 科学合理安排学校作息时间，家校配合指导好学生课。	（1）合理安排学生在校学习时间。学生每天在校集中学习时间小学、初中分别不超过6小时、7小时。 （2）控制作业量，减轻过重的学业负担。小学一、二年级不得布置书面家庭作业，小学中高年级、初中每天书面家庭作业分别控制在1小时、1.5小时。 （3）寄宿制学校要保证学生睡眠时间，小学、初中睡眠时间分别不少于10小时、9小时。	问卷调查
		28. 保障室内采光、照明、通风、课桌椅、黑板等设施达到规定标准，端正学生坐姿，做好眼保健操，降低学生近视率。	（1）按江苏省义务教育学校建设标准，保障室内采光、照明、通风、课桌椅、黑板等设施达到要求并正常使用。 （2）教师及时纠正学生不良姿势，提醒学生保持端正坐姿，养成身姿挺拔的良好习惯，保护视力，提高学习效率。 （3）学校要提高学生眼保健操的完成质量，不断降低学生近视率。	现场考察 查阅资料
	（七）提高学生艺术素养	29. 按照国家要求开设音乐、美术、书法课；利用当地教育资源，开发具有民族、地域特色的艺术教育课程，培养学生艺术爱好。	（1）按照国家要求开设音乐、美术、书法课。 （2）充分利用周边的艺术教育资源，开发具有民族、地域特色的地方艺术课程。 （3）培养学生艺术爱好，每个学生掌握至少1项艺术技能。	现场考察 查阅资料

续表

管理职责	管理任务	管理要求	评估标准(B级)	考核方式
二、促进学生全面发展	（七）提高学生艺术素养	30. 按照国家课程方案规定的课时数和学校班级数配备艺术教师；设置艺术教室和艺术活动室；并按照国家标准配备艺术课程教学和艺术活动器材，满足艺术教育基本需求。	(1) 按照国家课程方案规定的课时数和学校班级数配备艺术教师； (2) 设置艺术教室和艺术活动室，按照《江苏省中小学教育技术装备标准》Ⅱ类标准配备艺术课程教学和艺术活动器材，满足艺术教育基本需求。	现场考察查阅资料
		31. 面向全体学生组织开展艺术活动，因地制宜建立学生艺术社团或兴趣小组。	(1) 学校面向全体学生开展艺术活动，保证所有学生在校期间能参加至少1项艺术活动。 (2) 学校结合学校实际和社会资源，因地制宜地建立学生艺术社团或兴趣小组。	现场考察查阅资料
		32. 充分利用社会艺术教育资源，利用当地文化艺术场地资源开展艺术教学和实践活动；聘请社会志愿者担任艺术教师或利用当地艺术场地为学生服务。有条件的学校与社会艺术团体及社区建立合作关系。	(1) 充分利用当地的艺术教育资源，开展多种形式的艺术教学活动，也可建立长期的合作关系。 (2) 学校可以根据需要，适当聘请校外从事艺术教育工作的志愿者开设某些模块或专题的课程。	查阅资料
	（八）培养学生生活本领	33. 增加学生劳动和社会实践的机会，适当布置学生家务劳动，培养劳动观念，掌握初步劳动技能。	(1) 劳技课开设正常。 (2) 认真组织学生开展社会实践活动。 (3) 家校合作培养学生劳动习惯与意识，适当布置学生家务劳动。	查阅资料
		34. 为学生在校园内参加劳动创造机会，采用"校园加农户"等方式积极组织学生参与卫生保洁、绿植养护、种植养殖等与学生年龄相适应的劳动。	(1) 校园内设置学生劳动岗位，为学生在校园内参加劳动创造机会。 (2) 积极组织学生参与校外的卫生保洁、绿植养护、种植养殖等与学生年龄相适应的劳动。	查阅资料
		35. 充分利用各类综合实践基地，组织学生到基地开展学工、学农等综合实践教育活动。寒暑假布置与劳动或社会实践相关的作业。	(1) 充分利用各类综合实践基地，每学年至少组织一次学工、学农等综合实践教育活动。 (2) 寒暑假布置与劳动或社会实践相关的作业。	查阅资料

续表

管理职责	管理任务	管理要求	评估标准（B级）	考核方式
	（八）培养学生生活本领	36. 指导学生利用学校资源、社区资源完成个性化作业和实践性作业。	（1）学校要整合校内教学资源，发挥社区资源的教育功能，开展符合青少年特点的社区教育活动。 （2）学生能在教师的指导下完成个性化作业和实践性作业。	查阅资料
三、引领教师专业发展	（九）加强教师管理和职业道德建设	37. 要求教师熟知和践行社会主义核心价值观。经常开展师德教育和法制教育，增强教师立德树人的荣誉感和责任感。	（1）组织教师学习践行社会主义核心价值观，内化于心，外化于行，落到实处。 （2）将师德教育纳入教师培训体系，丰富师德教育形式，增强师德教育效果。有违反师德规范行为并造成影响的一票否决。 （3）组织教师研读教育法律、法规，增强法律意识，教师无违法现象。有违法现象的一票否决。	问卷调查查阅资料
		38. 引导教师加强学习，阅读经典，提高修养。要求教师衣着整洁得体，语言规范健康，举止文明礼貌。	（1）制订引领教师加强学习的工作方案，鼓励教师阅读经典，提高修养。 （2）学校对教师的言行有明确规定，教师衣着整洁得体，语言规范健康，举止文明礼貌。	现场考察查阅资料
		39. 要求教师尊重学生人格，不讽刺、挖苦、歧视学生，不体罚或变相体罚学生，不收受学生或家长礼品，不从事有偿补课。	（1）教师平等对待、尊重每位学生，不讽刺、挖苦、歧视学生，禁止体罚和变相体罚学生。有体罚行为的一票否决。 （2）大力推进廉政文化进校园活动，不收受学生或家长礼品。学校要公布举报电话，接受社会监督。	问卷调查现场考察查阅资料
		40. 健全教师管理制度，保障教师合法权益，完善教师考核评价机制，激发教师的积极性和创造性。	（1）学校制订教师奖励和评价方案，激发教师的积极性和创造性。 （2）教师合法权益得到保障。 （3）教师年度考核、绩效考核和岗位考核方案健全，执行到位。	查阅资料
		41. 关心教师生活状况和身心健康，经常组织形式多样的活动，定期安排教师体检。	（1）关心教师生活状况，对于生活上确有困难的教师，给予帮扶和适当救济。 （2）关注教师身心健康，合理安排教师工作量，丰富教师职业生活，帮助教师克服职业倦怠。 （3）至少每两年安排一次教师体检。	查阅资料

续表

管理职责	管理任务	管理要求	评估标准（B级）	考核方式
三、引领教师专业发展	（十）提高教师教育教学能力	42. 组织教师认真学习课程标准，熟练掌握学科教学的基本要求。	（1）组织全体教师学习课程标准，充分发挥骨干教师专业引领作用。 （2）教师熟练掌握学科教学的基本要求，课堂教学体现新课程理念，优课率达60%以上。	随堂听课 查阅资料
		43. 定期开展集体备课、听课、说课、评课等校本研修，研究教材、研究学生、研究教法，提高教师专业水平和教学能力。	（1）学校定期开展集体备课、听课、说课、评课等校本研修，针对教学中的问题，提出改进策略。 （2）学校组织不同类别的公开课，如骨干教师示范课、青年教师展示课、评优课、汇报课等，组织教研组、年级组教师观摩研讨。	查阅资料
		44. 落实《中小学班主任工作规定》，制订班主任队伍培训计划，定期组织班主任学习、交流和培训，提高班主任组织管理和教育能力。落实班主任工作量计算、津贴、奖励、表彰等待遇和保障。	（1）落实《中小学班主任工作规定》，制订班主任队伍培训计划，定期组织班主任学习、交流和基本功比赛等活动，提高班主任组织管理和教育能力。 （2）落实班主任工作量计算、津贴、奖励、表彰等待遇和保障。	查阅资料
		45. 加强教师教学基本功考核，提升教师普通话水平，规范汉字书写，增强学科教学能力和信息技术应用能力，促进信息技术与教育教学的深度融合。	（1）学校制订提升教师基本功培训考核方案，将教师的普通话水平、汉字书写规范、学科教学能力和信息技术应用能力等列入考核内容。 （2）学校每年对全体教师和职工，开展应用信息技术与教育教学融合的培训，提高全体教师在教育、教学、管理中运用信息技术的能力。 （3）教育教学中信息化手段使用率达70%以上。	查阅资料
	（十一）建立教师专业发展支持体系	46. 完善教师培训制度，制定教师培训规划，指导教师制订专业发展计划，建立教师专业发展档案。	（1）制定教师培训规划，积极选派教师参加国家、省、市和区县级教师培训。 （2）完善教师校本培训，对校本培训的课程、师资、内容、形式等进行精心安排，确保校本培训的实效性。 （3）学校为教师建立专业发展档案。	查阅资料

续表

管理职责	管理任务	管理要求	评估标准（B级）	考核方式
三、引领教师专业发展	（十一）建立教师专业发展支持体系	47. 按规定将培训经费列入学校预算，支持教师参加必要的培训，落实每位教师五年不少于360学时的培训要求。	（1）年度公用经费总额中用于教师培训部分不低于5%。 （2）每学年每位教师继续教育不低于72学时。	查阅资料
		48. 引进优质培训资源，定期开展专题培训，促进教研与培训有机结合，发挥校本研修基础作用。	（1）每学期制订校本研修计划。 （2）以年级组、教研组、备课组等为单位定期组织研训活动，教师广泛参与。 （3）有切合实际的培训专题。	查阅资料
		49. 鼓励教师利用网络学习平台开展教研活动，建设教师学习共同体。	（1）鼓励教师开展多种形式网络教研活动，互相借鉴，共同提高。 （2）在校内建立以年级组、教研组、备课组为单位的学习共同体，定期开展专题研讨、主题论坛等教研活动。	查阅资料
四、提升教育教学质量	（十二）建设适合学生发展的课程	50. 落实国家义务教育课程方案和课程标准，严格遵守国家关于教材、教辅管理的相关规定，确保国家课程全面实施。不拔高教学要求，不加快教学进度。	（1）校长作为学校的第一责任人，落实国家义务教育课程方案，开齐开足所有课程。 （2）严格遵守国家关于教材、教辅管理的相关规定。 （3）坚持循序渐进原则，不拔高教学要求，不加快教学进度。	现场考察查阅资料
		51. 落实综合实践活动课程要求，组织学生开展研究性学习、社区服务与社会实践以及劳动技术教育，培养学生的创新精神和实践能力，提高学生综合解决实际问题能力。每学期组织一次综合实践交流活动。	（1）结合学校的课程设置，把综合实践活动课程（含研究性学习、社区服务与社会实践以及劳动技术）列入教育教学计划。 （2）每学期组织一次综合实践展示交流活动，要求活动资料齐全，有内容、方案、组织安排、相关图片资料、活动总结等，在学生成长记录袋中有记载。	查阅资料
		52. 根据学生发展需要和学校、社区的资源条件，组织开发校本课程。	（1）学校根据学生需求、学校现状、社区条件等实际，开发一定数量的校本课程，逐步形成学校校本课程特色。 （2）学校要加强对校本课程的管理，保证校本课程实施的严肃性、延续性，定期总结校本课程实施经验，固化成果。	查阅资料

续表

管理职责	管理任务	管理要求	评估标准（B级）	考核方式
四、提升教育教学质量	（十二）建设适合学生发展的课程	53. 引导教师创新课程实施方式，加强实践教学环节，提高课堂效率。	（1）鼓励教师通过行动研究实现课程实施方式的创新，努力成为"科研型"教师。 （2）加强课堂教学改革，提高课堂教学效率，学生学科素养和学业成绩有提高。	查阅资料
	（十三）实施以学生发展为本的教学	54. 定期开展教学质量分析，研究学生的学习兴趣、动机和个别化学习需要，采取有针对性的措施，提高教学有效性。	（1）学校要定期（每学期小学不少于1次、初中不少于2次）进行教学质量调研分析，全面掌握教学情况。 （2）全面了解学生的学习兴趣、动机以及个别化学习需要，改进措施有针对性。	查阅资料
		55. 建立基于过程的学校教学质量保障机制，统筹课程、教材、教学、评价等环节，主动收集学生反馈意见，及时改进教学。	（1）建立包括奖励和惩罚两方面内容的教学质量保障机制和预警机制，完善相关制度，落实配套措施。 （2）开展学生评教活动，主动收集学生反馈意见，有记录，有反馈并有改进措施。	问卷调查查阅资料
		56. 采取启发式、讨论式、合作式等多种教学方式，提高学生参与课堂学习的主动性和积极性。	（1）实施启发式、讨论式教学，课堂教学效果好。 （2）深化小组合作式教学实验，充分发挥学生的主体地位，促进学生团队合作和学科思维能力的全面发展。	随堂听课查阅资料
		57. 合理控制作业量，布置分层作业，创新作业方式。	（1）教师布置作业必须坚持"精选、批改、讲评"原则，不得布置简单重复性和惩罚性的作业。 （2）在有效保证教育公平的前提下，倡导根据"科学合理性"和"适切性"的原则实施分层作业。 （3）创新作业方式，从学生的年龄特点和心理需要出发，布置多样化的作业形式。	查阅资料
	（十四）建立促进学生发展的评价体系	58. 实施综合素质评价，重点考察学生的品德发展、学业水平、身心健康、兴趣特长、实践能力等方面的发展情况。对照中小学教育质量综合评价改革指标体系，开展检查，改进教育教学。	（1）实施综合素质评价，重点考察学生的品德发展、学业水平、身心健康、兴趣特长、实践能力等方面的发展情况。 （2）充分利用学生成长记录、学业水平考试、基础教育质量监测等成果，改进教育教学。	查阅资料

续表

管理职责	管理任务	管理要求	评估标准（B级）	考核方式
四、提升教育教学质量	（十四）建立促进学生发展的评价体系	59. 建立学生综合素质档案，做好学生成长记录，真实反映学生发展状况。	(1) 为每个学生建立综合素质档案，指导学生及时将有关材料收集存档。 (2) 学校要积极创造条件，为学生提供展示不同素质的机会，并及时发放相关材料和证书等。 (3) 充分使用好学生综合档案，开展集中展示活动，促使学生取长补短、完善自我。	查阅资料
		60. 减少考试次数，实行等级加评语的评价方式。考试内容不超出课程标准，考试成绩不进行公开排名，不以分数作为评价学生的唯一标准。	(1) 合理安排考试次数。小学每学期统一考试不超过1次，初中每学期统一考试不超过2次。 (2) 考试内容不超出课程标准，不对学生考试成绩进行公开排名。 (3) 实行等级加评语的评价方式，不以分数作为评价学生的唯一标准。	问卷调查 查阅资料
	（十五）提供便利实用的教学资源	61. 按照规定配置教学资源和设施设备，指定专人负责，建立资产台账，定期维护保养。	(1) 依据《江苏省中小学教育技术装备标准》Ⅰ类标准配置教学资源和设施设备。 (2) 设备仪器专人负责管理，摆放规范、科学、整齐，及时保养维护维修，保障教育教学正常需求。 (3) 建立装备资产管理信息系统、仪器设备资产台账，实验教学管理年度报表统计符合要求。未达要求一票否决。	现场考察 查阅资料
		62. 建立图书馆（室）、实验室等、功能教室等的使用管理制度，面向学生充分开放，提高使用效益。	(1) 图书馆（室）、实验室及其他功能教室管理员人数、学历达标，并做到人员相对稳定。 (2) 面向学生充分开放，开齐开足开好实验课程。理科、艺体信息技术等仪器设备、设施器材使用充分。	查阅资料
五、营造和谐安全环境	（十六）建立切实可行的安全与健康管理制度	63. 积极借助政府部门、社会力量、专业组织，构建学校安全风险管理体系。组织教职工学习有关安全工作的法律法规，落实《中小学校岗位安全工作指南》。	(1) 学校每学期至少一次邀请公安、消防部门人员对教职工进行安全教育，学习有关安全工作的基本知识和法律法规，提高教师对突发事件的应对能力。 (2) 学校安全工作要由专人负责，全面落实《中小学校岗位安全工作指南》，学校与各部门和全体教职工层层签订安全管理责任书，实行"一岗双责"，确保"安全工作，人人有责，责任明确，落实到位"。	查阅资料

续表

管理职责	管理任务	管理要求	评估标准(B级)	考核方式
五、营造和谐安全环境	（十六）建立切实可行的安全与健康管理制度	64. 建立健全学校安全卫生管理制度和工作机制，采取切实措施，确保学校师生人身安全、食品饮水安全、设施安全和活动安全。有校车的学校严格执行国家校车安全管理制度。	（1）建立健全各种安全卫生管理工作责任制，确保职责到位、检查到位。 （2）有食堂的学校应该加强对食堂的管理，定期检查饮用水的卫生安全，确保师生食品饮水安全。 （3）严格执行集体活动报备制度，认真制订学生集体活动安全应急预案。 （4）加强对校车驾驶人和随车照管人员的安全教育，并针对校车使用过程中可能存在的安全事故进行演习。	现场考察查阅资料
		65. 制订突发事件应急预案，预防和应对溺水、交通事故、不法分子入侵、校园暴力、自然灾害和公共卫生事件。	（1）制订突发事件应急预案，预防和应对溺水、交通事故、不法分子入侵、校园暴力、自然灾害和公共卫生事件。 （2）学校无校园安全责任事故发生。发生校园安全责任事故一票否决。	查阅资料
	（十七）建设安全卫生的学校基础设施	66. 配备保障学生安全与健康的基本设施和设备，落实人防、物防和技防等相关要求。	（1）学校要制定保安人员聘用和管理办法，把好入口关，定期培训和演练，提高其识别潜在威胁、应对突发事件的能力。 （2）制定明确、细致、可操作、可检查的安保人员工作职责，确保工作无遗漏、无死角。 （3）学校要为安保人员配备必要的防身用品，切实提高安保人员的防护能力。 （4）学校要做到校园监控无死角。	问卷调查现场考察查阅资料
		67. 将校舍安全信息等录入国家教育信息管理系统并及时更新，定期对校舍、食堂、厕所、体育场地和器材、消防设施、饮用水设施等进行检查，及时消除安全卫生隐患。校舍安全隐患要向主管部门及时书面报告。	（1）将校舍安全信息等录入国家教育信息管理系统并及时更新。 （2）学校要制定《校园安全隐患排查整改记录表》，定期对校舍、食堂、厕所、体育场地和器材、消防设施、饮用水设施等进行检查，将校园安全隐患排查落实到人，及时消除安全卫生隐患。 （3）暂时无法整改的校舍安全隐患要向主管部门及时书面报告。	查阅资料

续表

管理职责	管理任务	管理要求	评估标准（B级）	考核方式
五、营造和谐安全环境	（十七）建设安全卫生的学校基础设施	68. 设立卫生室或保健室，按要求配备专兼职医务人员，落实日常卫生保健制度。	（1）学校要按照各级教育行政部门的有关规定，配齐配全卫生室或保健室的设施设备。 （2）学校要定期为校医和保健老师提供学习、进修的机会，提高其专业能力和综合素质。	现场考察查阅资料
		69. 设置安全警示标识和安全、卫生教育宣传橱窗，定期更换宣传内容。	（1）学校在重点部位的醒目位置设置安全警示标识。 （2）设置安全卫生教育宣传橱窗，并定期更换橱窗教育主题和宣传内容。	现场考察查阅资料
	（十八）开展以生活技能为基础的安全健康教育	70. 有计划地开展生命教育、防灾减灾教育、禁毒和预防艾滋病教育。	（1）学校有计划地开展生命教育、防灾减灾教育、禁毒以及防治艾滋病教育。 （2）学校可以组织学生到社区开展形式多样的宣讲活动，普及相关知识。	查阅资料
		71. 普及疾病预防、饮食卫生常识以及生长发育和青春期保健知识。	（1）学校开设专门的健康教育课程，向学生普及疾病预防和饮食卫生的常识。 （2）学校应针对青少年身心发育特点，开展青春期教育活动。	查阅资料
		72. 落实《中小学幼儿园应急疏散演练指南》，提高师生应对突发事件和自救自护能力。	（1）落实《中小学幼儿园应急疏散演练指南》要求，认真组织师生开展演练。 （2）在演练后，要认真组织相关人员集中反思，梳理演练中好的做法、存在的问题，不断改进，提高演练的实效性。	查阅资料
	（十九）营造尊重包容的学校文化	73. 树立尊重差异的意识，尊重不同民族文化和地域文化，营造多元包容、和睦相处的环境。	（1）开展多种多样的团体性的竞赛活动，在活动中促进不同背景学生之间的融合，营造包容、和谐的人文环境。 （2）将民族团结融入爱国主义教育中，尊重不同民族文化和地域文化，营造多元包容、和睦相处的环境。	查阅资料
		74. 培养学生法律意识和规则意识，营造体现法治精神的校园文化氛围。教育引导学生依法上网、文明上网、健康上网、安全上网。	（1）针对不同年级的学生，选择适当的教育内容和方式，开展普法教育，培养学生法律意识和规则意识。 （2）落实法律顾问、法制安全副校长（辅导员）制度。 （3）学校积极开展"绿色上网"宣传教育活动，引导学生依法上网、文明上网、健康上网、安全上网。	查阅资料

续表

管理职责	管理任务	管理要求	评估标准（B级）	考核方式
五、营造和谐安全环境	（十九）营造尊重包容的学校文化	75. 做好校园绿化、美化、净化工作，合理布置和设计校园，有效利用空间和墙面，建设生态校园、文化校园，发挥环境育人功能。	（1）把校园绿化、美化工作作为学校文化建设的重要组成部分，纳入总体规划。坚持实用、经济、美观和因地制宜的原则，合理布局，做好校园绿化工作。 （2）学校要制定"净化"标准，着重净化"三室"（教室、寝室、办公室）和"两区"（公共区、绿化区），定期开展美化、净化评比等活动功能，用优美的环境陶冶情操、净化心灵。 （3）积极吸收学生的创意和意见，有效利用空间和墙面，建设生态校园、文化校园，发挥环境育人功能。	现场考察查阅资料
		76. 每年通过科技节、艺术节等形式，因地制宜组织丰富多彩的学校活动。	（1）学校每年开展艺术节、科技节等活动，师生广泛参与、形式丰富多彩，具有教育性。 （2）学校要充分利用当地民俗文化、社区资源等，丰富活动形式与内涵。	查阅资料
六、建设现代学校制度	（二十）提高依法科学管理能力	77. 每年组织学习《教育法》《义务教育法》《教师法》《未成年人保护法》等法律，增强法治观念，提升依法治校能力。	（1）学校要将学习法律、提升干部教师法治观念的任务纳入学校发展规划中。 （2）将《教育法》《义务教育法》《教师法》《未成年人保护法》《预防未成年人犯罪法》的有关内容，作为学校培训的重要内容，形成学校法治教育的长效机制。	查阅资料
		78. 依法制定学校章程，规范学校治理行为，提升学校治理水平。	（1）依法制定并实施学校章程。成立专门的章程研制小组，学校章程草案，经学校教代会通过，由学校主管教育行政部门核准。 （2）学校要指定专门机构，对校内规章制度进行审查，对与国家有关规定相抵触、不符合改革发展要求或相互之间不协调的及时修改或废止。	查阅资料
		79. 制定学校发展规划，确定年度实施方案，客观评估办学绩效。	（1）学校制定符合实际的发展规划，制订可操作的年度实施方案。 （2）按期客观地评估办学绩效，实事求是，不夸大宣传。	查阅资料

续表

管理职责	管理任务	管理要求	评估标准（B级）	考核方式
六、建设现代学校制度	（二十）提高依法科学管理能力	80. 健全管理制度，建立便捷规范的办事程序，完善内部机构组织规则、议事规则等。	(1) 学生管理制度健全并汇总成集。 (2) 建立了便捷规范的办事程序。 (3) 内部机构组织规则和议事规则完善。	查阅资料
		81. 指定专人负责学校法制事务，或聘请专业机构、人员作为法律顾问协助学校处理法制事务。	(1) 学校领导班子有专人负责学校法制事务，责任明确。 (2) 聘请有资质的人员作为法律顾问协助学校处理法制事务。	查阅资料
		82. 定期召开校务会议，民主决策学校重大事项。	(1) 学校有完备的校务会议制度，重大事项民主决策，会议记录完整规范。 (2) 校务会议要坚持民主集中制的原则，2/3以上成员参加方能召开。	查阅资料
	（二十一）建立健全民主管理制度	83. 发挥学校党组织的战斗堡垒作用和党员教师的先锋模范作用。	(1) 学校党组织能发挥领导核心作用、战斗堡垒作用。 (2) 基层党组织委员会组织健全，"三会一课"教育活动正常开展，党组织凝聚力和党员教师先锋模范作用强。	查阅资料
		84. 健全教职工代表大会制度，涉及教职工切身利益及学校发展的重要事项，提交教代会讨论通过。	(1) 健全教代会制度，重大改革方案、涉及教职工切身利益和学校发展的重要事项，提交教代会讨论通过后方可实施。 (2) 建立教代会情况通报制度。校长每年向教代会至少作一次工作报告。	问卷调查查阅资料
		85. 设置信息公告栏，公开校务信息，保证教职工、学生、相关社会公众对学校重大事项、重要制度的知情权。	(1) 学校应在明显位置设立校务公开专用橱窗，"对内公告栏"主要面向校内教师和学生，"对外公告栏"主要面向家长和社会人士。 (2) 学校实行校务信息公开制度，确保教职工、学生、社会相关公众的知情权。	现场考察查阅资料
		86. 落实学校领导接待日制度，设立校长信箱，搭建信息沟通平台，听取学生、教职工和家长的意见和建议。	(1) 校长接待日应固定时间，由校领导轮流值守。 (2) 设立校长信箱，搭建信息沟通平台，听取学生、教职工和家长的意见和建议。	现场考察查阅资料

续表

管理职责	管理任务	管理要求	评估标准（B级）	考核方式
六、建设现代学校制度	（二十一）建立健全民主管理制度	87. 发挥少先队、共青团、学生会、学生社团的作用，引导学生自我管理或参与学校治理。	（1）学校少先队、共青团、学生会和社团组织健全，有活动、有阵地。少代会、团代会、学代会正常召开。 （2）充分发挥学生群团组织作用，积极引导学生自我管理和参与学校治理，增强集体责任感。	查阅资料
		88. 建立师生申诉调解机制，畅通师生权利的救助渠道。	（1）建立师生申诉调解小组，完善工作制度。 （2）畅通师生权利的救助渠道，保障师生合法权益，有效化解矛盾，无较大负面影响的事件发生。	查阅资料
	（二十二）构建和谐的家庭、学校、社区合作关系	89. 完善家长委员会，设立学校开放日，邀请家长参与学校治理，形成育人合力。	（1）科学合理地选择家长代表组成家长委员会，并尽可能广泛地参与学校的各项工作。 （2）设立家长开放日，每学期至少一次，引导家长深入地了解学校、了解孩子在学校的行为表现。 （3）设立家长学校，开展家教培训，形成育人合力。	查阅资料
		90. 引入社会和利益相关者的监督，密切学校与社区联系，促进社区代表参与学校治理。	（1）引入社会监督机制，聘请学校周边社区代表及利益相关者参与学校治理。 （2）设立社会监督电话和意见箱，定期收集社会对学校的意见和建议。	查阅资料
		91. 主动争取社会资源和社会力量支持学校改革发展。	（1）充分挖掘社区科研院所、企事业单位、图书馆、博物馆等场所的课程资源，共同开发校本课程，助推学校特色发展。 （2）建立发展学校专家资源库，聘请高校及科研院所教育研究专家、社会贤达，为学校重大决策和管理创新提供咨询服务。	查阅资料
		92. 有序开放学校体育文化设施，服务社区居民。	（1）结合学校实际，为社区居民开放文化体育设施。 （2）学校建立健全文化体育设施开放使用制度，严格过程管理、活动有记录。	现场考察查阅资料

实施"有效教学"的基本要求
（讨论稿）
清河区教育局

教学是学校的中心工作，是稳步提高教育质量、全面提升学生素质并促使其全面发展的关键所在。学校管理、学科组建设、教学常规是实施有效教学的重点，必须建立学校层面、教研组层面和教师层面关注课堂教学有效性的管理机制。为此，就如何实施"有效教学"提出如下要求，希望各校认真组织实施。

学校层面：管理有效

（一）思想引领，高度认同有效教学

实施有效教学是落实科学发展观的需要，是更好的实施新课程的需要。搞有效教学需要全校师生的共同参与和努力，学校要引领广大教师从思想上高度认识实施有效教学的重要意义，心往一处想，劲往一处使。要把有效教学作为办学目标之一，要围绕"有效教学"这个主题开展工作。每学期要集中组织教师开展"有效教学"的学习与研究。

（二）借鉴、探究实施有效教学模式和方法

为了又快又好地提高教学效益，学校要收集、介绍和筛选已经形成并经实践验证过的有效教学模式和方法，供老师学习、借鉴和运用，并在此基础上探究和构建适合本校特点的有效教学模式和方法，切实提高学校课堂教学质量。

（三）保证集体备课、研讨的时间和空间

发挥集体智慧，加强集体备课，落实教学研讨是实施有效教学的重要环节。学校在统筹安排工作时，优先保证集体备课的时间和空间。无非常情况，不挪用和挤占集体备课时间，不在集体备课、教研活动时间安排教师参加其他工作。保证集体备课"四定"落实到位。学校领导要按时保质参加蹲点备课组、教研组活动。学校要安排好集体备课、研讨所需要专用空间和设施、资料等。要增强集体备课、研讨的责任，形成规范。

（四）充分开发有效教学的资源

对资源的选择、合理运用是实施有效教学一条重要途径。学校教学资源有人力资源、网络资源、图书资料资源和学校文化特色资源等。学校要支持、鼓励教师在实施有效教学过程中开发利用这些资源。如鼓励教师创新,保护富有个性而有效的教学行为。利用网络建立教学资源库,并保证网络及时高效运行。图书、刊物购买、征订和管理,要以教学需要为首要原则,要便于教师使用。整合和挖掘学校人力资源,发挥长处,搭档互补,资源共享。

（五）有效监管,科学评价

学校要对有效教学实施有效监管,要建立有效教学每个环节评价指标。让每位教师参与指标的制定,熟悉指标内容。评价指标要有针对性。建立科学评价小组,对照指标实行自评、互评和学校评价,及时公布评价结果,便于教师自觉改善、学校督促改善有效教学行为。要重视过程评价,及时调控。

教研组层面：教研有效

（一）立足实际,服务教学

教研活动要从教育教学实际出发,有计划地开展教育思想、教学理论、课程结构、教学内容、教学方法、教学过程、教学手段、教学评价等方面的应用研究,遵循教育教学规律,有效执行和落实课程计划,提高教育教学质量。

（二）自悟互动,实现共享

教师是"有效教研"的活动主体,互动是"有效教研"的主要方式,共享是"有效教研"的直接效果。"开展自己的教研,发表自己的见解,解决自己的问题,改进自己的教学"是有效教研的基本目的。

（三）细化落实,有效教研

教研(备课)组长是教研活动的组织者、引路人、第一责任人,教研活动是否深入有效,主要取决于组长。

教研组长负责组织学科教师进行业务培训学习和校本教学研究活动,做好学科教学质量分析,协助教务处做好教师教学常规的管理工作,规范教师教学行为。教研组要有计划地开展业务学习活动,定期举办各种形式的观摩课(或研讨课、汇报课),组织教师互相听课、互相评课,进行教法研究,促进专业成长。

备课组长负责组织同年级同学科集体备课研究活动,协调年级学科教学,做好学科基础过关训练、单元质量检测等试题研究和命题工作。集体备课高质量始终是备课组工作的努力方向,集体备课一要有时间保证,二要能充分准备,人人参与,三要讲求实效。集体备课必须建立在教师个体精心备课的基础之上,人人有准备地参加,经历"个人领悟——交流研讨——重组资源——形成共案——个人二备"的全过程,防止流于形式,搞花架子。

教师层面:教学有效

(一) 有效备课

有效备课内容:备课程标准(考试说明)、备教材、备学生、备教法、备学法、备资源的综合。有效备课流程:教学前的预案(预设)——教学中的二次创作(生成)——教学后的反思(总结提高)。

1. 备深教材

一是吃透教材。尊重教材,源于教材,质疑教材,超越教材;把握教材特色,和教材平等对话;了解教材编排体系和主旨,对教材进行个性化和创造性地意义建构;吃透重点难点,抓住关键点;明确目标,把握要求。二是活化教材。将教材内容情境化;将静态知识动态化,可操作化;充分利用自己的知识储备或经验积累,加工重组教材;注重向课外、向其他学科、向现实生活拓展延伸。

2. 备透学生

一是尊重学生。备课时要心中有学生,坚持以学生为本,尊重学生,欣赏学生。注重激发学生和维护学生学习的内驱力,把学生精力集中在学习的认知方面,依靠成就感引起的动机来加强学习。二是了解学生。要寻找学生的"最近发展区","分层要求、尊重差异、据学而教、以学定教",使分层教学渗透到教学的每一个环节。要思考学生"对什么感兴趣?何时最投入?学生的经验怎样?教师应怎样设置疑问、引导学生思考?"等问题。

3. 备好方法

一是活用教法。通过学生自主提问、自主讨论、自主选择、自主领悟、自主体验、自主创造等过程,真正让学生学会学习,学会交往,学会创造。要重视教师有效的问题预设,组合应用讲授法、谈话法、实验法、阅读指导法、自学辅导法、范例教学法、讨论法、发现法等。二是关注情感。教学要结合学生实际需求,要触及学生的精神需要和意志领域,激活学生思维积极性。

4. 备足资源

教学资源的利用是提高教学效果的重要手段,备课时要做好不同教学资源(多媒体、实验、模型、图表等)的整合。特别要着力寻找信息技术与学科课程传统教学手段的契合点,充分发挥信息技术的优势,利用各种形式和手段调动学生积极性,帮助学生学习。

(二)有效上课

有效课堂的特征是学生的高参与(过程生成)、高认知(认知建构)、高情意(审美体验),最终通过课堂教学活动促进全体学生素质提高和个性的优化与发展。

1. 促进学生发展的指导思想

中小学全体教师必须明确组织课堂教学应以"促进学生发展"为基本的指导思想,使课堂教学立足于学生,适合于学生,真正为学生的发展服务,从而使教学具有真正的教育价值。

2. 明确、具体的教学目标

教师在研究有关资料(课程标准、考试说明等)的基础上,目标要层级化、任务化和问题化,要让课堂教学目标对应为学生的学习目标。

3. 科学合理的教学流程

教师要在精心设计教学流程的基础上,合理、适时地呈现、提问、质疑、提炼、总结。要根据内容、课型、学生等方面的情况,努力做到高视点、低起点,厚背景、宽底面、小坡度、密台阶、多反复、严要求。要善于"留白",杜绝讲练错位。

4. 彰显教师的主导性

教师的主导性主要体现在如何为学生发展创造条件上,体现在和学生的平等对话中怎样发挥引导的作用,更体现在对自我的认同和反思上。课堂上展示的不仅是教师的教学基本功、教学艺术,而且展示的还是教师的教学思想、教学理念和独特的教学风格。

(三)有效布置作业和批改作业

要依据不同层次的学生,精选不同梯度的例题与练习题,努力提高作业的针对性和有效性,减轻学生过重的负担。

1. 分层精选

要精心挑选课堂练习和课后练习,既要有巩固性练习,又要有发展性练习。每节课都应布置相应的适合学生实际情况的作业,包括书面作业和口头作业。注意习题的层次、数量和质量,力求精当,使每个同学通过这些习题都能有效地理解并掌握教学内容。要"亲历亲为",坚持"下水作业",在自做的基础上分类、分层、整合、编制作业。

2. 认真批改

凡老师布置的作业,必须做到有布置,有检查,有批改,有反馈,有讲评,有订正。对布置的书面作业,必须认真及时批改,对作业情况给予恰当地评点,提倡作业面批,要及时进行有针对性的分析评讲。对口头作业,必须及时检查落实到位,不能流于形式。作业批改中,若发现雷同现象,应及时了解情况,杜绝作业抄袭现象。

(四) 有效考核

各科教学应根据学科特点采取随堂练习、提问、作业、实验等形式进行考查,及时了解教学效果,要重视平时成绩的记录。可根据教学情况分阶段组织考试,对阶段性教学进行全面考查、分析、总结。

1. 有效命题

命制一份适合学生的好试卷,是有效考核的关键所在。要按照课程标准、考试说明、教学目标和学生实际情况编制试卷,杜绝出偏题怪题。基础题、中等难度题和难题的比例要按照考核要求的比例进行分布,以课本的题例为基础,确保试卷的效度和考试的信度。

2. 细化分析

各任课老师对所任教班级的学生试卷进行相关的数据统计,备课组长则完成对全年级本学科考试的各项数据统计。每次考试后教务处要对结果进行跟踪分析统计到每个班级和每个任课教师,对问题较严重的要帮助总结反思,找出学生失分的真正原因。每次考试后,任课老师都应认真地对试卷进行分析评讲,学生要总结订正,拾遗补漏。

(五) 有效进行课外辅导

各科教师都要既管好课内,又要管好课外,使学生都能在各自的基础上得到提高。课外辅导主要用于质疑、答疑,通过答疑讨论深化所学内容。

1. 加强学法指导

要加强对学生学习方法的指导,指导学生制订学习计划,指导学生阅读教材,掌握学习规律、合理安排时间、提高学习效率。任课教师应根据本学科课程的性质与特点,指导学生如何听课,如何做好笔记、用好笔记。

2. 分层辅导提优补差

辅导答疑是帮助学生解决疑难问题、改进学习方法、启发学生思维、了解学生掌握知识情况、实行因材施教的必需环节。教师要通过辅导答疑及时收集学生的学习情况以及意见、要求,以便改进课堂教学。辅导时要求做到认真、热情、耐心,注意启发诱导,拓展思路,并应重点抓若干优秀学生的提优指导和学习困难学生的补差帮扶工作。

(六) 有效组织综合实践活动

综合实践活动是课程的有机组成部分。强调学生通过实践,增强探究意识、创新精神和实践能力,学习科学研究的方法,培养综合运用知识的能力,增强学生与社会的联系,培养学生的社会责任感。教师要积极参加综合实践活动课程的开发、实践及评价工作,要按照教材编排的综合实践活动内容至少开设一至两次综合实践活动课,并做到有谋划、有安排,组织活动前要认真备课,活动结束后要认真总结,要将整个学段的综合实践活动联成体系。

开发区"高效课堂教学"评价量表

学科		班级		授课教师	
课题				课型	
评课教师				授课时间	

评分项目	具体内容	等级分值 A	等级分值 B	等级分值 C	等级分值 D	得分
教学目标 （10分）	1. 教学目标明确,符合新课程要求的三维目标且符合这一班学生的实际。 2. 教学有目的性,能涵盖大部分学生。 3. 教学中在设计、实施、内容符合课程目标,包含若干有效教学的要素,有目的性。 4. 课堂教学缺乏一个明确的目标,或缺乏对概念发展的明确联系。	10 丨 9	8 丨 7	6 丨 5	4 丨 0	
过程与方法 （40分）	1. 全体学生积极地参与有意义的学习活动（如和同学或老师进行讨论、阅读等）。培养学生良好的学习素质、社会素质。教学经过了精心的设计,教师实施教学的过程艺术化,—课堂教学灵活自如且能兼顾到学生的需求和兴趣。学生注意力集中,课堂气氛活跃,学生兴趣浓厚、求知欲强。 2. 学生参与面大,且有充分参与的时间与空间。课堂中能够进行有效的合作,平等的交流。教学经过了精心的设计,教师也能很好地实施教学,发展了学生成功应用学科知识的能力。但在教学内容(含练习)的选择以及对学生需求和兴趣的关注方面仍旧有限。 3. 能注意学生主体意识,积极推进学生自主活动。教学经过了认真的设计,教师能较好地实施教学。但教学内容可能不合适,教学没有成功地解决大部分学生所面临的困难,课堂的文化氛围阻碍了授课的可接受性或有效性。 4. 学生被动学习。教学迂腐乏味,令人无精打采,学生是教师或教材提供信息的被动接受者；教学材料的呈现方式是许多学生接受不了的。学生参与的各种活动只是一种为活动而活动。	40 丨 35	34 丨 30	29 丨 24	23 丨 0	

续表

评分项目	具体内容	等级分值 A	B	C	D	得分
教师素养（20分）	1. 教学心理素质好，教态自然、亲切、大方；语言标准规范，清晰准确，生动精炼；字迹工整，条理清楚；讲解示范符合科学性、逻辑性、形象性、情感性强；驾驭现场能力强，应变自如。 2. 教态自然，语言标准规范，字迹工整，条理清楚；讲解示范无差错。 3. 教态较自然，语言、文字较规范，讲解示范无差错。 4. 语言、文字不规范，讲解示范存在明显问题。	20|18	17|15	14|12	11|0	
教学效果（30分）	1. 教学效果好，好、中、差三个层次的学生在原有的水平上得到提高，课堂目标实现率达80%以上。 2. 教学效果较好，课堂目标实现率达70%～80%之间。 3. 知识和能力基本达到教学目标，课堂目标实现率在60%～70%之间。 4. 知识和能力没有达到教学目标，课堂目标实现率在60%以下。	30|27	26|23	22|18	17|0	
总分：优秀 A(100—85)　良好 B(84—75)　合格 C(74—60)　不合格 D(60以下)						

参考文献

1. 中文著作

[1] 许建钺,赵世诚,杜智敏等. 简明国际教育百科全书·教育测量与评价. 北京：教育科学出版社,1990.

[2] 中央教育科学研究所比较教育研究室. 简明国际教育百科全书·教育管理. 北京：教育科学出版社,1992.

[3] 陆有铨. 躁动的百年——20世纪的教育历程. 济南：山东教育出版社,1997.

[4] 张楚廷. 教育哲学. 北京：教育科学出版社,2006.

[5] 郑金洲. 教育通论. 上海：华东师范大学出版社,2000.

[6] 郑金洲,瞿葆奎. 中国教育学百年. 北京：教育科学出版社,2002.

[7] 江铭. 中国教育督导史. 北京：人民教育出版社,1994.

[8] 顾明远. 外国教育督导. 北京：人民教育出版社,1993.

[9] 霍益萍. 法国教育督导制度. 北京：人民教育出版社,2000.

[10] 叶澜."新基础教育"论：关于当代中国学校变革的探究与认识. 北京：教育科学出版社,2006.

[11] 朱小蔓. 教育的问题与挑战：思想的回应. 南京：南京师范大学出版社,2000.

[12] 金生鈜. 理解与教育：走向哲学解释的教育哲学导论. 北京：教育科学出版社,1997.

[13] 刘铁芳. 守望教育. 上海：华东师范大学出版社,2004.

[14] 刘铁芳. 走向生活的教育哲学. 长沙：湖南师范大学出版社,2005.

[15] 杨明,赵凌,李舜静. 北仑机制：区域基础教育质量评价研究. 杭州：浙江大学出版社,2013.

[16] 张祥明. 福建省基础教育质量评价. 厦门：厦门大学出版社,2010.

[17] 赵章靖. 美国基础教育. 上海：同济大学出版社,2015.

[18] 李建民. 英国基础教育. 上海：同济大学出版社,2015.

[19] 李新翠. 澳大利亚基础教育. 上海：同济大学出版社,2015.

[20] 索丰,孙启林. 韩国基础教育. 上海：同济大学出版社,2015.

2. 期刊论文

[1] 王定华. 德国基础教育质量提高问题的考察与分析. 中国教育学刊,2008(1).

[2] 辛涛,李峰,李凌艳. 基础教育质量监测的国际比较. 北京师范大学学报(社会科学版),2007(6).

[3] 韩立福. 论我国学校教育督导评估范式的转型策略. 教育理论与实践,2006(3).

[4] 王华女. 幸福的教育人生何以可能：给教师的建议. 中国教育学刊,2008(1).

[5] 孔祥娟. PISA 对构建我国基础教育质量监测体系的启示. 教育测量与评价,2009(7).

[6] 王中男. 基础教育课程监控机制：一个亟待关注的课程研究领域. 教育理论与实践,2009(1).

[7] 王中男. 构建基础教育课程监控机制的策略研究. 教育学术月刊,2009(6).

[8] 王中男,章乐. 我国基础教育课程监控机制的构建：基于历史分析的视角. 现代教育管理,2009(8).

[9] 王中男. 基础教育课程监控机制：一个亟待关注的课程研究领域：构建课程监控机制的国际经验. 现代教育管理,2011(4).

[10] 靳玉乐. 多元文化背景中基础教育课程改革的基本思路. 教育研究,2003(12).

[11] 教育部"新基础教育课程改革实施与实施过程评价"课题组. 基础教育课程改革的成就、问题与对策——部分国家级课程改革实验区问卷调查分析. 中国教育学刊,2003(12).

[12] 李子建,尹弘飚. 后现代视野中的课程实施. 华东师范大学学报(教育科学版),2003(3).

[13] 郝明君. 质性监控：基础教育课程质量监控新取向. 天中学刊,2008(3).

[14] 黄光扬. 论国家对师范教育课程质量的监控. 高等师范教育研究,1998(1).

[15] 白磊. 论学校教育质量保障系统及其运行机制. 教育探索,2006(9).

[16] 童康. 高等学校内部的教育质量保障与监控体系探究. 高教探索,2007(1).

[17] 王根顺,郝路军. 论高等学校课程质量保障与监控体系. 高等理科教育,2007(3).

[18] 谭尚渭. 远程课程的质量保证与效果评价. 中国远程教育,2002(12).

[19] 彭泽平,我国新课程改革的价值转型及其知识论与人学根源. 华东师范大学学报(教育科学版),2005(2).

[20] 钟启泉. 从"课程管理"到"课程领导". 全球教育展望 2002(12).

[21] 徐君. 从课程管理到课程领导:课程发展的必由之路. 课程·教材·教法,2005(6).

[22] 山子. 有关课改监控与评价的冷思考. 教育测量与评价,2010(11).

[23] 王本陆. 论中国国情与课程改革. 北京师范大学学报(社科版),2006(4).

[24] 杨启亮. 守护家园:课程与教学变革的本土化. 教育研究,2007(9).

[25] 高凌飚. 课程与教学质量监控——英国的经验对我们的启示. 教育研究,2004(8).

[26] 刘志军. 发展性课程评价体系初探. 课程·教材·教法,2004(8).

[27] 崔允漷. 课程改革政策执行:一种分析的框架. 教育发展研究,2005,(10).

[28] 田青宇,代建军. 试论课程运作的监控机制. 教育发展研究,2009.

[29] 胡国杰. 课程改革实验的质量监控问题研究. 基础教育研究,2003(12).